Studienwissen kompakt

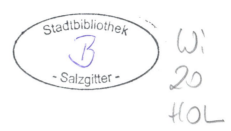

Mit dem Springer-Lehrbuchprogramm „Studienwissen kompakt" werden kurze Lerneinheiten geschaffen, die als Einstieg in ein Fach bzw. in eine Teildisziplin konzipiert sind, einen ersten Überblick vermitteln und Orientierungswissen darstellen.

Robert Holzmann

Wirtschaftsethik

 Springer Gabler

Robert Holzmann
Otto-Friedrich-Universität Bamberg
Bamberg, Deutschland

ISBN 978-3-658-06820-2   ISBN 978-3-658-06821-9 (eBook)
DOI 10.1007/978-3-658-06821-9

Die Deutsche Nationalbibliothek verzeichnet diese Publikation in der Deutschen Nationalbibliografie; detaillierte bibliografische Daten sind im Internet über http://dnb.d-nb.de abrufbar.

Springer Gabler
© Springer Fachmedien Wiesbaden 2015

Lektorat: Anna Pietras

Gedruckt auf säurefreiem und chlorfrei gebleichtem Papier.

Springer Fachmedien Wiesbaden GmbH ist Teil der Fachverlagsgruppe Springer Science+Business Media

Vorwort

Das Denken über wirtschaftliche Zusammenhänge hat mittlerweile nahezu jeglichen Lebensbereich erreicht. Von Kulturinstitutionen über Sportvereine bis hin zu Gesundheitsversorgern ist heute kaum mehr eine Organisation ohne eine vernünftige Kosten-Nutzenkalkulation überlebensfähig. Parallel zu dieser Ökonomisierung der Lebenswelt mehren sich Tag für Tag die Zweifel über die Richtigkeit und Sinnhaftigkeit wirtschaftlicher Tätigkeit. Spätestens im Zuge der Finanz- und Wirtschaftskrise wurde deutlich, welche vernichtende Gewalt unser Wirtschaftssystem entfalten kann. Vor dem Hintergrund solcher Beobachtungen erscheint es mehr als vernünftig, sich tiefergehend mit der Sinnhaftigkeit des wirtschaftlichen Handelns und des wirtschaftlichen Systems als Ganzes auseinanderzusetzen. Dem Leser kann folglich versichert werden, dass sein Entschluss, sich mit dem Thema Wirtschaft aus ethischer Perspektive auseinanderzusetzen, beileibe keine Zeitverschwendung darstellt.

Aus wissenschaftlicher Sicht stellt sich in diesem Zusammenhang die Frage, warum es überhaupt einer eigenständigen Disziplin der Wirtschaftsethik bedarf. Ist es nicht originäre Aufgabe der philosophischen Ethik, sich mit der menschlichen Praxis, wozu ja auch das wirtschaftliche Handeln gehört, normativ auseinanderzusetzen? Das vorliegende Buch bejaht generell, dass sich die philosophische Ethik mit der kritischen Reflektion jeglichen Handelns auseinanderzusetzen hat. So war es in den Anfängen der wirtschaftswissenschaftlichen Auseinandersetzung z. B. bei Aristoteles noch möglich, wirtschaftliche Aktivitäten, aufgrund ihrer geringen Komplexität, in einen übergeordneten normativen Kontext einzugliedern. Bis heute hat sich jedoch das System Wirtschaft derart spezialisiert, dass gehaltvolle normative Kritik nur mit einem fundierten Hintergrundwissen über ökonomische Zusammenhänge möglich erscheint. Die Auseinandersetzung mit wirtschaftlichen Themen erfordert folglich ein Fachwissen, welches von klassisch philosophischen Ethikern nur schwerlich zu erwarten ist. Es erscheint deswegen nur folgerichtig, dass ein verstärkter Bedarf an wechselseitigem Austausch mit der wirtschaftlichen Praxis bzw. den Wirtschaftswissenschaften vorherrscht. Die Disziplin der Wirtschaftsethik trägt folglich der Tatsache Rechnung, dass in unserer heutigen spezialisierten Gesellschaft die relevanten Fragestellungen kaum mehr durch isolierte Forschungsaktivitäten zu lösen sind. Mit der Disziplin der Wirtschaftsethik soll folglich eine Plattform geschaffen werden, die Interdisziplinarität zwischen Ethik und Wirtschaft weiter voranzutreiben und hierfür ein einheitliches Vokabular bereitzustellen.

Den Gedanken der Interdisziplinarität aufgreifend, möchte das vorliegende Buch sogar noch einen Schritt weiter gehen und eine zusätzliche Brücke zu anderen sozialwissenschaftlichen Disziplinen schlagen, etwa der Soziologie oder Psychologie. Viele der im Rahmen der Wirtschaftsethik ausgearbeiteten Handlungsempfehlungen und Forderungen an wirtschaftliche Akteure greifen implizit oder explizit auf eine Vielzahl von Grundannahmen über die menschliche Natur zurück. Erstaunlicherweise werden diese Grundannahmen oftmals ohne Rückbezug auf solche Disziplinen getroffen, die sich über Jahre hinweg mit eben jenen Grundannahmen en Detail auseinandersetzen. Das vorliegende Buch will aus diesem Grund auch andere sozialwissenschaftliche Disziplinen dazu einladen, sich an der wirtschaftethischen Debatte zu beteiligen. Als Ausgangspunkt der gemeinsamen Verständigung soll hierfür ein erster Überblick über theoretische und empirische Erkenntnisse der Moralpsychologie vor dem Hintergrund wirtschaftsethischer Problemstellungen gegeben werden.

Vor der Lektüre dieses Buches, welches sich vornehmlich (aber nicht ausschließlich) an solche Leser wendet, die sich einen ersten Überblick über das Thema der Wirtschaftsethik verschaffen wollen, soll noch auf eine kleine Einschränkung aufmerksam gemacht werden. Anspruch dieses Buches ist es, möglichst objektiv existierende Begrifflichkeiten und theoretische Positionen im Themenfeld der Wirtschaftsethik wiederzugeben. Dem aufgeklärten Leser ist jedoch bekannt, dass eine solche Objektivität ein nahezu unerfüllbares Ideal darstellt. Durch die Auswahl und Wiedergabe der nachfolgenden Begriffe und Themen sind unweigerlich die subjektiven Ansichten des Autors verbunden. Vor dem Hintergrund dieses Wissens ist es natürlich für den Leser empfehlenswert, sich kritisch mit den nachfolgenden Inhalten auseinanderzusetzen und für ein umfassenderes Bild möglichst auch andere Autoren zu studieren.

Abschließend möchte ich mich noch bei all denjenigen bedanken, die mich bei der Erstellung dieses Buches unterstützt haben. Neben Herrn Professor Wolfgang Becker, der es mir überhaupt erst ermöglicht hat, mich längere Zeit mit diesem Buch auseinanderzusetzen, möchte ich mich ebenso beim Springer Gabler-Verlag und insbesondere bei Frau Anna Pietras für ihre liebenswerte Unterstützung bedanken. Mein Dank gilt ebenso meinem Kollegen Tim Botzkowski sowie unseren wissenschaftlichen Hilfskräften Michaela Datz, Katharina Raach, Kathrin Müller, David Nill und Marcel Kraus, die mich bei der textlichen Überarbeitung des Manuskripts tatkräftig unterstützt haben.

Robert Holzmann
Bamberg, im Januar 2015

Inhaltsverzeichnis

Begriffliche Grundlagen der Wirtschaftsethik

Robert Holzmann

R. Holzmann, *Wirtschaftsethik,* Studienwissen kompakt,
DOI 10.1007/978-3-658-06821-9_1, © Springer Fachmedien Wiesbaden 2015

Lern-Agenda

Im einleitenden ersten Kapitel sollen vornehmlich die begrifflichen Grundlagen der Wirtschaftsethik thematisiert werden:

— Im ersten Schritt (▶ Abschn. 1.1) soll deswegen der Begriff der Ethik definiert und von anderen, ähnlichen Begriffen abgegrenzt werden.

— Im zweiten Schritt sollen die unterschiedlichen ethischen Fragestellungen ihren unterschiedlichen Analyseebenen zugeordnet werden (▶ Abschn. 1.2).

— Danach wird in ▶ Abschn. 1.3 die Notwendigkeit von Wirtschaftsethik als angewandter Ethik erläutert.

— Aufbauend darauf wird sodann der Begriff der Wirtschaft sowie der Wirtschaftsethik in ▶ Abschn. 1.4 geklärt und ebenfalls von anderen, ähnlichen Begriffen abgegrenzt.

— Abschließend werden überblicksartig die wesentlichen theoretischen Grundpositionen innerhalb der Wirtschaftsethik dargelegt (▶ Abschn. 1.5).

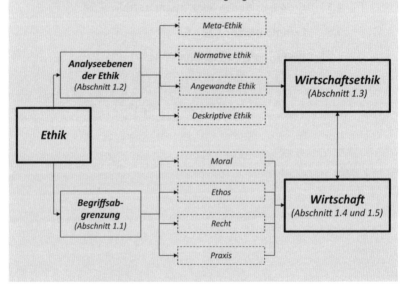

1.1 Der Ethik-Begriff

Im Rahmen der philosophischen Ethik wird oftmals mit einer Vielzahl unterschiedlicher, gleichzeitig aber ähnlicher Begriff hantiert. Um hier Missverständnisse zu vermeiden ist es notwendig, diese umgangssprachlich ähnlichen, aber doch in Nuancen unterschiedlichen Begriffe differenzieren zu können. In der Folge soll deswegen auf zwei Perspektiven der Begriffsunterscheidung eingegangen werden:

1. die Handlungsperspektive, die zwischen den tatsächlichen Handlungen (Praxis), den gesellschaftlich akzeptierten und damit geforderten Handlungen (Moral) sowie der Reflektion der tatsächlichen bzw. geforderten Handlungen (Ethik) unterscheidet.

2. die Normperspektive, die zwischen individuell-persönlichen Normen (Ethos, Maximen), gesellschaftlich akzeptierten Normen (Moral) und extern-sanktionierten Normen (Gesetze) unterscheidet.

Aus einer wortgeschichtlichen (etymologischen) Perspektive betrachtet, wurden die Begriffe Ethik, Moral und Sitte durchaus synonym verwendet. Sowohl Ethik (abgeleitet aus dem griechischen Wort ethos) als auch Moral (abgeleitet aus dem lateinischen Wort mos) sind auf Wörter zur Umschreibung von Brauch und Sitte zurückzuführen. So ist es auch kaum verwunderlich, dass die Begriffe Ethik, Moral und Sitte zumeist umgangssprachlich, aber auch in der Wissenschaft, je nach Autor, austauschbare Verwendung finden. Allerdings soll im vorliegenden Buch die vorhandene begriffliche Vielfalt genutzt werden, um unterschiedliche Sachverhalte zu umschreiben und damit die wissenschaftliche Analyse zu vereinfachen.

Als Ausgangspunkt wird zunächst unter dem Begriff **Moral** ein:

1. von der (Mehrheit einer) Gesellschaft akzeptiertes,
2. auf die zwischenmenschliche Interaktion bezogenes und
3. Handlungen bewertendes Regelungssystem verstanden.

Grundlegend ist die Annahme, dass Menschen, im Unterschied zu (den meisten) Tieren, nur teilweise durch instinktives Verhalten bestimmt sind und mehr oder weniger frei selbst entscheiden können, wie sie sich verhalten. Daraus folgt, dass in Gesellschaft lebende Menschen ihr Zusammenleben nach gewissen Regeln gestalten.

> **Merke!**
>
> Unter dem Begriff **Moral** wird ein existierendes Regelungssystem einer Gesellschaft, zur Regelung der zwischenmenschlichen Interaktion verstanden, welches von der Mehrzahl der Gesellschaftsmitglieder (intrinsisch) akzeptiert wird und mittels dem Handlungen in Gut und Schlecht eingeteilt werden können.
>
> Mit dem Begriff Sitte wird die praktische Verfolgung gegebener moralischer Vorstellungen verstanden, ohne diese moralischen Vorstellungen, z. B. aus Gewohnheit bzw. Tradition, zu hinterfragen.

❯ Auf den Punkt gebracht: Als moralisch werden soziale Regeln (Normen) also dann bezeichnet, wenn sie von der Mehrheit der Gesellschaftsmitglieder von sich heraus (intrinsisch) akzeptiert werden (in Abgrenzung zu von außen sanktionierten Gesetzen) und einen wertenden Charakter haben, d. h. wenn sie eine Handlung als Gut oder Schlecht bezeichnen lassen.

Im Unterschied zu Konventionen, die gewöhnlich aus einer zweckdienlichen, aber nicht wertenden Übereinkunft abgeleitet werden, basieren moralische Normen auf gesellschaftlichen Wertvorstellungen.

Ein **Wert** kann dabei als eine abstrakte Leitvorstellung einer Gesellschaft darüber verstanden werden, was als richtig, gut oder erstrebenswert gilt (z. B. Existenzsicherung, Gerechtigkeit, Würde, Freiheit, Erfolg oder Glück). (Finale) Werte sind folglich Endzwecke, die selbst nicht mehr als Mittel für andere Zwecke verstanden werden können.

Im Gegensatz zur Moral soll im Folgenden mit dem Begriff der **Praxis** das tatsächliche, von der Mehrheit praktizierte Handeln umschrieben werden. Da Menschen eine grundlegende Handlungs- und Entscheidungsfreiheit unterstellt wird und moralische Regeln folglich keinen Zwang ausüben, kann dieses tatsächliche Handeln sowohl mit den gängigen Moralvorstellungen übereinstimmen als auch von diesen abweichen.

❯ Auf den Punkt gebracht: Die philosophische Ethik wird auch als praktische Philosophie beschrieben, weil ihr Gegenstandsbereich in der Praxis des Menschen zu finden ist.

Ein wesentlicher Zusammenhang zwischen Praxis und Moral besteht darin, dass einerseits praktizierende Individuen sich in ihrem Handeln an der Moral orientieren können und dass andererseits die Moral hilft in Konfliktfällen zwischen zwei praktizierende Individuen eine Lösung herbeizuführen. Problematisch ist, dass die Moral ein von Menschen geschaffenes Konstrukt ist und folglich oftmals durch Willkür und Fehlerhaftigkeit zu charakterisieren ist. Zudem stehen sich, insbesondere in der heutigen globalisierten, multikulturellen Welt, häufig viele verschiedene, als unvereinbar

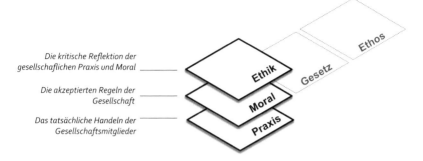

Die kritische Reflektion der gesellschaflichen Praxis und Moral ⎯⎯⎯⎯

Die akzeptierten Regeln der Gesellschaft ⎯⎯⎯⎯

Das tatsächliche Handeln der Gesellschaftsmitglieder ⎯⎯⎯⎯

◧ Abb. 1.1 Die Handlungsperspektive ethischer Begriffe

erscheinende Moralvorstellungen gegenüber. Diese Problematik macht es erforderlich, dass man sich reflektierend mit der Praxis sowie den dahinterliegenden Moralvorstellungen auseinandersetzt.

Merke!

Während mit dem Begriff **Verhalten** lediglich die nach außen sichtbaren (auch unbewusst-instinktiven) Bewegungen des Menschen bezeichnet wird, umschreibt der Begriff der **Handlung** das willentliche, zielgerichtete, bewusste Tun (bzw. auch Unterlassen) eines Menschen. So kann z. B. die Zungenbewegung eines Menschen als Verhalten, die freundliche Anrede als Handlung umschrieben werden.

Die **Ethik** nimmt sich dabei dieser Aufgabe an und kann entsprechend als ein methodisch-systematisches Nachdenken über die gängige Praxis sowie die etablierten Moralvorstellungen definiert werden (◧ Abb. 1.1 gibt einen Überblick über das hierarchische Verhältnis von Praxis, Moral und Ethik). Hierzu gehört jedoch nicht nur die Beantwortung der Frage der richtigen Normen, sondern auch die Frage der Umsetzung dieser Normen. Kann beispielsweise eine Norm unter keinen Umständen, z. B. aufgrund körperlicher oder psychischer Beschränkungen, in der realen (Lebens-)Welt umgesetzt werden, so hat dies auch Rückwirkungen auf den Reflexionsprozess der Norm selbst. Eine Norm, die nicht umgesetzt werden kann, kann auch nur schwerlich als gut begründet gelten. Die Ethik muss also immer berücksichtigen, dass ein Sollen immer auch ein Können voraussetzt.

> **Merke!**
>
> Der Begriff **Ethik** umfasst das kritische und methodisch-systematische Nachdenken über die gelebte Praxis sowie die etablierten Moralvorstellungen.

Beispiel: Zusammenhang Praxis, Moral und Ethik

Der Zusammenhang zwischen Praxis, Moral und Ethik kann exemplarisch am Tatbestand der Bestechung verdeutlicht werden. So war es in Deutschland lange Zeit gängige Praxis (und sogar rechtlich erlaubt), dass Unternehmen im Ausland zur Erlangung von Aufträgen Bestechungsgelder zahlten, obwohl dies der existierenden Moralvorstellung eines fairen Wettbewerbs entgegenstand. Die Ethik und zuvorderst die Wirtschaftsethik befassen sich vor dieser Konfliktlage mit den Fragen ob und warum die Zahlung von Bestechungsgeldern ungerechtfertigt ist oder, im umgekehrten Falle, gar unsere Moralvorstellung eines fairen Wettbewerbs fehlerhaft ist. Es gilt deshalb zu klären, warum ein fairer Wettbewerb gut ist und wenn diese Frage bejaht wird, wie es möglich ist, diesen fairen Wettbewerb in der Gesellschaft zu etablieren.

Hintergrund: Deontologische und teleologische Ethiken

Geht man von der Annahme aus, dass die systematisch-methodische Ethik, beginnend mit Aristoteles, bereits seit über 2000 Jahren besteht, so lässt sich leicht denken, dass unzählige Erklärungs- und Denkansätze über Moral und Praxis bestehen. Um dieser Vielfalt Herr werden zu können, erscheint es sinnvoll, die verschiedenen ethischen Ansätze in (zumeist eher unscharfen und nicht überschneidungsfreien) übergeordneten Kategorien zusammenzufassen. Gängiger Weise unterscheidet man z. B. zwischen deontologischen und teleologischen Ethiken.

Die Unterscheidung in **deontologische** (griech. deon = „die Pflicht" u.a.) und **teleologische Ethiken** (griech. telos „Ziel") geht vornehmlich auf den britischen Philosophen Charlie Dunbar Broad (1887–1971) zurück. Vereinfacht gesprochen differenziert Broad ethische Denkansätze dahingehend, ob Handlungen bzw. Normen abhängig (teleologische Ethik) oder unabhängig ihrer Folgen (deontologische Ethik) beurteilt werden.

So kann die Ethik Kants (▶ Abschn. 2.2) stellvertretend für deontologische Ansätze herangezogen werden. In ihr wird behauptet, dass Folgen nicht als finales Kriterium zur Bewertung von Handlungen dienlich sein können, da die Beeinflussung der Folgen nur zum Teil in der Macht des Handelnden steht. Aus moralischer Sicht kann aber nach Kant nur das bewertet werden, was vollständig in der Macht des Einzelnen liegt und dies ist einzig und allein der menschliche Wille. Auf der anderen Seite ist beispielsweise der Utilitarismus nach Bentham oder Mill als paradigmatisch für teleologische Ethiken zu nennen. Im Utilitarismus wird eine Handlung danach bewertet, welchen Nutzen (lat. utilitas = „Nutzen") sie für die Gesellschaft erbringt, also welche Folgen mit ihr einhergehen.

Parallel zur Handlungsperspektive, die eine Unterscheidung in tatsächliche (Praxis), geforderte (Moral) und reflektierende Handlung (Ethik) ermöglicht, lässt sich zudem eine weitere Begriffsdifferenzierung auf der normativen Regelebene bestimmen. Wie bereits zuvor kurz angeschnitten, wird unterstellt, dass in Gesellschaft lebende Menschen einer gewissen Regulierung (Normierung) bedürfen. Im besten Falle dienen solche Regeln der Konfliktlösung, schaffen Erwartungssicherheit, geben Orientierung und ermöglichen eine Koordination gemeinschaftlicher Aktivitäten. Für die wissenschaftliche Analyse lassen sich Regeln anhand verschiedener Kriterien differenzieren, z. B. nach:

1. dem Geltungsbereich (für ein Individuum oder für eine Gesellschaft);
2. der Sicherung bzw. dem Grund der Einhaltung (innere Akzeptanz vs. äußere Sanktionierung) oder
3. nach deren Rückbezug auf (individuelle oder gesellschaftliche) Werte.

Je nachdem, durch welche Ausprägungen eine bestimmte Regel zu charakterisieren ist, lässt sie sich den Begriffen Moral, Gesetz, Konvention oder Ethos zuordnen. Wie im vorigen Kapitel bereits ausgeführt, wird mit dem Begriff Moral ein auf die Gesellschaft bezogenes (Geltungsbereich), von den Gesellschaftsmitgliedern intrinsisch akzeptiertes (Grund der Einhaltung) und auf Werte zurückführbares Regelungssystem beschrieben.

Merke!

Der Begriff **Norm** entstammt dem lateinischen Wort für Winkelmaß, Richtschnur oder Regel und kann sowohl im normativen als auch im deskriptiven Sinne verstanden werden. Im normativen Sinne wird bestimmt, was gemacht werden soll (z. B. „Du sollst nicht lügen!") während im deskriptiven Sinne dargestellt wird, was normalerweise gemacht wird (z. B. „die meisten Menschen sind normalerweise ehrlich").

Im Gegensatz zur Moral wird mit dem **Gesetz** ein Regelungssystem umschrieben, welches zwar ebenfalls auf eine bestimmte Gesellschaft bezogen ist, deren Einhaltung jedoch durch eine externe Sanktionierung sichergestellt (und dabei meist schriftlich kodifiziert) ist. Zudem beinhaltet das Gesetz sowohl wertende als auch nicht wertende (z. B. Straßenverkehrsordnung) Normen.

▶ **Auf den Punkt gebracht: Moralische Normen unterscheiden sich von gesetzlichen Normen dadurch, dass moralische Normen ausschließlich intrinsische Akzeptanz erfahren und grundsätzlich wertenden Charakter haben. Gesetze hingegen implizieren immer eine externe Sanktionierung sowie Sicherung und müssen nicht unbedingt wertenden Charakter besitzen.**

Mit dem Begriff der **Konvention** werden wiederum gesellschaftliche Normen bezeichnet, die keinerlei Wertung beinhalten und somit mehr oder weniger willkürlichen

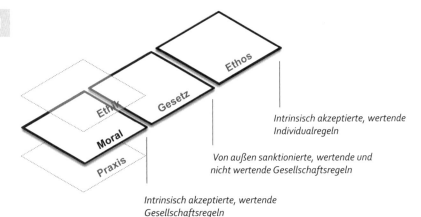

■ **Abb. 1.2** Die Normperspektive ethischer Begriffe

Übereinkünften gleichen. Als gängige Beispiele für Konventionen können das Linksfahrgebot oder die DIN-Normen angeführt werden.

Während sich Konventionen, moralische und gesetzliche Normen auf eine ganze Gesellschaft beziehen, grenzt sich der Begriff **Ethos** dadurch ab, dass hiermit diejenigen Regeln zusammengefasst werden, die sich ein Individuum (oder eine stark abgrenzbare Gruppe, z. B. ein Berufsstand) für sich selbst setzt.

Merke!

Der Begriff **Ethos** wird dabei im Sinne des griechischen Wortes für Charakter oder Haltung verstanden und umfasst alle selbst gesetzten, wertenden Maximen eines Individuums.

Es ist zu vermuten, dass sich ein persönliches Ethos vornehmlich auf Basis der Erziehung, der sozialen Erfahrung sowie der eigenständigen Reflexion gemachter Erfahrungen ausbildet. ■ Abbildung 1.2 gibt einen grafischen Überblick über die auf Werte bezogenen und folglich durch die Ethik hinterfragbaren Normebenen wider.

Beispiel: Unterscheidung Ethos, Moral und Gesetz

Beispielsweise wird Gewaltausübung an Dritten von den meisten Menschen persönlich abgelehnt (Ethos), demnach insgesamt gesellschaftlich geächtet (Moral) und auch gesetzlich verboten (Gesetz). Auf der anderen Seite können sich die wertenden Regelungsebenen

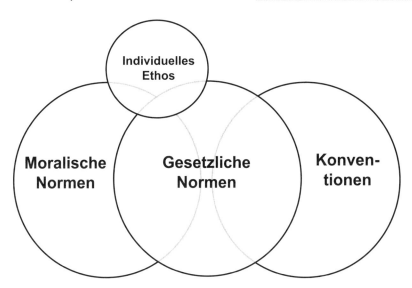

□ Abb. 1.3 Überschneidungsbereiche der Normbegriffe

ebenso konträr gegenüberstehen. So mag zwar die Hilfe für Bedürftige dem eigenen Ethos entsprechen und moralisch gewollt sein, jedoch gesetzlich nicht als Pflicht festgeschrieben sein. Auch kann das eigene Ethos der gesellschaftlichen Moral zuwiderlaufen. So kann es sein, dass Fleiß und Strebsamkeit als moralische Werte gesellschaftlich akzeptiert sind, jedoch der Einzelne diesen Werten aus bestimmten Gründen ablehnend gegenübersteht (□ Abb. 1.3).

1.2 Die Analyseebenen der Ethik

Im vorhergehenden Abschnitt wurde definiert, dass die Hauptaufgabe der philosophischen Ethik in der Reflektion der existierenden Moral und Praxis liegt. Aufgrund der Komplexität und Vielgestaltigkeit des menschlichen Handelns kann man sich leicht vorstellen, wie schwierig und umfangreich es sein muss, diese Aufgabe zu bewältigen. Um diese Komplexität zu reduzieren bietet es sich an, die zentrale Aufgabe der Ethik in handhabarere Teilaufgaben zu zerlegen.

Gängiger Weise untergliedert man deswegen die Ethik in einzelne Teilgebiete, je nachdem, wie weit sie sich theoretisch-abstrakt von ihrem Gegenstandsbereich, der menschlichen Praxis, entfernen. Es lässt sich so zwischen einer im Zentrum der philosophischen Ethik stehenden normativen, einer Meta-, einer angewandten sowie einer deskriptiven Ethik differenzieren (□ Abb. 1.4).

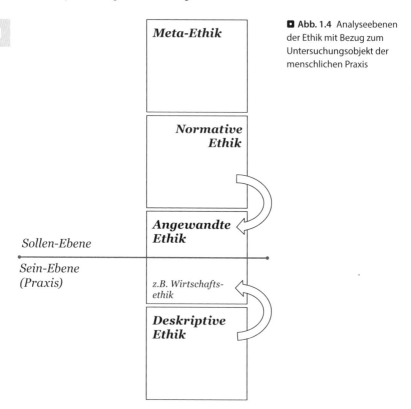

■ **Abb. 1.4** Analyseebenen der Ethik mit Bezug zum Untersuchungsobjekt der menschlichen Praxis

Unter dem Begriff der **normativen Ethik** verstehen wir die Ethik im klassischen Sinne. Ihr obliegt, unter Zuhilfenahme der Erkenntnisse der anderen ethischen Teildisziplinen, grundsätzlich die finale Aufgabe, Normen zu reflektieren, zu begründen und in (Norm-)Konflikten Lösungsvorschläge zu erarbeiten. Wie bereits zuvor angeschnitten ergibt sich die Notwendigkeit dieser Aufgabe daraus, dass moralische oder sonstige Normen ein menschliches Konstrukt sind und daher grundsätzlich fehlbar und willkürlich sein können. Gleichzeitig erfordern existierende Konflikte zwischen Moralvorstellungen, moralische **Dilemma-Situationen** (vgl. hierzu das Beispiel weiter unten) und/oder neuartige, bisher nicht dagewesen gesellschaftliche Problemstellungen (z. B. aufgrund neuartiger Technologien), dass sich mit den Regeln des gesellschaftlichen Zusammenlebens kritisch auseinandergesetzt wird. Unabhängig dieser Problemlagen ist es nicht zuletzt die menschliche Neugier, die uns antreibt, über unsere bestehende Werteordnung zu reflektieren.

Beispiel: Moralisches Dilemma

In einer moralischen Dilemma-Situation kann ein Individuum eine moralische Norm nur dann einhalten, wenn es eine andere moralische Norm bricht. Ein Beispiel hierfür liefert das sogenannte Trolley-Dilemma (engl. Trolley = „Lore", „Spurwagen") nach Philippa Foot:

Stellen Sie sich vor, Sie sind Lokführer eines Zuges der unter Vollgeschwindigkeit auf eine Gleisbaustelle mit fünf Gleisarbeitern zurast. Um den Tod der fünf Gleisarbeiter zu verhindern, müssen Sie versuchen, den Zug anzuhalten. Während Sie die Bremsen betätigen merken Sie, dass diese nicht funktionieren. Die einzige Möglichkeit, die sich Ihnen jetzt noch bietet, um den Tod der Gleisarbeiter zu verhindern, liegt darin, den Zug auf ein anderes, noch vor Ihnen liegendes Gleis umzuleiten. Unglücklicherweise befindet sich ebenfalls ein Gleisarbeiter auf der alternativen Route. Sie müssen sich nun entscheiden, ob Sie aktiv eingreifen und den Tod eines Gleisarbeiters in Kauf nehmen, um die anderen fünf Gleisarbeiter zu retten.

Hintergrund: Moralische Dilemmata im Alltag

Auch wenn die meisten Menschen nur selten solch drastische Probleme wie das Trolley-Dilemma zu lösen haben, begegnen ihnen tagtäglich eine Vielzahl moralischer Dilemmata. Einen Einblick in die Vielzahl alltäglicher moralischer Fragestellungen kann z.B. die Rubrik „Gewissensfrage" des Sueddeutschen Zeitungsmagazins geben. Eine Sammlung der dort gestellten „Gewissensfragen" finden sich im Internet unter ▶ http://sz-magazin.sueddeutsche.de/texte/liste/l/10.

Verkürzt beschäftigt sich die normative Ethik demzufolge mit der Frage „Was sollen ich bzw. wir tun und warum sollen wir das tun?". Hierfür diskutiert sie auf systematisch-methodischer Art und Weise verschiedene Möglichkeiten, wie moralische Regeln abgeleitet und begründet werden können. Sie analysiert dafür z.B. inwiefern es Sinn macht, Moral mit der Tradition, einer göttliche Fügung (z.B. im Sinne einer „unsichtbaren Hand"), der Vernunft, dem Mehrheitsnutzen oder der Natur des Menschen zu begründen. Zudem versucht die normative Ethik Daumenregeln (Heuristiken) abzuleiten, um zu prüfen, was es heißt moralisch zu handeln. Beispiele hierfür sind etwa die Goldene Regel, der kategorische Imperativ oder sogenannte Diskursregeln (vgl. hierfür ▶ Kap. 2).

Wie jede andere wissenschaftliche Disziplin greift auch die normative Ethik auf bestimmte Methoden zurück und unterstellt grundlegende Annahmen. Um überhaupt systematisch über Moral nachdenken zu können muss z.B. unweigerlich unterstellt werden, dass der Mensch über eine gewisse Willensfreiheit verfügt (ansonsten wäre jeder moralische Appell sinnlos) oder das moralische Normen einer rationalen Begründung zugänglich sind, d.h. dass moralische Normen nicht bloß der Ausdruck menschlicher Gefühle sein können. Da jedoch diese Annahmen keineswegs als gesichert gelten, muss sich auch die Ethik mit der Klärung der zugrundeliegenden Annahmen und Methoden (wie die argumentative Sprache) auseinandersetzen. Diese Aufgabe wird grundsätzlich der sogenannten **Meta-Ethik** (die Vorsilbe „Meta" kann im Sinne von „nachgelagert" bzw. „übergeordnet" verstanden werden) zuteil. Zentrale Fragestellungen der Meta-Ethik sind etwa:

1. Was ist die allgemeine menschliche Natur? Gibt es eine solche überhaupt? Wenn nicht, ist es dann überhaupt möglich allgemeingültige Regeln über Gut und Böse aufzustellen?

2. Sind wir in unseren Handlungen wirklich frei oder durch psychische, soziale oder genetische Faktoren determiniert? Wieviel Kontrolle haben wir über unsere Gedanken und Taten? Kann man überhaupt Menschen moralisch verantwortlich machen?

3. Gibt es überhaupt moralisches Wissen? Kann man moralische Regeln als wahr oder falsch beurteilen? Sind moralische Regeln überhaupt argumentativ durch Vernunft begründbar oder empirisch an Tatsachen beweisbar? Sind moralische Regeln nicht vielmehr Ausdruck von Gefühlen, von Wünschen oder gar einfach nur Befehle der Herrschenden?

Hintergrund: Sein-Sollen-Fehlschluss

Klassischerweise wird häufig David Hume (1711–1776) mit dem Beginn der Subdisziplin Meta-Ethik in Verbindung gebracht, weil er sich als erstes mit den Hintergrundannahmen der moralischen Sprache auseinandergesetzt hat. In seinem Buch „Ein Traktat über die menschliche Natur" (1740) weist er daraufhin, dass moralische Aussagen nicht durch deduktive Logik „bewiesen" werden können. Nach Hume wäre es falsch zu argumentieren: „Marketing versucht den Kunden zu manipulieren, deswegen ist Marketing schlecht", da die (zugegeben fragwürdige) empirische Aussage „Marketing versucht, den Menschen zu manipulieren", noch keine Wertung (Gut/Böse) begründet. Auch die Ergänzung „Marketing ist schlecht, weil die Gesellschaft gegen Manipulation ist", würde eine Wertung noch nicht begründen, da diese Aussage abermals nur den Ist-Zustand der Gesellschaft ausdrückt. Vielmehr versteckt sich hierin die Annahme, dass der Wille, Nutzen etc. der Mehrheit Gesellschaft mit gut gleichgesetzt wird (wie z. B. im Utilitarismus). Warum dieser Mehrheitswille aber gut sein soll wird nicht gesagt. Es lässt sich folglich aus einem Sein logisch kein Sollen ableiten (**Sein-Sollen-Fehlschluss**).

Die Klärung dieser meta-ethischen Fragestellungen ist von entscheidender Bedeutung zur Bewertung und Ausrichtung normativer ethischer Theorien, da alle normativ-ethischen Theorien auf Grundannahmen aufbauen. Werden diese Grundannahmen (wie z. B. dass Menschen grundsätzlich nach dem Eigennutz streben) verworfen, so sind auch Theorien in Frage zu stellen, die auf diesen Grundannahmen aufbauen (z. B. die Vertragstheorie nach Hobbes).

Neben der normativen sowie der Meta-Ethik gilt als dritte Ebene der ethischen Teilaufgaben die sogenannte **deskriptive Ethik**. Die deskriptive Ethik hat in Analogie zur Wissenschaft die Aufgabe bestehende moralische Regelsysteme bzw. die bestehende moralische Praxis zu beschreiben und zu erklären. Sie bezieht sich ausschließlich auf deskriptive Befunde ohne dabei (idealerweise) wertend Stellungnahme zu beziehen. Klassischerweise wird deswegen die deskriptive Ethik den gängigen (Sozial-)Wissenschaften, wie Soziologie, Psychologie, etc. zugeschrieben. Mancherorts ist auch zu lesen, dass die deskriptive Ethik infolgedessen nicht als Bestandteil der Disziplin Ethik verstanden werden soll.

Im Folgenden wird eine solche Sichtweise jedoch abgelehnt, da einerseits die deskriptive Ethik wichtige Leistungen im Rahmen der Erfüllung der normativen Aufgabe erbringt und andererseits in vielen ethischen Theorien der Übergang von normativen und deskriptiven Theorien fließend ist. So dient die deskriptive Ethik der normativen Ethik sowohl im Rahmen ihrer kritisierenden Aufgabe, indem sie Informationen über bestehende, zu kritisierende Moralvorstellungen liefert und Aussagen zur deren Funktionalität macht, als auch im Rahmen der Machbarkeitsanalyse moralischer Normen. Der Annahme folgend, dass moralische Normen immer auch vom moralischen Können der jeweiligen betroffenen Individuen abhängen, kann die deskriptive Ethik klären, welche Normen, zu welchem Grad umgesetzt werden und worin z. B. die psychologischen Grenzen der Umsetzung liegen.

Merke!

Die **normative Ethik** umfasst die kritisch-theoretische Auseinandersetzung mit der moralischen Praxis (Ethik im engeren Sinne), mit dem Ziel moralische Normen zu reflektieren, zu begründen und in (Norm-)Konflikten Lösungsvorschläge zu erarbeiten.

Der Begriff Meta-Ethik umschreibt die kritische Auseinandersetzung mit den Methoden (z. B. die argumentative Sprache) und Grundannahmen der normativ ethischen Theorien.

Mit dem Begriff der deskriptiven Ethik wird die beschreibende und erklärende Analyse der moralischen Praxis verstanden.

In unserer heutigen Gesellschaft hat sich zu den bereits genannten Ebenen der ethischen Reflektion noch eine vierte, spezifische Art hinzugesellt: die sogenannte **angewandte Ethik**. Die Erfordernis einer solchen vierten Ebene ergibt sich sowohl aus der Notwendigkeit für normative Ethiker sich stärker mit der konkreten Praxis auseinanderzusetzen, als auch aus der Unerlässlichkeit für Praktiker (also z. B. den wirtschaftlichen Akteuren) ihr Handeln heute intensiver ethisch rechtfertigen zu müssen.

So bedingt die zunehmende Komplexität der realen Lebenswelt und die immer weiter voranschreitende fachliche Spezialisierung, dass ethische Fragestellungen heute kaum mehr ohne konkretes fachliches Wissen lösbar sind. Ohne das Wissen über konkrete Funktionsweisen, Implikationen und Ursachen wirtschaftlicher Zusammenhänge sind Fragen über die Rechtmäßigkeit wirtschaftlicher Aktivitäten nur auf einem sehr abstrakten Niveau zu beantworten. Ein zu hoher Abstraktionsgrad einer praktischen Disziplin wie der Ethik kann dessen Fundament jedoch erheblich untergraben.

Zudem sind normative ethische Theorien ebenso einer eigenen Legitimation bedürftig. Ein konkreter Praxistest an der Realität erscheint hier als ein notwendiger Schritt. Auf der anderen Seiten sind heutzutage auch Praktiker verstärkt dazu aufgefordert ihr eigenes Handeln ethisch zu rechtfertigen. Einerseits wirken sich die Folgen des eigenen Handelns aufgrund einer immer vernetzteren Gesellschaft auf einen immer größeren Kreis von Individuen aus, andererseits rückt das Verhalten des Einzelnen durch die steigende mediale Berichterstattung immer weiter in den (bewertenden) Fokus der Öffentlichkeit. Dies führt unweigerlich dazu, dass sich mit den Gründen des eigenen Handelns, also dem eigenen Ethos bzw. dessen dahinterliegenden Ethik, auseinandergesetzt werden muss.

Demnach bewegen sich heute die normative Ethik und das praktische Handeln aus gegenseitigem Interesse immer stärker aufeinander zu. Um diesen Prozess zu beschreiben wird auf den Begriff der angewandten Ethik zurückgegriffen. Die angewandte Ethik definiert sich demgemäß als eine ethische Auseinandersetzung mit praxisnahen Fragestellungen und dem Ziel der Ableitung konkreter Handlungsempfehlungen.

⌐ Merke! ───────────────────────────────

Die **angewandte Ethik** umschreibt eine praxisnahe, ethisch-argumentative Auseinandersetzung mit konkreten, praktischen Fragestellungen und dem Ziel der Ableitung konkreter Handlungsempfehlungen.

Im Unterschied zur (reinen) normativen Ethik gelten für die angewandte Ethik leicht veränderte Gütekriterien:
1. Neben dem Anspruch logisch-konsistenter Begründetheit der Aussagen werden die Empfehlungen der angewandten Ethik auch
2. an ihrer Akzeptanz bei den Betroffenen,
3. ihrer Praktikabilität (physische oder psychische Umsetzbarkeit) sowie
4. an ihrer Anschlussfähigkeit an bestehende Normsysteme (z. B. Gesetze) gemessen.

Daraus folgt, dass neben dem klassisch philosophischen Wissen auch und insbesondere empirisches (Experten-)Wissen sowie das Wissen um die Bedürfnisse der Betroffenen von äußerster Wichtigkeit sind. Angewandt ethische Handlungsempfehlungen können demnach kaum, anders als oftmals beobachtet im Rahmen der normativen Ethik, durch den isolierten Philosophen im sprichwörtlichen „theoretischen Elfenbeinturm" gewonnen werden. Angewandte Ethik impliziert viel eher den Dialog zwischen praktischen Experten, Betroffenen und philosophischen Ethikern. Der Philosoph ist somit „nur einer unter vielen".

1.3 Die Notwendigkeit von Wirtschaftsethik

Im vorhergehenden Abschnitt wurde die angewandte Ethik als eine ethische Auseinandersetzung anhand konkreter Themenstellungen definiert, die das Ziel verfolgt, praktische Handlungsempfehlungen abzuleiten. Es wurde unterstellt, dass die angewandte Auseinandersetzung mit ethischen Fragestellungen sowohl aus Sicht der philosophischen Ethik als auch aus Sicht der jeweiligen Praxis notwendig ist. Dies gilt im Besonderen für den Bereich der Wirtschaftsethik.

So war es in den Anfängen der wirtschaftswissenschaftlichen Auseinandersetzung z. B. bei Aristoteles als „Lehre vom geordneten Haus" (griech. oikonomia aus oikos = „Haus" und nomos = „Regel bzw. Gesetz") noch möglich, die Wirtschaftswissenschaften, aufgrund ihrer geringen Komplexität, in einen übergeordneten Normsetzungs- (Politik) oder Normbegründungsprozess (Ethik) einzugliedern. Mit der Ausbildung immer komplexerer Gesellschaften in der Neuzeit wurde es hingegen erforderlich, das Wissen und die Gestaltung von gesellschaftlichen Teilsystemen, wie etwa der Wirtschaft, stärker zu Spezialisieren.

Dieser sich bis heute anhaltende Trend der Spezialisierung in Teil- und Fachbereiche führt jedoch dazu, dass zu deren Kritik und Gestaltung tiefgreifendes Spezialwissen notwendig wird. Gleichzeitig ist heute zu beobachten, dass wirtschaftliche Mechanismen und Vorgänge immer weitere Teile des menschlichen Lebens (Praxis) (mit-)bestimmen. Versteht man dabei die Ethik als Disziplin, die es sich zur Aufgabe macht, die menschliche Praxis anzuleiten, so wird deutlich, dass sie hierzu wirtschaftlichen Fragestellungen nicht unbeachtet lassen kann.

Die Auseinandersetzung mit wirtschaftlichen Themen erfordert jedoch aufgrund ihrer Komplexität und Spezialisierung ein Fachwissen, welches von klassisch philosophischen Ethikern nur schwerlich zu erwarten ist. Es erscheint deswegen nur folgerichtig, dass aus der klassisch normativ-ethischen Perspektive heute ein verstärkter Bedarf an wechselseitigem Austausch mit der wirtschaftlichen Praxis bzw. den Wirtschaftswissenschaften vorherrscht (vgl. ◻ Abb. 1.5).

Auf praktischer Seite hingegen sehen sich wirtschaftliche Akteure heute einer (durch das Internet mehr denn je verstärkt) immer weiter wachsenden medialen Öffentlichkeit ausgesetzt. Diese öffentliche Präsenz wiederum führt dazu, dass sich wirtschaftliche Akteure einem ebenso erhöhten Rechtfertigungsdruck ausgesetzt sehen. Immer mehr Menschen haben einen immer leichteren Zugang zu Informationen über die Handlungen wirtschaftlicher Akteure. Dadurch steigt zwangsläufig die Gefahr, bei unzureichender Rechtfertigung der eigenen Handlungen (wie z. B. im Zuge sogenannter Wirtschaftsskandale), dass die eigene Reputation starken Schaden nimmt. Je nach Schwere des Vergehens kann dies schrittweise oder abrupt zum Entzug von notwendigem Vertrauen führen. Ohne Vertrauen in die wirtschaftliche Praxis können als Folgen sodann schärfere Gesetze, niedrigere Absatzzahlen (siehe Beispielbox) oder umständlichere Wertschöpfungsbeziehungen zu Lieferanten (z. B. aufgrund notwendig werdender Kontrollen) eintreten.

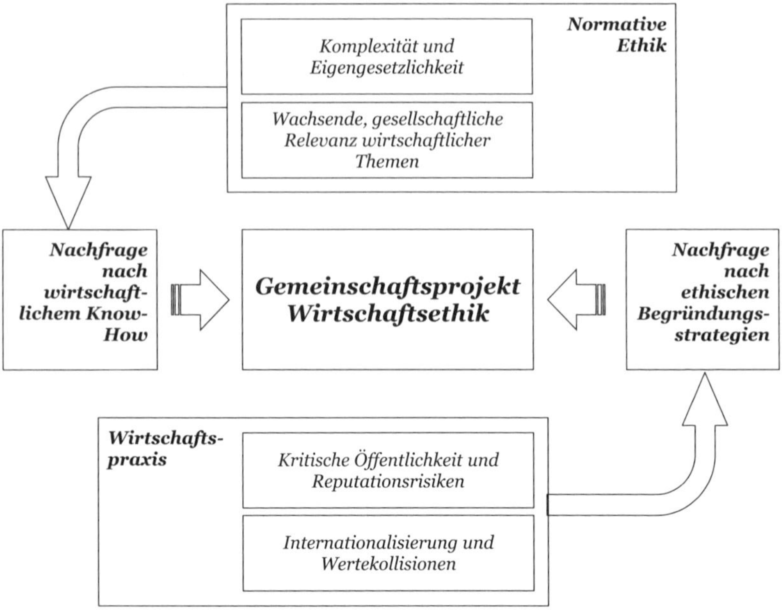

Abb. 1.5 Die Notwendigkeit von Wirtschaftsethik

Beispiel: Folgen unethischer Wirtschaftshandlungen

Beispielsweise wurde das US-amerikanische Bundesgesetz Sarbanes-Oxley Act (SOX, SOA) im Jahre 2002 als Folge der publik gewordenen Bilanzmanipulationen von Unternehmen wie Enron oder Worldcom erlassen. Benannt nach den amerikanischen Politikern Paul Sarbanes und Michael Oxley hatte das Gesetz zum Ziel, das Vertrauen von Anlegern am US-amerikanischen Kapitalmarkt zurückzugewinnen. Hierzu wurden Konzerne und Unternehmen, deren Wertpapiere an einer US-Börse gehandelt werden, u.a. zu strengeren Anforderungen im Hinblick der von ihnen veröffentlichten Finanzdaten gezwungen. Überdies hatte das Gesetz verschärfende Auswirkungen auf die Verantwortlichkeit von geschäftsführenden Managern sowie im Hinblick auf die Beziehung von Abschlussprüfer und Mandant.

Als klassisches Beispiel eines Konsumentenboykotts gilt gemeinhin der Boykottaufruf gegen den Ölkonzern Shell im Jahre 1995. Als Folge der geplanten Versenkung einer Ölplattform (Brent Spar) im Atlantik, haben Umweltschutzverbände (u.a. Greenpeace) dazu aufgerufen, nicht mehr an Shell-Tankstellen zu tanken. Insgesamt führte dies, neben weitreichenden Imageverlusten dazu, dass der Umsatz in der Folgezeit um ca. 50% zurückging, und dies obwohl man aus heutiger Sicht vermutlich behaupten kann, dass die Ökobilanz der Versenkung als positiver eingeschätzt werden kann als deren mögliche Alternativen.

Aus Sicht der Praxis kann Ethik demnach auch als ein wertschöpfender Faktor gesehen werden. So ist es nur folgerichtig, ganz im Sinne der wirtschaftlichen Logik, proaktiv ethische Maßnahmen, wie z. B. branchenübergreifende, freiwillige Kodizes (siehe Beispielbox) oder ganze Ethik-Management-Systeme, einzurichten. Nimmt man hinzu, dass durch die immer stärker voranschreitenden Globalisierung Unternehmen heute in einer Vielzahl unterschiedlicher Kulturen agieren müssen und dadurch ständig vor der Frage der „richtigen Werte" stehen, wird deutlich, warum ein zunehmender Bedarf an der Klärung ethischer Fragestellungen besteht. Dieser Bedarf an ethischem Know-how und einer damit einhergehenden kritisch-neutralen Betrachtung von außen erfordert wiederum das Wissen philosophisch geschulter Experte.

Beispiel: Freiwilliger Branchenkodex
Als Beispiel für eine freiwillig ethische Brancheninitiative kann auf die „Initiative Corporate Governance der deutschen Immobilienwirtschaft" verwiesen werden (▶ http://www.immo-initiative.de).

1.4 Der Begriff der Wirtschaft und der Wirtschaftsethik

Dem Wortstamm nach leitet sich der Begriff Wirtschaft bzw. Ökonomie aus dem griechischen Wort oíkonomos, vereinfacht Übersetzt mit der „Lehre vom geordneten Haus" (oíkos = „Haus"; nomos = „Gesetz/Regel"), ab. Heute versteht man unter dem Begriff der Wirtschaft bzw. der Ökonomie ein Subsystem einer modernen, d. h. funktional differenzierten Gesellschaft. Ein (Sub-)System setzt sich gemeinhin aus seinen Elementen und deren Beziehungen zueinander zusammen. Die wesentlichsten Elemente des Subsystems der Wirtschaft sind die sich darin befindlichen wirtschaftlich handelnden Akteure.

Zu den wirtschaftlich handelnde Akteuren zählen im Großen und Ganzen der Staat, Unternehmen sowie (öffentliche und private) Haushalte. Während der Staat im Sinne der Sicherung des Wohlstands seiner Bevölkerung z. B. durch gesetzliche Bestimmungen aktiv wird, übernehmen (öffentliche als auch private) Unternehmen die Aufgabe der Herstellung von Güter und Dienstleistungen aus vorhandenen Produktionsfaktoren (Boden, Kapital, Arbeit). Haushalte wiederum konsumieren die von Unternehmen bereitgestellten Güter und Dienstleistungen und bieten selbst ihre Arbeitskraft als Produktionsfaktoren für Unternehmen an.

> **Merke!**
>
> Die **Wirtschaft** (Ökonomie) bezeichnet ein Subsystem moderner Gesellschaften, welches sich aus wirtschaftlich handelnden Akteuren zusammensetzt.
> Das **Wirtschaften** (ökonomisches Prinzip) umfasst ein Handlungsprinzip, welches sich am rationalen Umgang mit knappen Ressourcen orientiert.
> Unter dem Begriff der **Wirtschaftswissenschaft** (Ökonomik) wird die Beschreibung, Erklärung und Prognose wirtschaftlicher Aktivitäten verstanden.

Die Beschreibung „wirtschaftlich handelnd" oder vereinfacht <u>das</u> Wirtschaften bezeichnet im Allgemeinen ein Handeln (Praxis) nach dem **Wirtschaftlichkeitsprinzip**. Das Wirtschaftlichkeitsprinzip seinerseits schreibt ein rationales Handeln mit knappen Ressourcen vor. Konkret kann sich dies sowohl im sogenannten Minimum- als auch Maximumprinzip (siehe Definition) ausdrücken.

> **Merke!**
>
> Das **Minimumprinzip** schreibt vor, ein bestimmtes Output mit minimalem Input zu erreichen. Das **Maximumprinzip** schreibt vor, mit einem gegebenen Input ein maximales Output zu erreichen.

Im Unterschied zum Begriff der Ökonomie und dem ökonomischen Prinzip beschreibt der Begriff der Ökonomik die Wirtschaftswissenschaften, d.h. den Versuch der wissenschaftlichen Erklärung, Beschreibung und Prognose wirtschaftlicher Aktivitäten. Während die Wirtschaftswissenschaft in ihren Anfängen noch als integraler Bestandteil der wertenden Ethik bzw. Politik galt, hat sie sich in der Neuzeit bis heute als eigenständige Wissenschaftsdisziplin, mit dem Anspruch auf Wertfreiheit, etabliert.

Hintergrund: Adam Smith und die Anfänge der ökonomischen Wissenschaft
Der Beginn der Emanzipation der Wirtschaft wird gewöhnlich mit dem Erscheinen des Buches "An Inquiry into the Nature and Causes of the Wealth of Nations" (zu Deutsch: „Der Wohlstand der Nationen") im Jahre 1776 und dessen Autor Adam Smith in Verbindung gebracht. Der Grund liegt darin, dass Smith als einer der Ersten in diesem Werk versucht hat, die (vermeintliche) wohlstandsfördernde Eigengesetzlichkeit, aufbauend auf dem grundsätzlichen Eigeninteresse der Menschen und unabhängig anderer Motive, wirtschaftlicher Aktivitäten und Zusammenhänge zu untersuchen.

Im Rahmen der Beschreibung wirtschaftlicher Begriffe kann also konstatiert werden, dass diese sowohl normative Handlungsprinzipien (Wirtschaftlichkeitsprinzipien) als auch das tatsächliche wirtschaftliche Handeln (Wirtschaftspraxis) von wirtschaftlichen

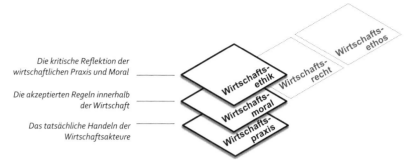

Die kritische Reflektion der wirtschaftlichen Praxis und Moral ———

Die akzeptierten Regeln innerhalb der Wirtschaft ———

Das tatsächliche Handeln der Wirtschaftsakteure ———

◼ **Abb. 1.6** Die Handlungsperspektive wirtschaftsethischer Begrifflichkeiten

Akteuren umfassen. Beide Ebenen sind, analog zur obigen Definition der Ethik, als menschliche Kulturgüter prinzipielle Gegenstände einer kritisch-ethischen Bewertung. Entsprechend ist es auch Aufgabe der **Wirtschaftsethik**, als Teilbereich der angewandten Ethik, sich mit den wirtschaftlichen Handlungsprinzipien sowie der tatsächlichen wirtschaftlichen Praxis kritisch auseinanderzusetzen.

> ┌─ **Merke!** ─────────────────────────
>
> Die **Wirtschaftsethik** umfasst einen Teilbereich der angewandten Ethik, dem die Aufgabe unterliegt, praktische Empfehlungen zur Normsetzung sowie zur konkreten Normdurchsetzung für das wirtschaftliche Subsystem abzuleiten.

Analog zur allgemeinen Ethik gilt es auch im Zuge der Analyse der Wirtschaftsethik ähnliche Begrifflichkeiten voneinander unterscheiden zu können. Wie schon zuvor lassen sich die wirtschaftsethischen Begrifflichkeiten in eine Handlungs- (◼ Abb. 1.6) sowie ein Normperspektive (◼ Abb. 1.7) differenzieren.

Ebenso wie im Kontext der allgemeinen Ethik gibt es auch innerhalb der Handlungsperspektive wirtschaftsethischer Begriffe einen Begriff für das tatsächliche Handeln (Wirtschaftspraxis), für die von der Allgemeinheit akzeptierten Handlungsregeln (Wirtschaftsmoral) sowie für die kritische Reflektion der tatsächlichen Handlungen bzw. Handlungsregeln (Wirtschaftsethik).

Beispiel: Wirtschaftsethische Begriffe der Handlungsperspektive
Übertragen auf die Mitarbeiterführung würde der Begriff der Wirtschaftspraxis das tatsächlich gelebte Handeln der Führungskräfte gegenüber ihren Mitarbeitern umschrieben. Der Begriff der Wirtschaftsmoral umfasst demgemäß dasjenige Handeln, dass von Füh-

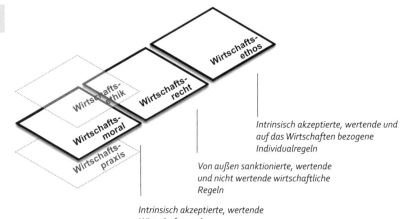

Intrinsisch akzeptierte, wertende und auf das Wirtschaften bezogene Individualregeln

Von außen sanktionierte, wertende und nicht wertende wirtschaftliche Regeln

Intrinsisch akzeptierte, wertende Wirtschaftsregeln

◻ **Abb. 1.7** Die Normperspektive wirtschaftsethischer Begrifflichkeiten

rungskräften gegenüber ihren Mitarbeitern von der Allgemeinheit erwartet wird. Innerhalb der Wirtschaftsethik sollte wiederum diskutiert werden, ob das tatsächliche Handeln der Führungskräfte bzw. die dahinterliegenden Moralvorstellungen der Mitarbeiterführung gerechtfertigt erscheinen.

Auf Normebene unterscheiden sich die einzelnen Regelungssysteme der Wirtschaft bezüglich ihres …:

1. Geltungsbereichs (für ein Individuum oder für eine Gesellschaft),
2. ihrer Absicherung (extrinsisch oder intrinsisch) sowie
3. anhand ihres Wertebezugs (mit oder ohne).

Die Wirtschaftsmoral kann infolge dieser Kategorien z. B. als das tatsächlich existierende und von der Allgemeinheit intrinsisch akzeptierte Regelungssystem für den wirtschaftlichen Bereich beschrieben werden.

Im Gegensatz dazu umfasst der Begriff des **Wirtschaftsrechts** dasjenige Regelungssystem, welches zwar ebenfalls für eine gesamte Gesellschaft gilt, hierbei aber nicht unbedingt von allen intrinsisch akzeptiert sein muss. Das Wirtschaftsrecht wird durch staatliche Kontrolle und Sanktionen von außen abgesichert und kann einer geforderten Wirtschaftsmoral gegebenenfalls widersprechen. Überdies kann das Wirtschaftsrecht Konventionen ohne Wertbezug beinhalten, während sich die Wirtschaftsmoral immer auf bestimmte Grundwerte, wie z. B. die Leistungsgerechtigkeit, bezieht.

Der Begriff der Wirtschaftskriminalität bezieht sich vornehmlich auf den Bruch mit geltendem Wirtschaftsrecht. Das **Wirtschaftsethos** schlussendlich umfasst analog zur Wirtschaftsmoral intrinsisch akzeptierte, wertende Regeln eines einzelnen Wirtschaftsakteurs bzw. einer stark abgrenzbaren Gruppe.

Beispiel: Wirtschaftsethische Begriffe der Normperspektive

Abermals übertragen auf die Mitarbeiterführung grenzt sich das Wirtschaftsrecht dahingehend ab, als dass es verbindliche und staatlich sanktionierte Regeln vorschreibt (z. B. Arbeitszeitgesetze, Diskriminierungsverbote, usw.), die nur unter dem Risiko einer Strafe missachtet werden können. Das Wirtschaftsethos einer Führungskraft wiederum enthält diejenigen Verhaltensregeln, die sich eine Führungskraft selbst im Umgang mit den Mitarbeitern vorschreibt und für gut befindet.

Hintergrund: MBA-Oath der Havard Business School

Einen Versuch ein **Berufsethos** für Manager einzuführen, stellt der MBA-Oath der Harvard Business School (HBS) dar (▶ http://mbaoath.org/). Ins Leben gerufen im Jahre 2009 von Absolventen der Harvard Business School stellt der MBA-Oath ein freiwilliges (und schriftlich festgehaltenes) Bekenntnis zu ethischen Wertvorstellungen dar, welches jeder HBS Absolvent am Ende seines Studiums ablegen kann.

Auch wenn die Wirtschaftsethik nach der oben abgeleiteten Definition nur einen (wenn auch vielleicht wesentlichen Teilbereich) der Ethik bzw. der angewandten Ethik umfasst, so gilt hier analog, dass die Aufgabe der Wirtschaftsethik als durchaus umfassend charakterisiert werden kann. Entsprechend erscheint es ebenso im Bereich der Wirtschaftsethik sinnvoll, den Aufgabenbereich in Teilaufgabenfelder zu systematisieren. Gängiger Weise orientiert man sich hierbei, zumeist in Anlehnung an Peter Ulrich (▶ Abschn. 3.3) und aufgrund der praktischen Ausrichtung der Wirtschaftsethik, an den jeweiligen wirtschaftlichen Akteuren und deren Handlungsebenen (auch hier ist wiederholt auf die Unmöglichkeit einer perfekt trennscharfen Kategorisierung zu verweisen).

> ❯❯ **Auf den Punkt gebracht: In der Wirtschaftsethik unterscheidet man zwischen einer Individual- (Arbeitskräfte und Konsumenten), einer Unternehmens- und einer Ordnungsebene (Staat).**

Ergänzend hierzu erscheint es aus wissenschaftlicher Sicht notwendig, eine vierte, nur indirekt praktische Ebene abzugrenzen, die sich, analog zur Metaethik, mit den Grundannahmen und Methoden der Wirtschaft bzw. der Wirtschaftswissenschaften auseinandersetzt. In diesem Sinne kann somit zwischen vier verschiedenen Ebenen der Wirtschaftsethik unterschieden werden, denen jeweils unterschiedliche Fragestellungen zuzuordnen sind. ◼ Abbildung 1.8 gibt einen grafischen Überblick über die jeweiligen Ebenen und exemplarisch ausgewählten Fragestellungen.

Direkt praktischen Bezug entwickelt die Wirtschaftsethik zunächst auf der sogenannten **Wirtschaftsordnungsebene**. Hier werden in erster Linie politische Emp-

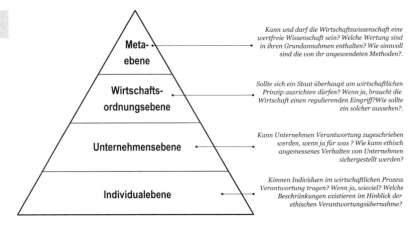

Abb. 1.8 Ebenen der Wirtschaftsethik

fehlungen hinsichtlich der Steuerung wirtschaftlicher Prozesse einer Gesellschaft angestrebt. Die zentrale Ausgangsfrage ist in etwa darin zu sehen, ob sich das gesellschaftliche Zusammenleben an wirtschaftlichen Prinzipien ausrichten darf bzw. soll? Ist es als legitim anzusehen, wenn sich zwischenmenschliche Beziehungen über den Austausch von Waren und Dienstleistungen regeln? Wenn dies bejaht wird, stellt sich zumeist im Anschluss die Frage, ob die Regulierung über den Markt bzw. das wirtschaftliche Prinzip einer oder mehrerer Einschränkungen bedarf? Sollen wirtschaftliche Prozesse durch staatliche Eingriffe gesteuert bzw. korrigiert werden? Wie sollte eine solche Regulierung konkret aussehen? Im Rahmen der Wirtschaftsordnungsebene wird demgemäß geklärt ob, in welchem Ausmaß und welche Spielregeln für den wirtschaftlichen Verkehr nötig sind.

Beispiel: Wirtschaftsordnungsebene

Im Rahmen der Wirtschaftsordnungsebene wird z. B. danach gefragt, ob es gerechtfertigt ist, Branchen, die im internationalen Wettbewerb Nachteile haben, wie etwa die europäische Landwirtschaft, durch staatliche Subventionen zu begünstigen.

Die **Unternehmensebene** der Wirtschaftsethik setzt sich hingegen mit ethischen Fragestellungen auseinander, die sich im Rahmen unternehmerischer Tätigkeit ergeben.

┌─ **Merke!** ──────────────────────────────────────

Mit einem **Unternehmen** ist eine nicht örtliche, aber wirtschaftlich-finanzielle sowie rechtliche Einheit bestehend aus verschiedenen Interessensträgern zu verstehen. Diese versucht mittels des Einsatzes bzw. der Umwandlung von Produktionsfaktoren (Arbeit, Kapital, Boden) in Güter und Dienstleistungen einen bestimmten Zweck (z. B. Entgelterzielung, Bedarfsdeckung, usw.) zu erfüllen.

└───

Ein Unternehmen handelt immer im Kontext eines vorgegebenen (staatlichen) Ordnungsrahmens, welcher mehr oder weniger große (rechtliche) Handlungsspielräume zulässt. In diesem Kontext stellt sich für die Wirtschaftsethik zunächst als grundlegende Frage, ob sich Unternehmen überhaupt mit ethischen Aspekten zu befassen haben oder ob es für Unternehmen schlicht ausreicht, sich an die Vorgaben des Ordnungsrahmens zu halten? Kann innerhalb eines solchen Rahmens überhaupt eine Differenz zwischen Legalität und Legitimität existieren?

Überdies stellt sich als weitere zentrale Frage, ob Unternehmen, da sie ja keine menschlichen Wesen sind, überhaupt eine Verantwortung für Handlungen zugeschrieben werden kann? Wird diese Frage bejaht, so stellt sich aus praktischer Sicht als weitere Frage, für was sich ein Unternehmen genau ethisch verantworten muss? Ist es legitim zu erwarten, dass sich Unternehmen entgegen den Eigentümerinteressen für soziale oder ökologische Belange einsetzen? Und wie kann in einer aus vielen dezentralen Bereichen zusammengesetzten Einheit sichergestellt werden, dass die einzelnen Unternehmensmitglieder auch tatsächlich ihrer Verantwortung nachkommen (Umsetzungsproblem)?

Zusammengefasst kann also festgehalten werden, dass es zentrale Aufgabe der Unternehmensethik ist, zu klären, für was ein Unternehmen Verantwortung trägt, wie sich dies in verbindlichen ethischen Maßstäben ausdrückt und wie sichergestellt werden kann, dass sich die einzelnen Unternehmensmitglieder an entsprechende Maßstäbe halten.

┌─ **Merke!** ──────────────────────────────────────

Die **Wirtschaftsordnungsebene** hat die Aufgabe zu klären, ob eine Gesellschaft nach dem wirtschaftlichen Prinzip organisiert werden soll und welcher Ergänzungen eine solche Organisation u. U. bedarf.

Die **Unternehmensebene** hat die Aufgabe zu klären, ob und für was ein Unternehmen Verantwortung zu tragen hat und wie diese Verantwortung in der tatsächlichen Praxis umgesetzt werden kann.

Die **Individualebene** hat die Aufgabe zu klären, ob und in welchem Ausmaß einem einzelnen Menschen innerhalb der wirtschaftlichen Prozesse Verantwortung zukommt und was konkret notwendig ist, um dieser Verantwortung nachzukommen.

└───

Ähnliche Fragen wie auf Unternehmensebene stellen sich auch im Bereich der **Individualebene** der Wirtschaftsethik. Hier wird sich mit ethischen Fragestellungen beschäftigt, die sich mit einzelnen Individuen im Rahmen des wirtschaftlichen Subsystems auseinandersetzen. Ebenso wie auf der Unternehmensebene ist zu beachten, dass die individuellen Handlungen innerhalb eines vorgegebenen staatlichen sowie z. T. unternehmerischen Organisationsrahmen (ausgedrückt z. B. in Gesetzen und Gewinnerwartungen) ausgeführt werden. Analog stellt sich als zentrale Ausgangsfrage, ob angesichts solcher sozialer Restriktionen einem einzelnen Individuum überhaupt ethische Verantwortung übertragen werden kann.

Aufgrund der unterschiedlichen Rollen (und den damit einhergehenden, zu diskutierenden Rechten und Pflichten), die ein Individuum im Rahmen des wirtschaftlichen Systems übernehmen kann, wird zumeist nach einer Führungs-, einer Mitarbeiter- und einer Konsumentenethik differenziert. In jeder Rolle ist getrennt zu analysieren, was legitimer Weise von einem Individuum erwartet werden kann, welche (physischen oder psychischen) Restriktionen vorliegen und was getan werden kann bzw. muss, um entsprechende Restriktionen zu beseitigen (z. B. Aufklärungsarbeit, Anreizsetzung, etc.).

1.5 Grundpositionen der Wirtschaftsethik

Als Abschluss des ersten Kapitels, welches der grundsätzlichen Begriffsklärung dienlich sein sollte, wird nun noch knapp eine Landkarte der verschiedenen, bislang existierenden, theoretischen Sichtweisen auf das Thema Wirtschaftsethik gegeben (❏ Abb. 1.9).

Die historisch zentralen Grundpositionen zum Thema Wirtschaftsethik, die sich oftmals auch heute noch in politischen Debatten identifizieren lassen, drehen sich um die Frage, ob die Ökonomie (und damit das individuelle Eigennutzstreben) gänzlich sich selbst überlassen werden kann („Ökonomie **ohne Ethik**") oder ob die Ausrichtung am ökonomischen Prinzip langfristig in ein gesellschaftliches Desaster mündet („**Ethik ohne** Ökonomie"). Erstere Position wird zumeist mit den Begründern der sich emanzipierenden wirtschaftswissenschaftlichen Disziplin, wie z. B. Adam Smith (1723–1790) oder David Ricardo (1772–1823), in Verbindung gebracht.

Aus einer Zeit stammend, in welcher die eingeschränkte Freiheit des Einzelnen (durch absolutistische Herrschaft bzw. Leibeigenschaft) und die vorherrschende extreme Armut die wesentlichsten sozialen Probleme der Zeit darstellten, wurde das ökonomische Prinzip als zentrale Lösung propagiert. Es wurde argumentiert, dass einerseits durch das in der Ökonomie vorherrschende Leistungsprinzip sowie dem freien Wettbewerb die Machtansprüche Einzelner begrenzt und andererseits, durch das eigennützige Streben jedes Einzelnen, wie mit einer unsichtbaren (göttlichen) Hand, die gesamtgesellschaftliche Wohlfahrt erhöht werden kann.

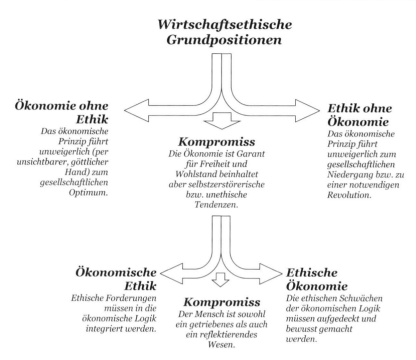

Wirtschaftsethische Grundpositionen

Ökonomie ohne Ethik
Das ökonomische Prinzip führt unweigerlich (per unsichtbarer, göttlicher Hand) zum gesellschaftlichen Optimum.

Kompromiss
Die Ökonomie ist Garant für Freiheit und Wohlstand beinhaltet aber selbstzerstörerische bzw. unethische Tendenzen.

Ethik ohne Ökonomie
Das ökonomische Prinzip führt unweigerlich zum gesellschaftlichen Niedergang bzw. zu einer notwendigen Revolution.

Ökonomische Ethik
Ethische Forderungen müssen in die ökonomische Logik integriert werden.

Kompromiss
Der Mensch ist sowohl ein getriebenes als auch ein reflektierendes Wesen.

Ethische Ökonomie
Die ethischen Schwächen der ökonomischen Logik müssen aufgedeckt und bewusst gemacht werden.

◘ **Abb. 1.9** Grundpositionen der Wirtschaftsethik

Hintergrund: Die „unsichtbare Hand"

Zur Verdeutlichung der Gedanken von Adam Smith kann beispielhaft auf folgendes Zitat aus dem Buch „Der Wohlstand der Nationen" (viertes Buch, Kap. 2) verwiesen werden:

„Wenn daher jeder einzelne soviel wie nur möglich danach trachtet, sein Kapital zur Unterstützung der einheimischen Erwerbstätigkeit einzusetzen und dadurch dieses so lenkt, daß ihr Ertrag den höchsten Wertzuwachs erwarten läßt, dann bemüht sich auch jeder einzelne ganz zwangsläufig, daß das Volkseinkommen im Jahr so groß wie möglich werden wird. Tatsächlich fördert er in der Regel nicht bewußt das Allgemeinwohl, noch weiß er wie hoch der eigene Beitrag ist. Wenn er es vorzieht, die eigene nationale Wirtschaft anstatt die ausländische zu unterstützen, denkt er nur an die eigene Sicherheit, und wenn er dadurch die Erwerbstätigkeit so fördert, daß ihr Ertrag den höchsten Wert erzielen kann, strebt er lediglich nach eigenem Gewinn. Er wird in diesem wie auch in vielen anderen Fällen von einer unsichtbaren Hand geleitet, um einen Zweck zu fördern, der keineswegs in seiner Absicht lag. Es ist auch nicht immer das Schlechteste für die Gesellschaft, dass dieser nicht beabsichtigt gewesen ist. Indem er seine eigenen Interessen verfolgt, fördert er oft diejenigen der Gesellschaft auf wirksamere Weise, als wenn er tatsächlich beabsichtigt, sie zu fördern."

Mit Beginn und im Laufe der industriellen Revolution im späten 18. und 19. Jahrhundert wurde jedoch deutlich, dass eine (weitestgehend) unbeschränkte Ökonomie erhebliche soziale und ökologische Fragen aufwirft. Es wurde z. B. bemängelt, dass das ökonomische Prinzip zu einer kapitalorientierten Machtkonzentration führt, dies zwangsläufig kapitallose Arbeiter in die Ausbeutung führt, dass die effiziente Arbeitsplatzgestaltung zu sinnentleerten, repetitiven Arbeiten beiträgt und dass die Verfolgung des Eigeninteresses in der Ausbeutung und gänzlichen Vernichtung (preis-)freier Güter, wie z. B. natürlicher Ressourcen, endet. Der wirtschaftsliberalen Auffassung, dass die Verfolgung des ökonomischen Prinzips zu Freiheit und Wohlstand führt, wurde in Gänze widersprochen. Viel eher wurde das kapitalistische Wirtschaftssystem als Quell von Ungerechtigkeit und Zerstörung angesehen.

Neben diesen Extrempositionen haben sich im Laufe der Zeit verschiedene Vermittlungspositionen, wie z. B. der Ordoliberalismus als Ursprung unserer heutigen Sozialen Marktwirtschaft (z. B. Alfred Müller-Armack 1901–1978), herausgebildet. Diese Positionen unterstellen z. B. dass das ökonomischen Prinzip einerseits ein Instrument zur Verwirklichung freiheitlicher Selbstbestimmung und Wohlstand ist, dies jedoch andererseits nur dann garantiert werden kann, wenn deren unethische Nebenfolgen und Selbstzerstörungstendenzen eingeschränkt werden. Im Hinblick der Frage, auf welche Weise eben jenen unerwünschten Nebenfolgen der Ökonomie begegnet werden soll, lassen sich insbesondere in der jüngere wirtschaftsethischen Diskussion wiederum unterschiedliche Strömungen identifizieren.

Auf der einen Seite nimmt die sogenannte „Ökonomische Ethik" an, dass der Mensch grundsätzlich zu moralische Einsicht fähig ist und soziale Präferenzen hegt, diesen Grundeigenschaften aber in modernen Großgesellschaften keinerlei Bedeutung zur praktisch-ethischen Regulierung der Wirtschaft beigemessen werden kann. Ausgehend von einem etablierten wirtschaftlichen System, geht dieser Ansatz davon aus, dass der Einzelne einem ständigen Konkurrenzdruck ausgesetzt ist, der es unmöglich macht, unabhängig des eigenen Interesses ethisch zu handeln. Ohne seine eigene Existenz gefährden zu wollen, wird der Einzelne nur dann ethisch handeln, wenn dies im Einklang mit seinen eigenen Interessen steht.

Appelle an eine ethische Selbstbegrenzung werden nutzlos, sobald diese Selbstbegrenzung den eigenen Interessen widerspricht. Somit ist es für eine sinnvolle Integration von Ethik und Ökonomie notwendig, ethische Vorgaben in eine ökonomische Sprache zu übersetzen. Hierfür müssen die ökonomischen Vorteile ethischer Selbstbegrenzung aufgezeigt werden. Sollte dies z. B. im Zuge einer Konfliktsituation zwischen Eigeninteresse und ethisch richtiger Handlung (Dilemma) nicht möglich sein, so sind die Anreize (Belohnung oder Bestrafung) der jeweiligen Situation so zu verändern, dass der Eigennutz und das ethisches Handeln schlussendlich wieder in Einklang gebracht werden. Die Veränderung der Anreize kann dabei ausschließlich der obersten, sanktionierenden Instanz, also dem Staat obliegen. Als zentraler Vertreter dieser theoretischen Richtung gilt gemeinhin Karl Homann (▶ Abschn. 3.1).

Auf der anderen Seite wird im Kontext der hier verstandenen „Ethischen Ökonomie" postuliert, dass der Mensch durch Einsicht in die Lage versetzt werden kann zwischen ethisch guten und schlechten Handlungen zu unterscheiden. Die Regulierung der Wirtschaft basiert folglich zunächst primär auf der ethischen Erziehung der Individuen, wobei diese Erziehung es erforderlich macht, die z. T. versteckten ethischen Implikationen des ökonomischen Handelns offenzulegen und dem jeweiligen Individuum bewusst zu machen. Hat das Individuum erst einmal Einsicht in das richtige Handeln, wird es sich in seinem eigennützlichen, wirtschaftlichen Streben selbst beschränken. Eine solche individuelle Selbstbeschränkung ist entsprechend dieser Sichtweise deswegen erforderlich, weil sich allein auf staatliche Regulierung nicht mehr verlassen werden kann. So werden einerseits staatliche Regeln selbst von Individuen erschaffen und andererseits verlieren staatliche Regierung im Zuge der Globalisierung immer mehr an Einflussmöglichkeiten, da sie sich selbst in Mitten eines internationalen Standortwettbewerbs befinden. In groben Zügen kann z. B. die Wirtschaftsethik nach Peter Ulrich (► Abschn. 3.3) diesem wirtschaftsethischen Typus der „Ethischen Ökonomie" zugeordnet werden.

Hintergrund: Wie denken Manager über Wirtschaftsethik

Eine oft zitierte Studie von Peter Ulrich und Ulrich Thielemann hat im Jahre 1992 untersucht, welchem Denkmuster praktizierende Manager folgen. Die Autoren konnten zeigen, dass 88 % der Befragten mehr oder weniger stark die Harmoniethese zwischen Ökonomie und Moral („unsichtbare Hand") vertreten. Nur 12 % empfinden einen grundsätzlichem Konflikt zwischen Ökonomie und Moral, wobei 2 % von einer grundsätzlichen Unvereinbarkeit ausgehen („Idealisten") und 10 % die Möglichkeit einer reformbasierten Kompromisslösung in Betracht ziehen.

Ein zentraler Punkt, in dem sich beide Sichtweisen unterscheiden, liegt in deren anthropologischen (also die Natur des Menschen betreffende) Grundannahmen: die „Ethische Ökonomie" geht davon aus, dass der Mensch fähig ist zu erkennen, was eine ethisch richtige Handlung ist und dass dieses Wissen ausreicht, um die richtige Handlung auch auszuführen. Um ethisches Handeln in der Wirtschaft zu etablieren ist demgemäß die Aufklärung und Bewusstmachung über ethisch richtiges Handeln notwendig.

Die „Ökonomische Ethik" widerspricht dahingehend, dass der Einzelne erstens aufgrund der Komplexität moderner Großgesellschaften gar nicht mehr wissen kann, was als richtige Handlung gilt und zweitens auch nur dann ethisch handelt, wenn dies seinen gegenwärtigen Interessen entspricht. Die Einsicht alleine würde hierbei nicht ausreichen, vielmehr müssen Anreize, also Strafen und Belohnungen, so gestaltet werden, dass sie der ethischen Zielorientierung entsprechen.

Als Kompromissposition gehen wiederum andere Ansätze (z. B. die US-amerikanische Business-Ethics Perspektive) von der These aus, dass Menschen sowohl einsichtsfähig als auch eigeninteressiert sind. Die jeweilige sichtbare Ausprägung hängt dabei von genetischen, psychologischen und/oder soziologischen (also persönlichen und situativen) Faktoren ab. Entsprechend erscheint es notwendig, Handlungsempfehlungen vor dem Hintergrund humanwissenschaftlicher, zumeist psychologischer Erkenntnisse, abzugeben.

1.6   Lern-Kontrolle

Kurz und bündig

- Mit dem Begriff der Ethik wird gemeinhin die kritische Analyse der menschlichen Praxis sowie deren grundlegenden Moralvorstellungen verstanden. Diese kritische Analyse existierender Regelungssysteme bzw. tatsächlicher Handlungen ist deswegen notwendig, weil Moralvorstellungen fehlerhaft, inkonsistent oder konfliktär sein.

- Menschliche Regelungssysteme (Normsysteme) lassen sich, je nach ihrem Geltungsbereich (Individuum vs. Gesellschaft), nach ihrem Einhaltungsgrund (innere Akzeptanz vs. äußere Sanktionierung) sowie ihrem Wertebezug differenzieren. Moralische Normen, als zentraler Reflexionsgegenstand der Ethik, unterscheiden sich dabei von anderen Normen dadurch, dass sie von einer Gesellschaft innerlich akzeptierte, auf Werte bezogene Regeln darstellen.

- Die zentrale Aufgabe der Normreflektion kann aufgrund ihrer Komplexität in einzelne Teilaufgaben differenziert werden. Gemäß dem theoretischen Abstraktionsgrad kann man deswegen zwischen einer Meta-, einer normativen, einer deskriptiven und einer angewandten Ethik unterscheiden. Während der normativen Ethik die grundlegende Aufgabe der Normreflexion obliegt, analysiert die Meta-Ethik die (sprachlichen) Grundannahmen normativer Theorien. Die deskriptive Ethik wiederum erklärt und beschreibt den Ist-Zustand moralischer Systeme und Handlungen als Basis der kritischen Reflektion.

- Die angewandte Ethik, zu der auch die Wirtschaftsethik gezählt werden kann, entstammt dem beidseitigen Erfordernis von philosophischer Ethik und Praxis. In einer immer komplexer werdenden Gesellschaft müssen sich Ethik und Praxis aufeinander zubewegen. So kann die philosophische Ethik kaum konkrete Handlungsempfehlungen für ein überaus relevantes gesellschaftliches Teilsystem ableiten, ohne ein dafür fundiertes, ökonomisches Fachwissen zu besitzen. Gleichsam macht es das heutige Informationszeitalter erforderlich, dass Wirtschaftspraktiker (Staat, Unternehmen, Konsumenten, etc.) ihr eigenes Handeln immer stärker ethisch rechtfertigen müssen.

- Die Wirtschaftsethik als angewandte Ethik bedarf also der Interaktion verschiedener Disziplinen, um ihrem Ziel, der Ableitung konkreter, aber begründeter Handlungsempfehlungen für die Praxis nachkommen zu können.

- Analog zur allgemeinen Ethik lassen sich auch im Rahmen der Wirtschaftsethik unterschiedliche Begrifflichkeiten voneinander abgrenzen. So wird mit dem Begriff der

Wirtschaftspraxis das tatsächliche Handeln im Subsystem der Wirtschaft beschrieben. Der Begriff der Wirtschaftsmoral wiederum umfasst diejenigen Regeln, die innerhalb der Wirtschaft von der Mehrheit als akzeptabel gelten. Beide Begriffe, also sowohl Praxis als auch Moral, gelten dabei als zentrale Analysegegenstände der Wirtschaftsethik. Auf normativer Ebene wiederum lassen sich die Begriffe Wirtschaftsethos, -recht und -moral unterscheiden, wobei hier auf die Unterscheidungskriterien des Geltungsbereichs, des Einhaltungsgrunds sowie dem Wertebezug unterschieden wird.

- Da auch die Wirtschaftsethik als eine umfassende Aufgabe beschrieben werden kann, bietet es sich an, diese ebenso in einzelne Teilbereiche zu untergliedern. Nach Ulrich unterscheidet man hierbei zwischen einer Ordnungsebene, einer Unternehmensebene sowie einer Individualebene der Wirtschaftsethik. Wesentliche Fragen stellen sich dahingehend, ob ein Wirtschaftssystem der Regulierung bedarf, wie diese auszusehen hat und welche Akteure innerhalb des Subsystems Wirtschaft für welche Folgen zur Verantwortung zu ziehen ist.

- Überblicksartig können auf oberster Argumentationsebene drei wesentliche Argumentationslinien im Rahmen der Wirtschaftsethik unterschieden werden. Neben den Extrempositionen eines mehr oder weniger vollständigen Liberalismusgedanken („Ökonomie ohne Ethik"), der paradigmatisch von einem sich selbst regulierenden Wirtschaftssystem ausgeht, und der Ablehnung des wirtschaftlichen Prinzips als selbstzerstörerisch („Ethik ohne Ökonomie"), erkennen unterschiedliche Kompromisspositionen die ethischen Qualitäten der Ökonomie an, weisen aber auch auf deren Schwachstellen hin.

- Innerhalb der Kompromisspositionen lassen sich die verschiedenen Positionen z. B. dahingehend unterscheiden, welches Menschenbild sie zugrunde legen und darauf aufbauend, welche Empfehlungen sie für die Umsetzung von Ethik daraus ableiten. Während die ökonomische Ethik davon ausgeht, dass sich die Ethik dem im Menschen inhärenten Egoismus anschließen muss, vertraut die ethische Ökonomie auf die Vernunft- und Einsichtsfähigkeit des Menschen

❓ Let's check!

1. Nennen Sie die Differenzierungskriterien von Normen! Grenzen Sie anhand dieser Kriterien moralische von gesetzlichen Normen ab!
2. Erläutern Sie den Begriff des moralischen Dilemmas! Welcher ethischen Analyseebene fällt die Aufgabe zu, Lösungen für moralische Dilemmata anzubieten?
3. Ordnen Sie die Aussage „Deutsche Bundesbürger haben nur zu 15 % Vertrauen in die Aussagen der Wirtschaftselite!" einer Analyseebene der Ethik zu!
4. Was ist die wesentliche Aufgabe der Meta-Ethik?
5. Wenn wir moralische Normen aufstellen, welche Grundannahme treffen wir dann über die Entscheidungsfähigkeit des Menschen?
6. Aus welchen ethischen Analyseebenen speist sich die angewandte Ethik?
7. Nennen Sie die Gütekriterien zur Bewertung von angewandt ethischen Handlungsempfehlungen!

8. Warum ist es insbesondere aus Sicht der angewandten Ethik notwendig, nicht nur philosophische Ethiker am Prozess der ethischen Reflexion zu beteiligen?
9. Grenzen Sie die Begriffe Ökonomie, Ökonomik und ökonomisches Handlungsprinzip voneinander ab!
10. Aus welchem Grund kann die soziale Verantwortlichkeit von Unternehmen in Frage gestellt werden?

❓ Vernetzende Aufgaben

1. Finden Sie, wenn möglich, ein Beispiel dafür, wo ihr persönliches Ethos nicht mit den gängigen Moralvorstellungen übereinstimmt und versuchen Sie diesen Unterschied zu erklären!
2. Finden Sie ein Beispiel für eine moralische Norm, die jedoch nicht in einem Gesetz kodifiziert ist!
3. Lesen Sie das Trolley-Dilemma in ▶ Abschn. 1.2 und beurteilen Sie das Dilemma sowohl aus teleologischer als auch aus deontologischer Sicht!
4. Denken Sie an Gründe dafür, warum ethisch geforderte Normen in der realen Lebenswelt nicht umgesetzt werden könnten, also unter welchen Umständen Sollen und Können auseinanderfallen!
5. Kann die Aussage „Finanzspekulationen sollte abgeschafft werden, weil sie der Allgemeinheit hohe Kosten aufbürden" nach Hume als eine ethisch begründete Aussage gelten?
6. Nennen Sie zwei Beispiele dafür, auf welchem Wege die Folgen unethischen Verhaltens einem Unternehmen selbst Schaden zufügen können.
7. Analysieren Sie die Aufforderung „Manager müssen bescheidener werden!" vor dem Hintergrund der Gütekriterien der angewandten Ethik!
8. In ▶ Abschn. 1.1 wurden teleologische und deontologische Ethiken voneinander abgegrenzt. Angenommen das ökonomische Prinzip stellt eine ethische Entscheidungsformel dar, welchen der eben genannten Kategorien kann sie zugeordnet werden?
9. Ordnen Sie folgende Maßnahmen den Analyseebenen der Wirtschaftsethik zu:
   1. Abwrackprämie
   2. Konsumverzicht
   3. Sozialsponsoring
10. Inwiefern ist es zulässig zu behaupten, dass die Delikte Betrug und Korruption sowohl als wirtschaftskriminelle als auch als wirtschaftsunmoralische Handlungen bezeichnet werden können?
11. Bewerten Sie die Aussage „Für kleinere Unternehmen ist es weniger erforderlich, sich mit Ethik auseinanderzusetzen, als für größere Unternehmen!" sowohl aus praktischer als auch philosophischer Sichtweise!
12. Stellen Sie sich vor, Sie begegnen auf der Straße einem Obdachlosen, der Sie um eine kleine Spende bittet! Wie hätten Sie sich gemäß dem Menschenbild der

„ökonomischen Ethik" zu verhalten und auf welcher Ebene der Wirtschaftsethik wäre die Verantwortung für die Wohlfahrt des Obdachlosen zu suchen? Würden Sie hier persönlich zustimmen?

13. Lesen Sie den von Studenten der Harvard-Business-School propagierten MBA-Oath unter ▶ http://mbaoath.org/take-the-oath/! Würden Sie der ökonomischen Ethik zustimmen, wenn diese behauptet ein solcher Schwur hat in ethischen Konfliktsituationen keinerlei Einfluss auf das tatsächliche Verhalten der Manager? Wenn doch, worin könnte dieser Einfluss begründet liegen?

ⓘ Lesen und Vertiefen

– Zur Unterscheidung ethischer Begrifflichkeiten:
  Kutschera, F. von: Grundlagen der Ethik, de Gruyter, 2. Auflage, Berlin 1999
– Zum Thema der angewandten Ethik:
  Horster, D. (Hrsg.): Angewandte Ethik, Reclam, Stuttgart 2013
– Zur Notwendigkeit der Wirtschaftsethik:
  Herold, N.: Einführung in die Wirtschaftsethik, WBG, Darmstadt 2012
– Zum Begriff der Wirtschaftsethik:
  Noll, B.: Wirtschafts- und Unternehmensethik in der Marktwirtschaft, 2. Auflage, Kohlhammer, Stuttgart 2013
– Zu den Analyseebenen der Wirtschaftsethik:
  Ulrich, P.: Integrative Wirtschaftsethik – Grundlagen einer lebensdienlichen Ökonomie, Haupt-Verlag, 4. Auflage, Bern 2008
– Für eine alternative Systematisierung wirtschaftsethischer Ansätze:
  Wolf, M.: Ökonomische Moral? Moralische Ökonomie? Über eine Grundfrage der Wirtschaftsethik, in: Friesen, H./Wolf, M. (Hrsg.): Ökonomische Moral oder moralische Ökonomie? Positionen zu den Grundlagen der Wirtschaftsethik, S. 9–15, Alber-Verlag, Freiburg/München 2014

Weiterführende Literatur

Broad, C. D. (1930). *Five Types of Ethical Theory, London*. http://www.ditext.com/broad/ftet/ftet.html

Hume, D. (2004). Ein Traktat über die menschliche Natur (Buch 1–3). Berlin: Xenomoi Verlag.

Ulrich, P., & Thielemann, U. (1993). Wie denken Manager über Markt und Moral? Empirische Untersuchungen unternehmensethischer Denkmuster im Vergleich. In J. Wieland (Hrsg.), *Wirtschaftsethik und Theorie der Gesellschaft* (S. 54–91). Frankfurt am Main: Suhrkamp Verlag.

Ethische Grundpositionen

Robert Holzmann

R. Holzmann, *Wirtschaftsethik,* Studienwissen kompakt,
DOI 10.1007/978-3-658-06821-9_2, © Springer Fachmedien Wiesbaden 2015

Lern-Agenda

Im Folgenden Kapitel wird ein Überblick über ausgewählte, normativ ethische Grundpositionen gegeben:

- Hierfür wird zunächst die Tugendethik z. B. nach Aristoteles besprochen, die das Gute im tugendhaften Charakter einer Person sieht (▶ Abschn. 2.1).
- Danach wird die Pflichtenethik nach Kant thematisiert, die das Gute in einem am kategorischen Imperativ ausgerichteten Willen sieht (▶ Abschn. 2.2).
- In ▶ Abschn. 2.3 wird der Utilitarismus dargelegt, der das Gute im Nutzen für die Gesellschaft begründet sieht.
- ▶ Abschn. 2.4 thematisiert die sogenannten Vertragsethiken, die das Gute in dem sehen, auf was sich die Menschen im Hinblick ihrer individuellen Interessen geeinigt haben.
- Die Diskursethik, die in ▶ Abschn. 2.5 behandelt wird, sieht schließlich das Gute in dem, auf was sich Menschen im Hinblick der Interessen aller innerhalb eines fairen Diskurses geeinigt haben.

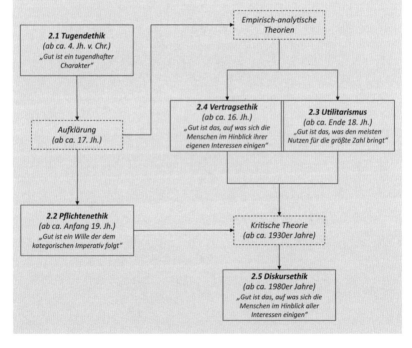

2.1 Tugendethik

Der Ursprung unserer westlichen Ethik wird gemeinhin der griechischen Antike zugeschrieben. Ab ca. dem 5. Jahrhundert v. Chr. haben griechische Denker, wie etwa Sokrates, Platon oder Aristoteles begonnen tradierte Moralvorstellungen nicht mehr als gegeben hinzunehmen und auf Götter begründete Normen zu hinterfragen. Während Platon die Ethik noch sehr abstrakt und eher metaphysisch analysierte, gilt Aristoteles (ca. 384–322 v. Chr. Platons Schüler) heute als Begründer der Ethik als praktische, also auf das tatsächliche Handeln gerichtete Philosophie.

Hintergrund: Die antiken Griechen und die Philosophie
Warum gerade im antiken Griechenland so intensiv über die gängigen Moralvorstellungen nachgedacht wurde mag viele Gründe haben. Zumeist wird in diesem Zusammenhang angeführt, dass (1) die griechischen Götter in ihren Sagen als äußerst unmoralische Vorbilder agierten und (2) die weitverbreitete Sklaverei dem griechischen Bürgertum viel Zeit und Muße ermöglichte.

Die zentrale Ausgangsfrage lag bei Aristoteles in der Frage nach dem Guten. Wann kann ein Mensch bzw. dessen Leben als gut bezeichnet werden? Nach Aristoteles ist ein Mensch dann gut, wenn er einen guten, d. h. **tugendhaften Charakter** besitzt. Der Charakter ist gemäß dieser Überlegung deswegen ein sinnvolles Bewertungskriterium, weil einzelne Handlungsergebnisse und Folgen oftmals dem Zufall ausgesetzt sind und nicht zu 100 % vom Menschen kontrolliert werden können. Auch erscheint problematisch, dass einzelne gute Taten, wie z. B. eine großzügige Spende an eine gemeinnützige Organisation, eine Vielzahl schlechter Taten, z. B. die Beschaffung des Geldes durch mafiöse Aktivitäten, zu kaschieren hilft. Nach Aristoteles ist es deswegen einzig und alleine sinnvoll, den Menschen auf lange Sicht in seiner Ganzheit, also nach all seinen Äußerungen, Gedanken und Taten zu bewerten.

Beispiel: Der Charakter als ethische Bewertungsgrundlage
Auch heute wird, insbesondere im Zuge wirtschaftlicher Krisen und Skandale, auf das Kriterium des richtigen Charakters abgestellt. Maßlose und gierige Managercharaktere, so die These, werden z. B. als zentrale Ursachen der Finanzkrise identifiziert. Diesem Gedanken liegt die Annahme zugrunde, dass Menschen bestimmte Wesenszüge (z. B. Gier, Maßlosigkeit, Eigennützigkeit) besitzen, die sich in Gedanken, Gefühlen und Taten ausdrücken. Mangelndem Wissen und situativem Bedingungen wird in diesem Zusammenhang nur wenig Einfluss auf Handlungsergebnisse zugeschrieben.

Was aber macht sodann einen guten, d. h. tugendhaften Charakter aus? Nach Aristoteles gibt es ein reales, höchstes Gut nach dem alle Menschen streben. Menschen, so seine Annahme, verfolgen in all ihren Handlungen bestimmte Ziele (telos) und streben (orexis) in ihren Handlungen danach, diese Ziele zu erreichen. Aufgabe der Ethik ist es

folglich, dasjenige Ziel zu identifizieren, welches nur noch um ihrer selbst willen angestrebt wird (Selbstgenügsamkeit = Autarkie). Dieses Ziel nennt Aristoteles das höchste
Gut. Vor diesem Hintergrund analysiert Aristoteles verschiedene Ziele, die Menschen
in ihrem alltäglichen Leben verfolgen und kommt zu dem Schluss, dass die gängigen
Ziele, wie z. B. Genuss, Ehre und Erkenntnis nur bedingt als autark angesehen werden
können. Sie alle dienen dem Menschen nur dazu, glücklich zu werden.

> **Auf den Punkt gebracht: Als höchstes aller Güter kann gemäß Aristoteles nur die
> Glückseligkeit (eudaimonia) selbst gelten.**

Beispiel: Geld als höchstes Gut?
Kann Geld nach Aristoteles als höchstes Gut fungieren? Vielen Menschen streben es an, viel
Geld zu verdienen. Aber gemäß Aristoteles ist Geld nur als Mittel zu einem anderen, noch
höheren Zweck anzusehen. So dient Geld dem Kauf anderer Güter, wie z. B. einem Haus
oder einem Auto, wobei diese Güter wiederum anderen Zwecken dienen, wie etwa dem
Überleben oder dem Ansehen in der Gesellschaft. Geld kann folglich nach Aristoteles nicht
als Selbstzweck dienen und somit auch nicht als höchstes Gut fungieren.

Ein guter Charakter ist nach Aristoteles also ein glückseliger Charakter. Die Anschluss-
frage ist demgemäß, wie ein Charakter glückselig werden kann. Hierfür nimmt Aristoteles an, dass Objekte und Wesen dann glückselig sind, d. h. als gut bezeichnet werden,
wenn sie ihrem Wesenszweck entsprechen. Beispielsweise ist ein Tintenfüller dann
gut, wenn sich mit ihm, seinem Wesenszweck entsprechend, gut „schreiben" lässt. Es
gilt folglich zu identifizieren, was der genuine Wesenszweck des Menschen ist. Hat
man diesen identifiziert, ist es zur Erlangung von Glückseligkeit notwendig, diesem
Wesenszweck entsprechend zu leben.

Nach den anthropologischen Grundüberzeugungen des Aristoteles ist der Mensch
ein begehrendes, soziales (d. h. in Gemeinschaft lebendes) und denkendes Wesen.
Während aber Begierde, z. B. nach Schutz und Futter, sowie das Leben in der Gemeinschaft auch im Tierreich zu finden sind, liegt nach Aristoteles der eigentliche
Wesenszweck des Menschen in seiner denkenden Natur begründet.

> **Auf den Punkt gebracht: Menschen werden also dann glücklich, wenn sie gemäß
> ihrer denkenden, d. h. vernünftigen Natur leben und handeln.**

Hintergrund
Die anthropologische (anthropologisch = „den Menschen betreffend") Grundannahme von Aris-
toteles, dass nur Menschen zu abstrakter Denkleistung fähig sind, wird gegenwärtig von einigen
Wissenschaftler bestritten. So konnten verschiedene Experimente zeigen, dass auch manche Tiere
sehr wohl in der Lage sind, komplexe, planerische Denkaufgaben zu lösen und auch kulturelle
Mechanismen (z. B. Weitergabe von Wissen über mehrere Generationen) zu entwickeln.

Für den interessierten Leser werden Ausschnitte der Erkenntnisse der Forschung über die Denkleistung von Tieren in der Dokumentation „Können Tiere denken?" von Gabi Schlag und Benno Wenz anschaulich dargestellt.

Die menschliche Vernunft kann dabei zwei unterschiedliche Funktionen erfüllen: Erstens dient die Vernunft dazu, die menschlichen Begierden zu steuern. Zweitens ermöglicht es die Vernunft, sich theoretisch abstrakt mit dem Sein und Sollen der Welt auseinanderzusetzen und daraus unter Umständen vernünftige Ziele abzuleiten. Um nun ein guter Mensch zu werden, ist es erstrebenswert, diese zwei Funktionen zu perfektionieren. Als Leitgedanken dieser Perfektion dient Aristoteles der Begriff der **Tugend** (griech. areté, lat. virtus „Vortrefflichkeit, Exzellenz einer Sache"). In der Tugend, verstanden als feste charakterliche Eigenschaft, manifestiert sich die ideale Ausgestaltung des Wesenszwecks des Menschen.

⌐ Merke!

Mit dem Begriff der **Tugend** werden Charaktereigenschaften umschrieben, die dem Wesenszweck des Menschen entsprechen und somit als gut klassifiziert werden können.

Gemäß den obigen Zwecken des Verstandes unterteilt Aristoteles die Tugenden in **ethische Tugenden,** die sich im weiteren Sinne mit der Steuerung der Triebe beschäftigen und der realen Lebenswelt zuzuordnen sind, und dianoetische Tugenden, die sich dem Umgang mit dem eigenen Geist widmen.

⌐ Merke!

Ethische Tugenden sind Charaktereigenschaften, die sich auf die Steuerung menschlicher Triebe beziehen.

Gemäß der richtigen Steuerung der eigenen Triebe verweist Aristoteles auf die Suche nach der **„rechten Mitte"** (sog. mesotes-Lehre). Diese „rechte" oder auch „goldene" Mitte soll zwischen den egoistischen Begierden des Menschen und seinen, ebenfalls existierenden, altruistischen Bestrebungen vermitteln. Nach Aristoteles ist es weder gut, sich vollständig nur auf sich zu konzentrieren, noch sich selbstlos, ungeachtet der Konsequenzen für die eigene Person, für die Gemeinschaft zu opfern. Zentrale Aufgabe des Menschen sei es demnach, in jeder Situation die richtige Mitte zu finden.

Beispiel: Ethische Tugenden

Zentrale ethische Tugenden bei Aristoteles sind z. b. Tapferkeit, Großzügigkeit, Gerechtigkeit, Bescheidenheit und Ausgeglichenheit. Während etwa die Tapferkeit die Mitte zwischen Feigheit und Leichtsinn beschreibt, ist Großzügigkeit zwischen den Extrema des Geizes und der Verschwendung zu verorten. Bescheidenheit wiederum spiegelt laut Aristoteles die richtige Mitte zwischen Schüchternheit und Arroganz wider.

Wie ist es nun möglich in jeder Situation die richtige Mitte zu finden? Gemäß Aristoteles hat der Mensch eine grundlegende, angeborene Fähigkeit zu ethischem Verhalten, welches durch Erziehung, Vorbilder, der eigenen Reflektion (über die Verstandestugenden) sowie durch ständiges Üben hervorgeholt werden muss. Glück ist dabei kein einmaliges Ereignis, sondern ergibt sich durch den Prozess, seine ethische Entscheidungsfähigkeit ständig zu verbessern. Wir werden umso glücklicher, je besser wir mit unseren Gedanken, Gefühlen sowie Handlungen mit und unserer Gesellschaft „im Reinen" sind. Mit der Gesellschaft „im Reinen" sind wir dann, wenn wir unsere Bedürfnisse im Einklang mit den Bedürfnissen der Umgebung gestalten. Dabei reicht es nicht aus, allein die äußerlich sichtbaren Handlungen, z. B. mittels Selbstkontrolle, auf die Gesellschaft abzustimmen, während man gleichzeitig in Gedanken und Gefühlen noch nach dem Laster verlangt. Unter diesen Bedingungen würde man vielleicht im Einklang mit den Forderungen der Gesellschaft leben, wäre aber in einem im ständigen Konflikt mit sich selbst.

Beispiel: Der ehrbare Kaufmann

Als zentrales tugendhaftes Vorbild gilt in der Wirtschaftswelt gemeinhin der sogenannte „Ehrbare Kaufmann". Dieser repräsentiert einen sich durch bestimmte Charakterzüge, wie z. B. Redlichkeit, Sparsamkeit, Ehrlichkeit, Fairness, Fleiß, etc. ausgezeichneten Kaufmann, der sich seiner Verantwortung gegenüber dem sozialen sowie ökologischen Umfeld bewusst ist.

Vor dem Hintergrund der heutigen, sich ständig wandelnden Bedingungen erscheint der tugendethische Ansatz geeignet, weil er als:

1. situativ offen,
2. personenorientiert (d. h. die persönliche Verantwortung betonend) und
3. rollenübergreifend

   zu charakterisieren ist. Bewusst verstanden als Orientierungshilfe, macht der tugendethische Ansatz keine dogmatischen Vorschriften, was jeweils situativ zu tun sei. Er gibt allerhöchstens Richtlinien vor, die in der jeweiligen Situation durch die Kreativität des Menschen verwirklicht werden sollen. Zudem betont der tugendethische Ansatz, die Verantwortung jedes Einzelnen für ein gelingendes Zusammenleben und -arbeiten. So ist jegliche erfolgreiche wirtschaftliche Kooperation, aufgrund der Unmöglichkeit einer vollständigen Kontrolle, davon abhängig, dass die jeweiligen Interaktionspartner sich fair, verlässlich, ehrlich, also insgesamt tugendhaft verhalten.

> ❯ Auf den Punkt gebracht: Zentraler Vorteil der Tugendethik ist es, dass die Person als Ganzes in den Mittelpunkt der Betrachtung gerückt wird.

Insbesondere in unserer heutigen, durch verschiedene Funktionsbereiche zergliederten Gesellschaft, unterliegen viele Menschen der Tendenz, in verschiedenen Lebensbereichen (z. B. Arbeit und Familie) unterschiedliche Wertmaßstäbe anzulegen. Gemäß der Tugendethik werden jedoch „moralfreie" Räume ausgeschlossen. Moralische Tugenden, wie Ehrlichkeit, Bescheidenheit oder Gerechtigkeit, gelten unabhängig der jeweiligen Lebenswelt.

Beispiel: Ganzheitlich gelebte Werte
Im Management wird hierbei oft von „gelebten Werten" gesprochen. Werte sollen nicht nur vorgegeben und in relevanten Situationen gelebt werden, sondern in jeglichem Verhalten, mag es auch als noch so irrelevant erscheinen, ihren Ausdruck finden. Beispielhaft kann hier auf Papst Franziskus verwiesen werden, der als neues (implizites) Leitbild für die katholische Kirche Bescheidenheit vorgibt und versucht diesem Wert entsprechend in jeglichem Handeln nachzukommen. Entgegen seiner Vorgänger verzichtet Franziskus z. B. nicht nur auf luxuriöse Gemächer, teure Luxuslimousinen und für das Papstamt typische prunkvolle Gewänder, sondern versucht auch, dem Ideal der Bescheidenheit durch Predigten in einfacher (bescheidener) Sprache nachzukommen.

Mit den Vorteilen der Tugendethik gehen aber genauso verschiedene, in erster Linie im wirtschaftlichen Umfeld bemerkbare Schwächen einher. Unter anderem wird bemängelt, dass die Tugendethik als:
1. auf die Bedingungen vormoderner Gesellschaften angewiesen,
2. wenig objektivierbar,
3. den Einzelnen überfordernd und
4. systemische Bedingungen ausblendend
zu charakterisieren ist. Die Tugendethik von Aristoteles wurde in der Umgebung athenischer Stadtstaaten entwickelt. Um in der Tugendethik ein moralisches Urteil fällen zu können, ist es notwendig, einen Konsens darüber zu haben, was als tugendhaft angesehen werden kann und welche Vorgeschichte die einzelne Person hat. In heutigen, z. B. globalen und über moderne Kommunikationsmethoden ablaufenden Wirtschaftsbeziehungen sind aber solche Informationen nahezu nicht vorhanden. Auch sind tugendhafte Handlungen nur dann zu erwarten, wenn der Einzelne die Auswirkungen seines eigenen Tuns möglichst genau abschätzen kann. Der systemisch-technologische Charakter der heutigen Wirtschaftswelt jedoch, wie er etwa im Zuge der Wirtschafts- und Finanzkrise offenbar wurde, lässt eine solche Situationsabschätzung aber nur noch bedingt zu.

Hintergrund: Der athenische Stadtstaat (polis)
Athenische Stadtstaaten (polis) waren mehr oder weniger autarke Gemeinden überschaubarer Größe. In ihrer größten Ausprägung nach Einwohnerzahl und Fläche in etwa vergleichbar mit einem heutigen Staat wie Luxemburg (ca. 500.000 Einwohner und 2500 km^2 Fläche).

Weiterhin problematisch erscheint, wie bereits im Zuge einer einheitlichen Wertebasis angesprochen, dass der tugendethische Ansatz keine objektivierbaren Regelungen enthält, um etwa in Konfliktfällen eine Entscheidung fällen zu können. Viel eher wird indirekt auf den gesellschaftlichen Konsens verwiesen. Eine Ethik allerdings, die den gesellschaftlichen Ist-Zustand als Soll-Vorgabe versteht, unterläuft dem bereits oben angesprochen Sein-Sollen Fehlschluss.

Auch im Hinblick ihrer praktischen Zielsetzung sieht sich die Tugendethik mit einigen Problemen konfrontiert. So wird im wirtschaftlichen Kontext zumeist ihr überfordernder Charakter betont. Ökonomische Sachzwänge, hervorgerufen z. B. durch äußerst starke, kaum zu widerstehenden Anreizen, unverständliche Funktionszusammenhänge, d. h. mangelndes Wissen über die Folgen des eigenen Handelns („gut gemeint ist nicht gleich gut gemacht"), sowie eine gefühlte Nutzlosigkeit der eigenen Integrität („wenn ich es nicht mache, macht es ein anderer") können dazu führen, dass sich tugendhaftes Verhalten im wirtschaftlichem Verkehr zu einem unerfüllbaren Ideal entwickelt.

Erschwerend kommt hinzu, dass Aristoteles zufolge Tugenden wesentlich durch die genossene Erziehung und vorhandene Vorbilder determiniert werden, und infolgedessen zu großem Teil als „Glückssache" interpretiert werden können. Es scheint dadurch ein Leichtes, lasterhaftes Verhalten als unbeeinflussbar anzusehen und die Verantwortung hierfür zu negieren.

Abschließend kann kritisiert werden, dass der zu starke Fokus auf das Individuum andere systematisch-gesellschaftliche Faktoren ausblendet und folglich zur Ableitung wirtschaftlicher Gestaltungsempfehlungen unbrauchbar erscheint. In der Tugendethik wird unterstellt, dass ethisches Verhalten der einzelnen Bürger gleichsam zum Gelingen des gesellschaftlichen Zusammenlebens führt. Vor allem in der Neuzeit wurde diese Einheit von Ethik, Wirtschaft und Politik jedoch stark in Frage gestellt. So argumentiert z. B. Bernard de Mandeville in seiner sogenannten Bienenfabel („The Fable of The Bees: or, Private Vices and Publick Benefits"), dass gesellschaftlicher Wohlstand eben nicht durch das ethisch-altruistische Verhalten des Einzelnen, sondern viel eher durch deren Laster, wie z. B. dem Streben nach Lust, Vergnügen und Luxus, hervorgerufen wird. Wie in einem Bienenstock, so formt auch der Mensch auf Basis des Eigennutzstrebens jedes Einzelnen eine wohlgeformte und wohlfahrtsstiftende Gesellschaft, da gesellschaftlicher Fortschritt nur durch das Streben des Einzelnen verwirklicht werden kann.

2.2 Pflichtenethik

Während in der westlichen Welt im Mittelalter die philosophische Grundhaltung primär durch christlich-religiöses Gedankengut geprägt war und weltliche sowie christliche Autoritäten das Leben bestimmt haben, hat sich in der Neuzeit (ca. 15.–18. Jhd.) ein neues menschliches Selbstverständnis entwickelt. Durch politische Unabhängigkeits- sowie religiöse Reformationsbewegungen wandelten sich grundlegende Überzeugungen der Menschen. Eine auf Gott oder die Natur zurückführbare Ungleichheit war nicht länger akzeptabel und aus dieser Erkenntnis heraus entstand ein Bestreben, sich frei von weltlichen als auch religiösen Autoritäten machen zu wollen.

Menschen sahen sich demnach immer mehr als selbstbestimmte Wesen an. In dieser nun stärker unter dem Motto der Selbstbestimmung stehenden Welt hat sich in erster Linie Immanuel Kant (1724–1804) mit der Frage auseinandergesetzt, wie der Einzelne für sich selbst erkennen kann, was moralisch richtig oder falsch ist. Kant wollte herausfinden, wie der (praktische) Verstand erkennt, was gut ist. Zusammengefasst lautet Kants Antwort hierauf, dass ein Mensch dann moralisch handelt, wenn dieser gemäß einer

1. autonom gewählten,
2. universell gültigen,
3. formellen und
4. kategorischen

Maxime handelt. Unter dem Wort **Maxime** verstand Kant die Anwendung eines übergeordneten **Handlungsprinzips**, welches ein Individuum in einer konkreten Situation seiner Handlung zugrunde legt.

Beispiel: Handlungsprinzip und Maxime

Beispielsweise könnte aus dem Handlungsprinzip „Handle stets so, dass du glücklich wirst" die Maxime abgeleitet werden „Wenn dich langes Arbeiten unglücklich macht, arbeite weniger" und in die Handlung „frühzeitig in Feierabend zu gehen" übersetzt werden.

Als Ausgangspunkt stellt sich Kant, wie auch schon zuvor Aristoteles, die Frage, was überhaupt moralisch mit gut oder schlecht bewertet werden kann. Nach Kant kann nur dasjenige moralisch bewertet werden, was durch das jeweilige Individuum zu 100 % beeinflussbar ist und nicht selbst wiederum von anderen Bedingungen abhängig ist. So sind beispielsweise Folgen einer Handlung oder der Charakter einer Person oftmals von vielen äußeren Einflüssen, wie dem Zufall, der Erziehung, den vorhandenen Vorbildern, usw. abhängig. Das Individuum selbst kann diese Aspekte nicht vollständig beeinflussen und entsprechend dafür nicht vollständig verantwortlich gemacht werden.

> **Auf den Punkt gebracht:** Das einzige, so Kant, was der Mensch wirklich zu 100 % selbst beeinflussen kann, ist sein eigener Wille.

Merke!

Eine **Maxime** umschreibt ein vom Individuum selbstgewähltes, auf die jeweilige Situation angewendetes Handlungsprinzip.

Als **Handlungsprinzip** wird ein nicht weiter begründbarer Ausgangspunkt eines logischen Systems in Bezug auf das Handeln verstanden.

Mit **Neigung** definiert Kant einen Bestimmungsgrund des Handelns, der sich aus natürlichen Begierden und Empfindungen heraus ergibt.

Mit **Pflicht** umfasst Kant einen Bestimmungsgrund des Handelns, der sich aus dem Erkennen und aus der Einsicht in das moralisch richtige Handlungsprinzip ergibt.

Der Wille ermöglicht es uns zwischen verschiedenen Maximen zu wählen und unser Handeln gemäß unseren Vorstellungen (**autonom**) selbst zu gestalten. Der Wille ist die einzigartige menschliche Fähigkeit, sich gegenüber seinen natürlichen, und damit nicht selbstgewählten Neigungen, wie etwa Begierden und Empfindungen, hinwegzusetzen. Da der Wille folglich das Einzige ist, was der Mensch vollständig kontrollieren kann und gleichzeitig der Wille die zentral menschliche Eigenschaft darstellt, ist auch nur der Wille ein sinnvolles moralisches Bewertungskriterium.

Es stellt sich somit die Frage, was als ein guter Wille bezeichnet werden kann. Ein guter Wille drückt sich nach Kant darin aus, dass der Mensch einerseits um das richtige Handlungsprinzip bzw. die richtige Maxime Bescheid weiß und andererseits auch nach dieser Maxime tatsächlich handeln möchte, unabhängig seiner natürlichen Neigungen.

Wenn das Individuum sowohl die richtige Maxime kennt, als auch nach dieser Handeln möchte und sich dabei nicht von natürlichen Begierden beeinflussen lässt, spricht Kant von einem **Handeln „aus Pflicht"**. Davon unterscheidet Kant ein bloß **„pflichtgemäßes" Handeln**, bei dem der Handelnde zwar um das richtige Handlungsprinzip weiß, es aber nur deswegen anwendet, weil es ihm Vorteile im Hinblick seiner natürlichen Neigungen verschafft.

> **Auf den Punkt gebracht:** Moralisch handelt nach Kant folglich nur der, der „aus Pflicht" handelt, weil nur derjenige, der sich gegenüber seinen natürlichen Neigungen vollständig hinwegsetzt als frei bezeichnet werden kann.

Hintergrund

Im Gegensatz zum Alltagsverständnis unterstellt Kant nicht, dass Menschen dann frei sind, wenn sie ohne Regeln leben. Ganz im Gegenteil sagt Kant, dass Menschen nur dann wirklich frei sind, wenn sie sich selbst Regeln setzen. Nur durch das Setzen eigener Regeln kann man sich über die (angeborenen) Zwänge der eigenen natürlichen Neigungen hinwegsetzen. Diese Fähigkeit, sich über natürliche Neigungen hinwegsetzen zu können, sieht Kant als spezifisch menschlich an und spricht deswegen dem Menschen deswegen eine unveräußerliche (nahezu göttliche) **Würde** zu.

Beispiel: Pflichtgemäßes Handeln vs. Handeln aus Pflicht
So wäre z. B. nach Kant die Übernahme gesellschaftlicher Verantwortung durch ein Unternehmen aus Gründen der Reputation (und folglich der Gewinnmaximierung) nicht moralisch. Moralisch richtig wäre die Übernahme gesellschaftlicher Verantwortung für ein Unternehmen nur dann, wenn sie es aus der Überzeugung macht, das Richtige zu tun.

Was sind nun aber moralisch richtige Maximen bzw. Handlungsprinzipien? Nach Kant ist ein Handlungsprinzip nur dann moralisch richtig, wenn es einerseits objektiv ist und andererseits als reine Soll-Vorschriften verstanden werden kann, d. h. unabhängig jeglicher weltlicher Erfahrungen gültig ist. Für Kant kann ein für alle gültiges Handlungsprinzip nicht auf Basis subjektiver Präferenz-, Glücks- oder Lustempfindungen gebildet werden. Da jeder etwas anderes unter Glück etc. versteht, wäre es auf dieser Basis nicht möglich, ein allgemeingültiges Prinzip abzuleiten.

> ❯ **Auf den Punkt gebracht:** Moralische Prinzipien müssen nach Kant für alle Menschen, zu jeder Zeit und unter jeder Bedingung die gleiche Gültigkeit besitzen. Sie müssen somit einem universellen Charakter entsprechen.

Dieser universelle Charakter impliziert dabei, dass ein moralisches Prinzip nicht von äußeren Bedingungen und empirischen Erfahrungen abhängig sein darf. In Anlehnung an Hume und dessen Gedanken, dass aus einem Ist-Zustand noch kein Sollen folgt, zieht auch Kant den Schluss, dass moralisch nur das gut sein kann, was unabhängig menschlicher Zwecke gut ist. Ein moralisch richtiges Prinzip muss, so drückt es Kant aus, kategorischen, d. h. zweckunabhängigen Charakter besitzen.

Gleichsam, ebenfalls dem Sein-Sollen-Fehlschluss folgend, impliziert dies, dass ein moralisch richtiges Prinzip nur formalen, nie materiellen Charakter haben darf. Moralische Regeln dürfen nicht auf tatsächlich existierenden Inhalten wie z. B. den Gefühlen, Empfindungen, Neigungen der Menschen aufbauen, da solch materielle Aspekte abermals einer moralischen Begründung bedürfen.

Beispiel: Korruption aus der Sicht Kants
Nach Kant ist es also nicht zulässig zu behaupten, dass Korruption moralisch schlecht ist, weil es die gesellschaftliche Wohlfahrt mindert. So würden wir einerseits implizit unterstellen, dass die gesellschaftliche Wohlfahrt moralisch gut ist. Dies wäre aber erst zu beweisen. Andererseits wäre die moralische Regel „Korruption ist schlecht" nur solange gültig, solange die Menschen Wohlfahrt als obersten Zweck schätzen bzw. solange, wie Korruption die

gesellschaftliche Wohlfahrt mindert. Viel eher wäre es für eine universelle moralische Regel notwendig, zunächst zu definieren, was gut ist, um dann erst zu prüfen, ob Korruption gemäß dieser formal-kategorischen Regel wirklich schlecht ist.

Ein moralisches Prinzip muss nach Kant somit einen reinen Sollens-Charakter aufweisen, wie er z. B. mit einem Befehl (lat. imperare „befehlen") ausgedrückt wird. Aus diesem Grund nennt Kant dasjenige Handlungsprinzip, nach dem man sein Handeln ausrichten soll, auch **(kategorischen) Imperativ**.

> **Merke!**
>
> Der **kategorische Imperativ** bezeichnet ein Handlungsprinzip mit universellem, formalem und kategorischem Charakter.

Nach Kant gibt es nur ein einziges Prinzip, welches sowohl universell, zweckunabhängig als auch formal sein kann: der sogenannte kategorische Imperativ. Dieser lautet in seiner Grundformel wie folgt:

„Handle nur nach derjenigen Maxime, durch die du zugleich wollen kannst, dass sie ein allgemeines Gesetz werde".

Der kategorische Imperativ kann dabei als eine Art Prüfregel verstanden werden, anhand derer Maximen darauf hin getestet werden können, ob sie moralisch sind oder nicht. Kant sagt folglich, dass diejenigen Menschen gut sind, deren Willen sich entschließt, Handlungen gemäß dem kategorischen Imperativ auszurichten, unabhängig davon welche Umstände, Neigungen und Zwänge gerade vorherrschen.

> **Merke!**
>
> Kant unterscheidet zwischen einem kategorischen und einem **hypothetischen Imperativ**. Während der kategorische Imperativ eine zweckunabhängige Gültigkeit besitzt, beschreibt ein hypothetischer Imperativ eine Handlungsaufforderung, die von bestimmten (hypothetischen) Zwecken abhängig ist. So wäre z. B. der Imperativ „Sei freundlich, damit du im Beruf vorankommst" ein hypothetischer Imperativ, weil die Freundlichkeit vom Zweck des beruflichen Vorankommens abhängig gemacht wird.

Problematisch an einem so abstrakt-formellen Handlungsprinzip erscheint jedoch dessen Anwendung in konkreten Sachverhalten. Ein wesentliches Ziel der Ethik als praktische Philosophie ist es, neben der Begründung von Regeln, dem Menschen Hilfestellung bei der Anwendung gefundener Regeln zu geben. Zur Anwendung des kategorischen Imperativs ist es zunächst notwendig, sich klar zu werden, welcher Handlungsmaxime man gegenwärtig folgt. Alle Maximen, die mit einer Bedingung verknüpft sind, sind von vorneherein von einer moralischen Bewertung auszuschließen (z. B. „Handle freundlich, weil man damit im Beruf besser voran kommt"). Im moralischen Bereich geht es darum, herauszufinden, ob bestimmte Handlungstypen gut oder schlecht an sich sind, d. h. man stellt sich z. B. die Frage, ob „freundlich sein" an sich gut oder schlecht ist.

Um diese Frage zu beantworten, ist der kategorische Imperativ anzuwenden, wobei hierfür ein gewisses Maß an Vorstellungskraft vorausgesetzt wird. Ein Handlungstyp entspricht nämlich genau dann dem kategorischen Imperativ und ist moralisch gut, wenn ich:

1. widerspruchsfrei denken kann, dass alle Menschen der gleichen Maxime folgen und

2. widerspruchsfrei, d. h. unter der Bedingung dass ich eigene Zwecke verfolge, wollen kann, dass alle Menschen dieser Maxime folgen.

Merke! ──────────────────────────────

Handlungen, die sich nicht widerspruchsfrei denken lassen, werden bei Kant **perfekte Pflichten** genannt, die unbedingt zu unterlassen sind. Handlungen, die sich zwar widerspruchsfrei denken lassen, aber von vernünftigen Wesen nicht gewollt werden können, nennt Kant **imperfekte Pflichten**. Diese müssen nicht unter allen Umständen befolgt werden.

Beispielsweise lässt sich nach Kant nicht widerspruchsfrei denken, andere Menschen als bloßes Mittel für einen Zweck zu benutzen. Dafür muss man sich eine fiktive Welt vorstellen, in der jeder den anderen als Zweck benutzen will. Wenn man aber nach dieser Handlungsmaxime lebt, dann unterstellt man, dass man einerseits eigene Zwecke verfolgen kann (die man ja dem anderen aufzwingen möchte) aber andererseits gleichzeitig nur als Mittel für den Zweck anderer agiert. Beides gleichzeitig zu sein schließt sich jedoch logisch aus.

Aus diesem Gedanken abgeleitet, ergibt sich auch eine andere, etwas konkretere Formel des kategorischen Imperativs, die lautet: *„Handle so, dass du die Menschheit sowohl in deiner Person als in der Person eines jeden anderen jederzeit zugleich als Zweck, niemals bloß als Mittel brauchtest".*

Beispiel: Stehlen und Helfen aus der Sicht Kants

Es kann sich z. B. gefragt werden, ob stehlen eine moralisch gute oder schlechte Handlung ist. Hier muss man sich zunächst vorstellen, was passieren würde, wenn alle Menschen grundsätzlich davon ausgehen, dass stehlen gut ist. Im Akt des Stehlens impliziert jeder etwas besitzen zu wollen, was bislang einem anderen gehört. Würde aber Besitz nicht mehr respektiert werden, weil jeder vom anderen das nimmt, was er gerade haben möchte, gäbe es faktisch keinen Besitz mehr. Stehlen wäre dann folglich in sich selbst unsinnig, weil es nichts mehr zu besitzen gäbe. Nicht zu stehlen ist demnach eine perfekte Pflicht.

Helfen wiederum ist nach der Ansicht Kants eine imperfekte Pflicht, weil sich (rein theoretisch) widerspruchsfrei gedacht werden kann, dass kein Mensch dem anderen hilft. Allerdings würde kein vernünftiges Wesen, welches eigene Zwecke verfolgt, wollen, dass einem niemand hilft.

Moralisch gut handelt man deswegen dann, wenn man andere Menschen niemals als bloßes Mittel betrachtet, sondern immer respektiert, dass jedes Individuum fähig ist, selbst zu entscheiden, was für es das richtige ist. Das heißt aber nicht, dass Menschen sich nicht gegenseitig als Mittel zu einem Zweck dienlich sein können. So wäre z. B. wirtschaftliches Zusammenarbeiten unmöglich, wenn nicht auf die Dienstleistungen anderer zurückgegriffen werden könnte. Es ist jedoch immer zu gewährleisten, dass jeder Mensch freiwillig eine Kooperationsbeziehung eingeht und seine eigenen Ziele damit verfolgen kann. Auf der anderen Seite sind solche Handlungen zu verneinen, die ohne freiwillige Zustimmung des anderen diesen zum Mittel für eigene Zwecke macht. Die Vermeidung von Betrug und Korruption (siehe Beispielbox) sind demnach als perfekte Pflichten zu betrachten.

Beispiel: Betrug und Korruption aus Sicht des kategorischen Imperativs
Im Vollzug einer betrügerischen oder korrupten Handlung wird willentlich das Vertrauen eines anderen zum Mittel für den eigenen Zweck missbraucht. So basiert beispielsweise bilanzieller Betrug darauf, dass Unternehmensexterne, wie z. B. Gläubiger, Investoren oder Staat, den bilanziellen Angaben Glauben schenken. Dieses Vertrauen wird aber ohne die Zustimmung der Externen missbraucht, nur um damit eigene Zwecke, wie z. B. einen höheren Aktienkurs, geringere Zinsen oder weniger Steuern, zu verwirklichen. Im Falle von Bestechlichkeit etwa eines Einkäufers wird das Vertrauen des Arbeitgebers missbraucht, der davon ausgeht, dass der Einkäufer das für die Firma beste Angebot einholen wird. Das Vertrauen des Arbeitgebers, d. h. der Arbeitgeber selbst wird, ohne seine Zustimmung, zum Mittel für den Zweck des Einkäufers gemacht.

Als zentraler Meilenstein hat das Ethik-Verständnis von Kant der ganzen ethischen Disziplin neue Sichtweisen eröffnet. Nichtsdestotrotz oder gerade wegen des hohen Bekanntheitsgrades ist die Ethik Kants auch vielfältiger Kritik ausgesetzt. Unter anderem wird kritisiert, dass die Ethik Kants …:

1. … intuitiv vermeintlich unmoralische Handlungen provoziert.
2. … Gefühle als Bestimmungsgrund des Guten außer Acht lässt.
3. … keine Lösung im Falle konfliktärer Pflichten bereithält.
4. … Tieren und der Natur eine schützenswerte Würde abspricht.

5. … sehr hohe, wenn nicht unrealistische Ansprüche an das einzelne Individuum stellt.
6. … zu großen Teilen auf bislang ungeklärten, theoretischen Grundannahmen basiert.

Nach Kant müssen Pflichten unabhängig äußerer Umstände immer befolgt werden. Hierbei wird bemängelt, dass diese Ausnahmslosigkeit impliziert, dass man sich an Pflichten, z. B. ehrlich zu sein, halten muss, auch wenn dies z. B. eine Katastrophe und den Tod vieler Menschen zur Folge hätte. In der Ethik Kants wäre es nicht möglich, auf Basis äußerer, nicht zu 100 % kontrollierbarer empirischer Gegebenheiten das oberste Handlungsprinzip, den kategorischen Imperativ zu missachten.

Beispiel: Problematik perfekter Pflichten
Stellen sie sich vor, sie verstecken vor Terroristen den Code für eine Atombombe. Wenn die Terroristen sie fragen, wo sie diesen Code versteckt halten, müssten sie gemäß der Ethik Kants die Wahrheit sagen, da hier Wahrhaftigkeit als perfekte Pflicht gewertet wird und unabhängig aller Umstände befolgt werden muss.

Zudem wird an der Ethik Kants kritisiert, dass sie Handlungen auf Basis menschlicher Gefühle, die in vielen Fällen Ursache von z. B. Hilfsbereitschaft, Ehrlichkeit oder Höflichkeit sind, als nicht moralisch, d. h. als bloß „pflichtgemäß" klassifiziert, weil diese Handlungen aus nicht beeinflussbarer Neigung heraus ausgeführt wurden. Allerdings ist dies in der Ethik Kant durchaus gewollt. Kant ging es darum, zu identifizieren, was als moralisch gelten kann. Moralisch kann nur gelten, zu was man sich aus freien Stücken, entgegen den eigenen Neigungen heraus entscheidet. Sozial angepasste Verhaltensweisen, die aufgrund innerer Bedürfnisse und Neigungen heraus getan werden, zeichnen eine Person aber höchstens dafür aus, ein guter Freund oder ein sozial umgängliches Wesen, nicht unbedingt aber moralisch zu sein.
  Überdies kann sich leicht eine Situation vorgestellt werden, in der zwei perfekte Pflichten gegenseitig in Konkurrenz zueinander stehen. Die Ethik Kants bietet für eine solche, nicht selten eintretende Konstellation keine Hilfestellung.

Beispiel: Perfekte Pflichten im Konflikt
So können sie z. B. von einem Kollegen ein Geheimnis anvertraut bekommen haben, mit dem Versprechen, es nicht weiterzuerzählen und gleichzeitig von ihrem Vorgesetzten nach den Inhalten eben jenes Geheimnisses befragt werden. Sie müssen sich folglich entscheiden, ob sie das gegebene Versprechen brechen oder ihren Vorgesetzten belügen.

Gleichsam geht die Ethik Kants davon aus, dass nur der Mensch, im Gegensatz zum Tier und den Pflanzen, über die Fähigkeit eines freien Willens verfügt. Daraus folgt nach Kant, dass auch nur dem Menschen eine unantastbare Würde zugesprochen werden kann. Es wird also nicht erwartet, dass der Mensch Tieren, Pflanzen und der sonstigen Umwelt mit Respekt begegnet. Vor dem Hintergrund heutiger, klimatischer und umwelttechnischer Problemlagen erscheint eine solche Verantwortungslosigkeit hingegen problematisch.

Im Rahmen der Anwendung innerhalb der Wirtschaftsethik stellt sich zudem konkret das Problem, dass die Ethik Kants sehr hohe, wenn nicht unrealistische Ansprüche an das jeweilige Individuum stellt. Handeln aus Pflicht setzt überaus hohe Maßstäbe an die Willenskraft, das Vorstellungsvermögen sowie die Intelligenz des Einzelnen, die in der realen Praxis so kaum zu verwirklichen sind. Ein Einzelner alleine scheint kaum in der Lage zu sein, unter diesen Voraussetzungen sowohl die Einsicht als auch den Willen aufzubringen, moralisch zu handeln. Zudem zeigt uns nicht zuletzt die experimentell psychologische Forschung, dass dem freien Willen vielerlei Grenzen auferlegt sind, denen wir uns erst langsam bewusst werden. Aus meta-ethischer Perspektive ist in diesem Zusammenhang ebenfalls ungeklärt, inwiefern überhaupt von den Grundannahmen eines freien Willens ausgegangen werden kann. Auch bleibt offen, ob moralische Wahrheiten, so wie Kant sie deduktiv ableitet, überhaupt existieren können oder ob moralische Wahrheiten nicht viel mehr als bloße Meinungsäußerungen einzelner Subjekte aufzufassen sind.

2.3   Der Utilitarismus

Wie schon zuvor die Pflichtenethik nach Kant, so ist auch der **Utilitarismus** (lat. utilis = nützlich) ein Produkt seiner Zeit. Großbritannien war im 18. Jahrhundert hauptsächlich durch willkürliche, religiöse oder traditionell begründete Gesetze, moralische Regeln und Regierungsentscheidungen gekennzeichnet. Diese Normen waren noch dazu in den meisten Fällen zugunsten der Herrschenden und zulasten der allgemeinen Bevölkerung ausgelegt. Angespornt durch diese, in ihren Augen ungerechte Situation, haben sich in erster Linie Jeremy Bentham (1748–1832) und John Stuart Mill (1806–1873) Gedanken gemacht, wie Politik und Gesetz auf ein objektiveres (also nachprüfbareres), rationaleres und universelleres Fundament gestellt werden kann. Im Zuge dieser Überlegungen haben sie den sogenannten (klassischen) Utilitarismus entworfen. Der Utilitarismus beinhaltet dabei folgende vier Grundprinzipien:

1. Konsequenzprinzip: Ob etwas gut oder schlecht ist, wird an den Folgen (Konsequenzen) einer Handlung beurteilt.
2. Utilitätsprinzip: Die Folgen einer Handlung sind dann gut, wenn sie im Vergleich zu den Folgen einer alternativen Handlung das Leben der Menschen verbessern (den Nutzen erhöhen).
3. Hedonismusprinzip: Das Leben der Menschen verbessert sich dann, wenn sie bekommen was sie wollen (z. B. Glück, Zufriedenheit, etc.).

4. Allgemeinheitsprinzip: Dabei soll nicht nur das Leben einzelner oder weniger Menschen, sondern der gesamten Gesellschaft verbessert werden.

Im Hinblick des ersten Prinzips kann der Utilitarismus auch der übergeordneten Kategorie des **Konsequentialismus** zugeordnet werden. Konsequenzen stellen für die Vertreter des Utilitarismus deswegen ein sinnvolles Bewertungskriterium dar, weil diese empirisch (d. h. mittels Beobachtung) und damit möglichst objektiv erfasst bzw. belegt werden können. Im Gegensatz etwa zu einer Begründung, die sich auf den Willen Gottes bezieht und folglich nicht durch Tatsachen belegbar ist, können Handlungsfolgen tatsächlich wahrgenommen werden.

❯❯ Auf den Punkt gebracht: Der Utilitarismus, als Theorie des Konsequentialismus, bewertet die Moralität einer Handlung nicht am Charakter oder am Willen der Person, sondern anhand dessen Folgen!

Das **Utilitätsprinzip** basiert auf der Annahme von Bentham und Mill, die ihre Philosophie primär zur Verbesserung der Regierungsarbeit und der Gesetzgebung verfasst haben, dass die Hauptaufgabe von Regierungen darin besteht, das Leben der Menschen besser zu machen. Ein von der Regierung erlassenes Gesetz ist demnach erst dann gut, wenn es im Vergleich zu den vorhandenen Alternativen (das Unterlassen einer Handlung kann auch als Alternative gelten) das Leben für die Menschen verbessert.

Hintergrund:

Bentham nimmt an, dass eine Freude umso höher ist, desto intensiver, länger, sicherer, unmittelbarer, reiner und fruchtbarer sie wahrgenommen wird. Als rein gilt eine Freude dann, wenn sie nicht gleichzeitig mit Leid vermischt wird. So kann man sich freuen, wenn man sich etwas kaufen möchte und sich der Verkäufer zu unseren Gunsten im Preis verrechnet hat. Unsere Freude geht aber einher mit dem späteren Leid des Verkäufers, wenn ihm der fehlende Betrag bewusst wird. Unter dem Begriff der Fruchtbarkeit versteht Bentham die Fähigkeit einer Freude, weitere Freuden erzeugen zu können. So mag es zwar für einen korrupten Beamten kurzfristig eine Freude sein, ein kleines Geschenk erhalten zu haben. In Zukunft allerdings muss er ständig auf der Hut sein, sein Handeln zu verbergen, was ihm unter Umständen Stress und Sorgen bereitet.

Was aber verbessert das Leben der Gesellschaft? Der Utilitarismus argumentiert, dass sich der Nutzen primär aus dem ableitet, was die Menschen wollen, begehren und schätzen. Für Bentham sind dies vor allem die Steigerung von Freude und die Vermeidung von Leid. Seiner Meinung nach müsse eine Regierung, will sie moralisch handeln, zunächst ihre Gesetze und Maßnahmen dahingehend testen, ob sie das Leben in der Gesellschaft insgesamt (Allgemeinheitsprinzip) verbessert. Gesetze müssen also zur Steigerung von Freude bzw. zur Verringerung von Leid in der Gesellschaft beitragen. Nach John Stuart Mill soll der Staat, „das größte Glück der größten Zahl" ermöglichen.

Beispiel: Anwendung des Utilitätsprinzips in Buthan

Als bislang einziger Staat hat das kleine Bhutan die Grundidee des Utilitarismus explizit in ihre Verfassung aufgenommen und versucht umzusetzen. Als Leitgröße des (wirtschaftlichen) Erfolgs dient hier das sogenannte Bruttonationalglück. Geplante Regierungsvorhaben, wie z. B. der Erlass von Gesetzen oder Investitionen in die Infrastruktur, werden anhand eines Fragebogens dahingehend evaluiert, ob diese das Glück der Menschen in Bhutan steigern können oder nicht. Neben dem materiellen Lebensstandard, müssen staatliche Initiativen z. B. auch das allgemeine Wohlbefinden, die Gesundheit, Bildung, Staatsführung und die ökologische Vielfalt als Glücksdeterminanten berücksichtigen. In regelmäßigen Abständen wird das Glück bzw. die Zufriedenheit der Bevölkerung mittels eines Fragebogens gemessen. Einen exemplarischen Fragebogen für das Jahr 2010 findet man z. B. unter ▶ http://www. grossnationalhappiness.com/docs/2010_Results/PDF/Questionnaire2010.pdf.

Obwohl die Theorie des Utilitarismus auf den ersten Blick sehr plausibel erscheint und oftmals auch implizit in unserer Alltagsmoral ihren Ausdruck findet, ist sie in philosophischen Kreisen einer umfassenden Kritik ausgesetzt. Wesentliche Kritikpunkte sind u. a., dass …:

1. … sie offen lässt, wer bestimmen darf, was glücklich macht bzw. was das Leben verbessert.
2. … es mitunter sehr schwierig sein kann, im Vorfeld zu ermitteln, welche Handlungen das Leben wirklich verbessern.
3. … jegliche Mittel mit dem Verweis auf die Steigerung des Glücks der Mehrheit gerechtfertigt werden können.
4. … Folgen einer Handlung nur schwerlich zur moralischen Bewertung einer Person sinnvoll sind.

Im Hinblick des ersten Kritikpunkts hat Bentham etwa angenommen, dass sich ein Staat insbesondere auf die Förderung sinnlicher Freuden fokussieren sollte. Mill wiederum argumentiert, dass Menschen nicht nur sinnliche, sondern vielmehr geistige Wesen seien und deswegen geistige Freuden einen höheren Platz einnehmen sollten. Kaum einer von uns, so seine Argumentation, würde mit einem immer glücklichen Tier den Platz tauschen wollen, auch wenn man von Zeit zu Zeit als Mensch unglücklich ist. Unabhängig davon, wer von beiden Recht hat, muss man schon allein anhand dieser Meinungsverschiedenheit davon ausgehen, dass Glück etwas höchst Subjektives ist.

Beispiel: Glücksmessung

Auf die Frage, wie Glück gemessen wird, antwortet der sogenannte Glücksökonom Betsey Stevenson: *"Happiness is measured simply by asking people. Surveys ask people, 'Taken all together, how would you say things are these days, would you say that you are very happy, pretty happy, or not too happy?' Or 'How satisfied are you with your life as a whole?' Sometimes they're asked on a zero-to-ten scale, either about happiness or about life satisfaction. A common question is what's called the ladder question: interviewees are asked to imagine a ladder with ten rungs, where the top rung describes the best possible life for you and the bottom rung describes the worst possible life for you. Respondents then report the rung of the ladder that best represents their life"* (▶ http://insights.som.yale.edu/insights/what-are-economics-happiness-0). Auf Basis solcher und ähnlicher Fragen, werden z.B. auch Länderrankings der glücklichsten Länder erstellt. Zum Beispiel identifiziert der sogenannte World Happiness Report der Vereinten Nationen (▶ http://unsdsn.org/resources/publications/world-happiness-report-2013/) Dänemark, Norwegen, die Schweiz, Niederlande und Schweden als die glücklichsten Länder der Welt. Diskutieren Sie, welche Probleme und Schwierigkeiten mit einer solchen Glücksmessung einhergehen können?

Wenn ein Staat aber Gesetze im Hinblick auf das Glück erlässt, dann muss er bestimmen, was glücklich macht. An wen sollte sich ein Staat in dieser Frage wenden? An philosophische Experten wie Mill und Bentham? Woher sollen einzelne Menschen wissen, was alle anderen wollen? Oder soll die Regierung die Mehrheit der Bevölkerung nach deren subjektiven Präferenzen befragen? Hierbei stellt sich aber das Problem, dass das, was die Mehrheit will, nicht unbedingt gut sein muss. Schon aus dem Sein-Sollen-Fehlschluss von Hume (vgl. ▶ Abschn. 1.2) wissen wir, dass aus dem, was ein Mensch gut findet noch lange nicht geschlossen werden kann, dass dies auch wirklich gut ist.

Beispiel: Die Wandelbarkeit der Folgenbewertung

So wurden viele Ideale der sogenannten 68er-Generation oder der Grünenbewegung, wie Gleichberechtigung oder Umweltschutz, damals von vielen Menschen abgelehnt, während sie heute als zentrale gesellschaftliche und notwendige Werte anerkannt werden.

Auch wenn eine Lösung für das obige Problem gefunden werden könnte, so erscheint die Notwendigkeit, vorhersagen zu müssen, ob eine bestimmte Maßnahme wirklich das Leben verbessert in vielen Fällen nahezu unmöglich. So können sich vordergründig sinnvolle Maßnahmen, aufgrund von unerwarteten Nebenfolgen, im Rückblick als durchaus desaströs charakterisieren lassen.

Beispiel: Die Schwierigkeit der Abschätzbarkeit von Folgen

Die Einführung von Biokraftstoffen war ursprünglich mit der Intention des Umweltschutzes in vielen Ländern eingeführt worden. Mittlerweile mehren sich die Indizien, dass die damit gestiegene Nachfrage nach Weideflächen, zum Anbau der für Biokraftstoffe notwendigen Pflanzen, desaströse Auswirkungen im Hinblick der Abholzung von Urwäldern und dem damit einhergehenden Artensterben hat.

Nicht nur für Staaten, sondern auch für den einzelnen Menschen erscheint es häufig unmöglich, die Folgen einer Handlung wirklich abschätzen zu können. Eine gangbare Lösung wird darin gesehen, nur beabsichtigte oder potenziell vorhersehbare Folgen zu werten. Hierfür muss aber wieder, entgegen der Grundintention des Utilitarismus, auf nicht sichtbare Aspekte zur moralischen Bewertung zurückgegriffen werden. Auch der zeitliche Aspekt stellt die Berechnung von Folgen vor große Probleme. Wie lange muss ich die Kausalkette meines Tuns vorhersehen? Bis in alle Ewigkeit? An welchen Zeitpunkt kann ich für mein Handeln nicht mehr verantwortlich gemacht werden? In 3, 5 oder 10 Jahren? Auch stellt sich die Frage, ob wirklich jede Entscheidung ausführlich berechnet werden muss? Berechnung sind aufwändig und zehren an begrenzten Ressourcen (Zeit, Aufmerksamkeit und Konzentration). Der Utilitarismus gibt aber kein Kriterium zur Priorisierung von Entscheidungen an.

Ein weiterer zentraler Einwand gegen den Utilitarismus liegt in seinem ausschließlichen Fokus auf Folgen begründet. Wird das gesetzte Ziel, z. B. die Glücksmaximierung der Bevölkerung, erreicht, gelten alle Mittel, die zu diesem Ziel beitragen automatisch als gerechtfertigt. So erscheint es in der Argumentation des Utilitarismus durchaus gerechtfertigt, wenn das Glück der Mehrheit der Bevölkerung so gesteigert wird, dass damit einhergehende, negative Folgen für eine Minderheit, überkompensiert werden. Die bei Kant festgeschriebene Würde jedes Einzelnen Menschen wird im Utilitarismus gegen die zu erwartenden Folgen eingetauscht. Im Utilitarismus heiligt der Zweck die Mittel.

Beispiel: Die Würde des Einzelnen als „blinder Fleck" des Utilitarismus
Im Utilitarismus wäre es durchaus zulässig, wenn eine Gruppe von Personen von anderen Personen ausgenutzt würde, um damit die allgemeine Wohlfahrt zu steigern. Drastisch ausgedrückt könnte man so folgern, dass das Halten von Sklaven gerechtfertigt sein könnte, solange der Nutzen für die Sklavenhalter bzw. deren Gesellschaft als größer eingeschätzt wird als der Schaden, den die Sklaven erleiden.

Die Überhöhung des Nutzens gegenüber Prinzipien, Überzeugungen und Einstellungen macht dabei auch nicht vor der eigenen Person halt. Bernard Williams (1929–2003) sieht deswegen den Utilitarismus auch als Gefahr, sich von seiner eigenen Person entfremden zu müssen. Kommt man etwa zu dem Schluss, seine eigenen Überzeugungen gegenüber dem Nutzen für die Allgemeinheit, etwa im Rahmen der Berufswahl, aufgeben zu müssen, gibt man dadurch ein Stück seiner eigenen Persönlichkeit auf.

Als letzter Kritikpunkt muss sich der Utilitarismus schlussendlich fragen lassen, ob Folgen überhaupt ein sinnvolles Kriterium zur moralischen Bewertung einer Person darstellen können. Wie Kant schon angemerkt hat, sind Folgen, im Gegensatz zum eigenen Willen (so Kant), nicht zu 100 % kontrollierbar. Sind sie aber außerhalb der eigenen Kontrolle, kann man für deren Ergebnis auch nicht verantwortlich gemacht werden. So impliziert der Utilitarismus, dass man dazu verpflichtet wäre, Leid erzeugenden Handlungen anderer Personen, sofern man deren Eintritt vorhersagen könnte und dazu in der Lage wäre, verhindern müsste. Dies würde aber zu der paradoxen Situation führen, dass man für Handlungen von anderen Personen verantwortlich gemacht werden würde.

Beispiel: Der Utilitarismus im Alltag

Ein offenkundiges Beispiel für die in unserer Gesellschaft verbreitete, utilitaristische Moralvorstellung kann in der Studie von Gernot Sieg zum monetären Nutzen der Fahrradhelmpflicht gefunden werden. In einem Spiegel Online Artikel (▶ http://www.spiegel.de/gesundheit/diagnose/fahrradhelm-pflicht-in-deutschland-braechte-mehr-schaden-als-nutzen-a-961657.html) wird die Studie wie folgt zusammengefasst:

„Es mag zynisch klingen, aber das lässt sich präzise in Euro umrechnen: Der statistische Wert eines Lebens wird laut der Weltgesundheitsorganisation WHO in Westeuropa mit 1,574 Millionen Euro taxiert, eine schwere beziehungsweise leichte Verletzung mit 205.000 Euro und 16.000 Euro. Pro Jahr ergibt sich Siegs Berechnungen zufolge für Deutschland somit ein Nutzen von 570 Millionen Euro. Rechnet man den Schutzeffekt auf die gefahrene Strecke um, kommt man auf 2,08 Cent pro Kilometer. [...]

[...] Laut WHO-Berechnungen bringt jeder Kilometer Radfahren einen gesundheitlichen Nutzen von 1,05 Euro. Sinkt die Kilometerzahl um die angenommenen 4,5 Prozent, hat das Gesundheitskosten in Höhe von 472 Millionen Euro zur Folge.

Bis hierhin sähe die Bilanz der Helmpflicht in Deutschland positiv aus, doch die Rechnung geht weiter: Wird weniger geradelt, steigt auch der Ausstoß von Abgasen, da die Menschen aufs Auto oder den ÖPNV umsteigen. Diese Umweltkosten summieren sich auf 11 Millionen Euro pro Jahr. Der Verzicht aufs Rad hat aber auch positive Folgen: Betroffene laufen wieder etwas mehr. Sie fahren auch mehr Auto und müssen im Stadtverkehr im Fall eines Unfalls weniger schwere Verletzungen fürchten. Diese positiven Umstiegseffekte erreichen immerhin 123 Millionen Euro pro Jahr.

Den größten, bisher unberücksichtigten Kostenblock jedoch bilden die Helme selbst. Die Anschaffungskosten für einen Helm liegen nach Siegs Berechnungen (unter der Annahme, dass ein Helm im Schnitt 33 Euro kostet und alle fünf Jahre ersetzt wird) für die Deutschen bei 315 Millionen Euro.

Dabei ist für viele Menschen der Komfortverlust ein Hauptargument gegen den Helm: Man sieht doof damit aus, er zerstört die Frisur, im Sommer läuft der Schweiß. Ein Faktor, der sich nur schwer in Euro umrechnen lässt, räumt Sieg ein. Deshalb nutzte er einen Kunstgriff: Er nahm an, dass Menschen rational handeln und ihnen der Komfort des Radelns ohne Helm mindestens genauso viel wert ist wie der Schutzeffekt des Helms. Den jährlichen Komfortverlust beziffert der Forscher schließlich mit 171 Millionen Euro.

Fazit: Rechnet man in dieser gesamtgesellschaftlichen Bilanz alles zusammen, ergibt sich ein Minus von 278 Millionen Euro pro Jahr. Im Fall einer Helmpflicht gibt es zwar weniger Unfalltote und schwer verletzte Radfahrer, dafür aber hohe Ausgaben für Helme und mehr Herzinfarkte – und zwar bei all jenen, die wegen der Helmpflicht aufs Radeln verzichten oder weniger radeln.“

Wie würden Sie diese Berechnung vor dem Hintergrund des bisher über den Utilitarismus Gelesene bewerten?

2.4 Vertragstheorien

Die Ursprünge der **Vertragstheorien** gehen zeitlich noch weiter zurück als die des Utilitarismus. Als wesentlicher Begründer der Vertragstheorie innerhalb unserer westlichen Philosophie gilt gemeinhin Thomas Hobbes (1588–1679). Wie auch schon bei den zuvor vorgestellten Philosophen war Hobbes Philosophie sehr stark durch seine Erfahrungen geprägt. Einerseits war er, wie z. B. die Vertreter des Utilitarismus, fasziniert von den aufkommenden Naturwissenschaften und deren empirischen, also auf Beobachtungen basierenden Methoden und der damit gleichzeitig wegfallenden theologischen (d. h. religiösen) Welterklärung. Andererseits lebte Hobbes in einer sehr kriegerischen und revolutionären Zeit Englands. Bürgerkriege und Revolutionen ließen ihn großes Leid und gleichzeitig die Erosion bestehender Sozialstrukturen, wie der Leibeigenschaft, beobachten. Menschen sahen sich von nun an immer stärker als freie und gleiche Individuen an und akzeptierten nicht länger auf Kosten weniger Eliten ausgebeutet zu werden.

> ❯ **Auf den Punkt gebracht: Vertragstheorien basieren auf der Annahme, dass grundsätzlich freie und gleiche Individuen sich vertraglich auf bestimmte Rechte und Pflichten einigen. Ethik und Moral entstehen dabei durch gegenseitige Übereinkunft und nicht etwa durch ein besseres Wissen über das Gute. Das Gute ist dasjenige, auf das sich die Menschen einigen.**

Als Staatsphilosoph war Hobbes interessiert daran, was diese Erfahrungen vor dem Hintergrund der Begründung und der Gestaltung des Staates zu bedeuten hatten. Erscheint es nicht paradox, dass sich Menschen in einem Staat zusammenfinden und sich dabei einem Monarchen unterwerfen, aber sich zur selben Zeit als freie und gleiche Wesen betrachten?

Als ein mit den Naturwissenschaften vertrauter Philosoph sah er die Welt als einen ständigen Ablauf von Ursache und Wirkung an (**Determinismus**). Demnach mussten auch der Staat und die gegenwärtige Monarchie, deren Anhänger er war, irgendeine ursächliche Begründung, einen Zweck besitzen.

> **Merke!**
>
> Der **Determinismus** umschreibt eine (meta-)ethische Position, die davon ausgeht, dass menschliche Handlungen und Entscheidungen durch physische und psychische Ursache-Wirkungsbeziehungen unweigerlich vorherbestimmt sind. Der Determinismus geht folglich davon aus, dass der Mensch nicht über einen freien Willen verfügen kann.

Um diesen Zweck herauszufinden wäre es nach naturwissenschaftlicher Methode notwendig, ein Experiment zwischen zwei Gesellschaften, einer mit und einer ohne Staat, durchzuführen. Da dies aber nicht möglich ist, hat sich Hobbes gedanklich überlegt (er führte folglich ein Gedankenexperiment durch), wie eine Gesellschaft ohne Regeln, Gesetze und Autoritäten (z. B. einem Monarchen, Polizei etc.) aussehen könnte. Er nannte diese Gesellschaft ohne staatliche Macht eine Gesellschaft im **Urzustand**.

❯ **Auf den Punkt gebracht:** Der Urzustand nach Hobbes beschreibt eine Gesellschaft, in der es keine Gesetze, Regeln oder Autoritäten gibt, welche die zwischenmenschliche Interaktion steuern.

Seiner Meinung nach würde eine solche Gesellschaft im „Krieg aller gegen alle" enden. Er nahm an, dass Menschen grundsätzlich nach Selbsterhalt und Lust streben und folglich unter der Bedingung knapper Ressourcen, also z. B. eines nur begrenzten Vorrats an Nahrung, Wohnraum oder sonstigen lebensnotwendigen Gütern, ständig versuchen, auch auf Kosten anderer, das eigene Überleben zu sichern. Da man in einem solchen Zustand davon ausgehen müsse, dass ein jeder andere die eigene Person zur eigenen Bereicherung töten könne, müsste man selbst Schutzmaßnahmen ergreifen bzw. den anderen zuerst angreifen. Ökonomisch gesprochen wäre das ganze Leben ein einziges **Gefangenen-Dilemma** und gemäß Hobbes „einsam, armselig, scheußlich, tierisch und kurz".

Hintergrund: Das Gefangenen-Dilemma

Der Begriff Gefangenen-Dilemma umschreibt in der Ökonomik eine Konstellation zwischen zwei Individuen, die sich jeweils entscheiden können, miteinander zu kooperieren oder zu konkurrieren. Gefangenen-Dilemma wird es deswegen genannt, weil es zumeist mit dem Beispiel zweier Gefangener erklärt wird.

Zwei Gefangene, nennen wir sie Paul und Karl, sitzen in Polizeigewahrsam und werden getrennt voneinander zu ihrer Tat, einem Banküberfall, befragt. Beide haben die Möglichkeit entweder zu schweigen oder den anderen zu beschuldigen. Da es keine weiteren Zeugen für das Verbrechen gibt, die sie identifizieren könnten, würde ein beidseitiges Schweigen eine nur kurze Strafe (z. B. 1 Jahr) für beide bedeuten, die sie für andere kleinere Verbrechen absitzen müssten. Allerdings hatten Paul und Karl vorher keine Zeit sich abzusprechen. Zudem kommt erschwerend hinzu, dass sie von der Polizei das Angebot bekommen, für eine Aussage, sofern sie selbst nicht beschuldigt werden, straffrei auszugehen oder, sofern sie von ihrem Komplizen beschuldigt werden, eine auf 7 Jahre verminderte Strafe absitzen zu müssen. Falls sie aber vom ihrem Komplizen beschuldigt würden, jedoch selbst keine Aussagen machen, droht ihnen die Höchststrafe von zehn Jahren. Stellen Sie sich vor sie wären entweder Paul oder Karl, würden Sie unter diesen Umständen eine Aussage machen oder schweigen?

Aus der Sicht Hobbes sind Menschen im Streben nach Selbsterhalt und Sicherheit zur der Einsicht gelangt, dass eine solche Situation untragbar ist. Aus dieser Einsicht heraus sind Menschen deswegen zu dem Schluss gekommen, dass es auf lange Sicht besser ist, wenn sie sich auf Eigentumsverhältnisse und das Recht auf Leben (vertraglich) einigen. Menschen verpflichten sich demnach, das Eigentum und das Leben eines jeden anderen zu wahren, um im Gegenzug selbst vor Angriffen geschützt zu sein.

Problematisch ist allerdings, dass freiwillige Absprachen keinerlei Verbindlichkeit aufweisen (in der Ökonomik würde man hier vom sogenannten „cheap talk" sprechen), insbesondere dann nicht, wenn man annimmt, dass Menschen per se nur nach ihrem Eigennutz streben.

Hobbes Lösung für dieses Problem liegt in der Etablierung eines, von den Menschen freiwillig gewählten Souveräns, der die Vertragseinhaltung kontrolliert und bei Vertragsbruch sanktioniert. Nach Hobbes braucht es also einen starken Staat, der für die Sicherheit der Menschen zu sorgen hat.

Um für die Sicherheit unter grundsätzlich „bösen" (d. h. egoistischen) Menschen zu sorgen, muss der Staat nach Hobbes Ansicht besonders abschreckend, z. B. mit drastischen, auch tödlichen Strafen, agieren. Hobbes vergleicht den Staat deswegen auch mit einem **Leviathan**, also mit einem aus der christlichen Mythologie stammenden Ungeheuer. Um glaubwürdig abschrecken zu können, muss der Souverän mit umfänglichen, nicht veräußerlichen Allmachten ausgestattet werden, wie sie z. B. ein Monarch besitzt. Einmal gewählt sollte ein Souverän nur dann entmachtet werden können, wenn er es nicht mehr schafft, die Sicherheit der Gesellschaftsmitglieder zu gewährleisten. Ansonsten müsse jeder zu jeder Zeit dem gewählten Monarchen gehorchen.

Obwohl der Ansatz von Hobbes als revolutionär für seine Zeit gelten kann, hat er im Laufe der Geschichte auch vielfältige Kritik hervorgerufen. Hierbei wird u. a. kritisiert, dass …:

1. … der Ansatz, wie auch schon beim Utilitarismus angemerkt, aus dem Sein (der Monarchie) ein Sollen ableitet.
2. … die Grundannahme über einen „bösen", d. h. egoistischen Menschen höchst zweifelhaft erscheint.
3. … die Lösung eines allmächtigen Herrschers, der alleine über Recht und Unrecht entscheiden darf, immer der Gefahr des Machtmissbrauchs und der einseitigen, interessensgetrieben Rechtsauslegung ausgesetzt ist.

Ein zentraler Gegner Hobbes war in dieser Hinsicht z. B. Jean-Jacques Rousseau (1712–1778). Begeistert von dem Gedanken, dass der Vertragsgedanke es ermöglicht, das Streben nach Glück bzw. die Vermeidung von Unglück mit der Bedingung freiheitlicher Wesen zu verbinden (anders als etwa der Utilitarismus oder die Ethik von Aristoteles), war er doch mit der sich für Hobbes ergebenden Lösung nicht einverstanden. Rousseau war der Meinung, dass aus einem Ist-Zustand wie der Monarchie, die sich noch dazu nachweislich durch Missbrauch und Unterdrückung auszeichnet, nicht darauf geschlossen werden kann, wie die Welt sein sollte. Zudem sieht er den Menschen im Kern nicht als böswilligen Egoisten an, sondern durchaus befähigt, soziale Gedanken und Handlungen zu vollziehen.

Hintergrund: Die Natur des Menschen

Empirische Befunde von Menschen als auch von Affen weisen heute darauf hin, dass die „Natur des Menschen" ein wenig komplexer ist, als das sie mit den Attributen „von Natur aus böse/egoistisch" oder „von Natur aus gut/altruistisch" charakterisiert werden könnte. So zeigen Affen, wahrscheinlich in Abhängigkeit der jeweiligen Situationen und des jeweiligen Charakters, sowohl z. T. äußerst kriegerisches Verhalten, wie z. B. Schimpansen, wenn sie neue Gebiete erobern, als auch überaus altruistisches Verhalten. Dem Verhaltenswissenschaftler Felix Warneken und seinen Kollegen war es beispielsweise in verschiedenen Experimenten möglich zu zeigen, dass Affen, auch ohne dafür selbst materiell belohnt zu werden, anderen Affen, als auch artfremden Wesen (wie z. B. dem Menschen) bei der Nahrungssuche helfen.

Vielmehr beschuldigt er die gesellschaftlichen Verhältnisse aus dem Menschen ein unfreies und letztlich selbstsüchtiges Wesen zu machen. Der Mensch wird durch die Gesellschaft in „Ketten" gelegt, von denen er im Urzustand noch vollkommen befreit war. Unnötige durch die Gesellschaft entstehende Bedürfnisse nach Reichtum und daraus entstehende Beherrschungsverhältnisse führen zu Gewalt und Unterdrückung. Nach Rousseau ist der Mensch grundsätzlich als frei zu betrachten und deswegen nur seinem eigenen Willen verpflichtet. Eine Gesellschaft oder ein Staat darf somit dem Menschen idealerweise nur dann etwas vorschreiben, wenn es mit dem eigenen Willen des Einzelnen übereinstimmt. Dies ist aber nur dann möglich, wenn jeder den gleichen Willen besitzt und dieser Wille nicht durch individuelle Interessen beeinträchtigt ist. Rousseau empfiehlt daher, neben der direkten Wählbarkeit eines Souveräns, dass sich der Staat vor allem um die Abschaffung materieller Ungleichheiten, als Ursache individueller Interessensunterschiede, und eine soziale Erziehung zu bemühen habe.

Während der Ansatz von Rousseau für viele als Wegbereiter der französischen Revolution als auch indirekt der Einführung der Sozialgesetzgebung im 19. und 20. Jahrhundert gilt, hat die Gegenwart gezeigt, dass Gesellschaften, in denen das Streben nach Eigennutz unterdrückt wurde, kaum überlebensfähig sind. Aus diesem Grund war auch der amerikanische Philosoph John Rawls (1921–2002) der Meinung, dass traditionelle Vertragsethiken als auch andere Individualethiken (wie z. B. von Aristoteles und Kant) nicht mehr in der Lage seien, Probleme der Gegenwart vernünftig zu lösen.

Für Rawls war das menschliche Streben ein wesentlicher Garant für Wohlstand und Fortschritt. Gleichwohl nahm er an, dass das persönliche Erfolgsstreben in der Gesellschaft durch zu viele nicht beeinflussbare Ungleichheiten (soziale und genetische Voraussetzungen) beeinflusst wird. So haben zumeist diejenigen einen Vorteil im Streben nach Glück und folglich einen größeren Einfluss auf die Gestaltung einer Gesellschaft, die aus besseren Verhältnissen stammen oder bessere Gene besitzen. Für diese Voraussetzung ist aber kein Mensch verantwortlich zu machen, weil man grundsätzlich nichts dafür kann, wo und vom wem man geboren wurde. Die Ausgestaltung einer Gesellschaft sollte aber nicht von Zufällen abhängig sein. Entsprechend hat sich Rawls die Frage gestellt, wie eine …:

1. … von allen gewollte (also freie),
2. … nach allgemein gültigen Regeln aufgestellte (also keine individuellen Interessen bevorzugende),
3. … faire (d. h. nicht durch zufällige Ungleichheiten bestimmte) und
4. … gleichzeitig das individuelle Streben (also Ungleichheiten) zulassende Gesellschaft gedacht werden kann.

Zur Lösung dieser Frage orientiert sich Rawls am Gedankenexperiment des Urzustandes von Hobbes. Allerdings will er untersuchen, zu welcher Gesellschaftsform man gelangen würde, wenn zufällige Ungleichheiten und individuelle Bedingungen keine Rolle spielen würden. Um dies zu testen führt er den sogenannten „**Schleier des Nichtwissens**" in sein Gedankenexperiment ein. Dieser „Schleier des Nichtwissens" bewirkt, dass die Teilnehmer am Experiment keine Information darüber besitzen, welche Talente, Fähigkeiten, Rollen und Aufgaben sie in der zu bildenden Gesellschaft haben werden. Sie wissen demnach nicht, ob sie Zahnarzt, Bettler, Politiker, Mann, Frau, körperlich oder geistig behindert etc. sein werden. Folglich können sie auch bei der Gestaltung der Gesellschaft keine individuellen Interessen vertreten, weil sie noch gar nicht wissen können, welche Interessen sie vertreten würden.

> **Auf den Punkt gebracht: Der „Schleier des Nichtwissens" von Rawls bezeichnet im Gedankenexperiment des „Urzustands" die Bedingung, dass die Teilnehmer, die an der Bildung der Gesellschaft beteiligt sind, nicht wissen, welche Position sie in der späteren Gesellschaft einnehmen werden.**

Auf welche Gesellschaftsform würden sich solche, durch den „Schleier des Nichtwissens" beeinträchtigte Individuen freiwillig einigen? Nach Rawls würde jeder Einzelne versuchen, den für ihn schlimmsten Fall, das „Worst-Case-Szenario", so angenehmen wie möglich zu gestalten. Rawls geht nämlich davon aus, dass Menschen vornehmlich rationale, egoistische Risikominimierer sind und gemäß der sogenannten **Maximin-Regel** entscheiden werden.

> **Merke!**
>
> Die **Maximin-Regel** ist eine pessimistische Entscheidungsregel, nach der zunächst das ungünstigste Ereignis einer jeden Entscheidungsalternative betrachtet wird. Es wird dann diejenige Alternative ausgewählt, die unter den ungünstigsten Bedingungen das günstigste Ergebnis liefert.

Eine solche Betrachtung würde dazu führen, dass sich auf zwei Prinzipien, namentlich das (1) Freiheits- sowie (2) das Differenzprinzip, geeinigt werden würde. Das **Freiheitsprinzip** leitet sich aus dem grundlegenden menschlichen Bedürfnis nach Freiheit ab. Jegliche Gesellschaftsordnung muss zuallererst die bereits in der Gesellschaftsbildung vorhandene individuelle Freiheit sichern und darf diese unter keinen Umständen aufgeben. Dabei ist zu beachten, dass die Ausübung der Freiheit durch ein Individuum immer nur soweit gehen kann, als das sie die Ausübung der Freiheit aller anderen Individuen nicht beeinträchtigt. So ist es verboten, die Freiheit von Minderheiten einzuschränken, auch wenn dies, wie z. B. im Utilitarismus empfohlen, zur Steigerung des Glücks der Allgemeinheit beiträgt.

Ist diese Freiheit durch die Gesellschaftsordnung sichergestellt, legt das **Differenzprinzip** fest, unter welchen Bedingungen Ungleichheiten nur zugelassen werden dürfen. Zunächst einmal dürfen Ungleichheiten nicht im Zugang zu politischen Ämtern bzw. im Rahmen der politischen Partizipation existieren. Auch wenn bestimmte Gesellschaftsmitglieder mit Regierungs- und Gesetzgebungsaufgaben betraut werden müssen, sollte dies immer unter der Bedingung geschehen, dass jedes Gesellschaftsmitglied eine Möglichkeit der Entscheidungspartizipation besitzt.

Ferner sollten ökonomische Ungleichheiten nur dann zulässig sein, wenn die durch die Ungleichheit am wenigsten Begünstigten am meisten davon profitieren. So wäre es etwa im Rahmen der Regelung von Managergehältern notwendig, diejenigen zu identifizieren, die am wenigsten in der Gesellschaft begünstigt sind. Diejenige Regelung, die im Vergleich mit alternativen Regelungen diese Gruppe am meisten bevorteilt, sollte schlussendlich gewählt werden.

2.5 Diskursethik

Sowohl die Pflichtenethik von Kant, der Utilitarismus nach Bentham als auch die Vertragsethik von Hobbes sind im Zeitalter der Aufklärung um 1700 entstanden. Grundlegendes Ziel der Aufklärung war es, die Menschen von Glaube, Tradition und

Willkür zu emanzipieren und den Mensch als freies sowie gleiches Wesen zu definieren. Gleiches gilt für die Vertreter der sogenannten **kritischen Theorie**, zu der auch Jürgen Habermas (*1929) und seine **Diskursethik** gezählt werden kann. Diese sieht ebenfalls in der Emanzipation (d. h. Befreiung/Gleichstellung) des Menschen das wesentliche Ziel von Wissenschaft und Philosophie. Allerdings betrachten die Vertreter der kritischen Theorie die bisherigen philosophischen Ansätze zur Erreichung dieses Ziels als nicht besonders sinnvoll an.

Vornehmlich die empirisch-wissenschaftlichen (szientistischen), auf Vorteilskalkülen basierenden Ansätze, wie z. B. der Utilitarismus oder die Vertragsethik, stehen dabei im Zentrum ihrer Kritik. Nicht nur kritisieren sie, dass diese Theorien versuchen, aus einem Ist-Zustand ein Sollen abzuleiten (Sein-Sollen-Fehlschuss vgl. ► Abschn. 1.2), sondern auch, dass solche Theorien genau das Gegenteil der aufklärerischen Zielsetzung, nämlich die Unterdrückung des Menschen, hervorrufen.

Menschen dienen im Rahmen dieser Theorien bestenfalls als Mittel für eine dem Menschen übergeordnete Zielsetzung und werden nicht als freie und gleiche Wesen von sich aus „gut" behandelt. So wird im Utilitarismus der Einzelne nur dann gut behandelt, wenn es dem Allgemeinwohl dient, während in der Vertragstheorie nur dann ein Abkommen mit anderen erzielt wird, wenn es auch dem eigenen Vorteil entspricht. Ein anderer Mensch wird somit nur als Mittel betrachtet und Mittel werden benutzt (beherrscht), um bestimmte Zwecke zu erreichen.

Beispiel: Das menschliche Leben als Kalkulationsobjekt

Etwa argumentieren manche wirtschaftsethischen Ansätze, dass es gut für die allgemeine Wohlfahrt ist, wenn Unternehmen möglichst ungehindert ihrer Zielsetzung (z. B. der Gewinnmaximierung) folgen dürfen. Dahingehend wäre es für Unternehmen gerechtfertigt, dass sie nur dann für eine Verbesserung der Arbeitsbedingungen oder der Kundensicherheit sorgen, wenn dies ihrer eigenen Zielsetzung entgegenkommt. Sofern es günstigere Wege und Methoden gibt, das eigene Ziel zu erreichen, werden Investitionen in Sicherheit und Wohlbefinden zurückgenommen. Ein drastisches Beispiel hierzu liefert der sogenannte Fall des Ford Pintos: Während der Produktion des Autos wurde festgestellt, dass sich bei Auffahrunfällen der Benzintank leicht entzünden kann. Nachdem mehrere Personen durch eben jenen Defekt ums Leben gekommen waren, konnten Ermittlungen zeigen, dass dem Unternehmen der Konstruktionsfehler zwar bewusst war, sich aber aufgrund einer Kosten-Nutzen-Abwägung gegen die Rückholung der Autos entschieden wurde.

Im Hinblick der Bedingungen der Moderne erscheint es überdies so, dass auch alternative ethische Ansätze, wie etwa von Kant, nicht wirklich überzeugen können. Die Moderne macht es erforderlich, über Lösungen gesamtgesellschaftlicher oder globaler Probleme nachzudenken. Handlungen eines Landes, einer Gruppe oder gar einzelner Menschen (man denke z. B. an terroristische Anschläge) können Auswirkungen auf eine Vielzahl von Menschen haben. So stellt zwar der Ansatz der Pflichtenethik von Kant die unantastbare Würde des Menschen in den Mittelpunkt, impliziert dabei aber gleichzeitig, dass ein einzelner Mensch, nur durch Denken dazu in der Lage sei, allgemeingültige Handlungsregeln für alle anderen Menschen (also für eine ganze Gesellschaft) ableiten zu können. Da Menschen aber sehr fehlbar und durch Interessen beeinflusst sind, erscheint diese Vorstellung unrealistisch.

Gleichsam ist man sich, nicht zuletzt durch die Ereignisse der Weltkriege bewusst, dass es gefährlich ist zu denken, es gebe die *eine* richtige Wahrheit. Bereits die kurzen Ausführungen in Bezug auf die anderen ethischen Theorien sollten in diesem Zusammenhang deutlich gemacht haben, dass gute Gründe für und gegen jeden vorgestellten Ansatz hervorgebracht werden können. Da alle und damit gleichzeitig keine einzige der ethischen Theorien Gültigkeit beanspruchen kann, liegt es nahe zu denken, objektive und für alle gültige moralische Regeln könne es gar nicht geben (**ethischer Relativismus**). Im Zuge globaler, auch ethischer Auseinandersetzungen erscheint es jedoch paradoxerweise erforderlich, dass man sich auf gemeinsame Regeln und Kompromisse einigt.

> **Merke!**
>
> Der **ethische Relativismus** beschreibt eine (meta-)ethische Position, die davon ausgeht, dass es keine objektiv begründbaren und allgemein gültigen (universellen) Wertvorstellungen geben kann.

Es stellt sich also die Aufgabe, eine Ethik zu entwerfen, die:
1. den Menschen nicht zum Mittel eines übergeordneten Zwecks macht,
2. nicht der Gefahr des einsamen Denkens ausgesetzt ist und
3. allgemeingültige sowie objektiv begründbare moralische Normen hervorbringt.

Die Diskursethik will dafür einen entsprechenden Versuch wagen und geht von der Grundannahme aus, dass jegliche Wahrheit in einer Gesellschaft nur dann zu einer Wahrheit wird, wenn sie auf die Zustimmung und die Einsicht aller von ihr betroffenen Menschen trifft. Wer Recht haben will richtet in einer Gemeinschaft unweigerlich Ansprüche an die anderen Gemeinschaftsmitglieder.

Ein solcher Konsens bedarf dabei der sprachlichen Auseinandersetzung, also der Argumentation. Das Besondere der Diskursethik ist nun die Annahme, dass jegliche Argumentation bereits die Akzeptanz bestimmter ethischer Maßstäbe voraussetzt (oder andersherum: die Nichtbeachtung bestimmter ethischer Maßstäbe würde jegliches Argument unabhängig dessen Inhalt entkräften). Wahre und objektive gesellschaftliche Regeln können demnach laut der Diskursethik nur dann gefunden werden, wenn alle Betroffenen sich einig sind und diese Einigung auf Basis einer ethisch korrekten Argumentation entstanden ist.

Was sind nun die, zumeist unausgesprochenen Regeln eines praktischen Diskurses? Nach der Diskursethik, können wir, wenn wir argumentieren, nicht umhin, dass wir jedem, den das Argument betrifft, zubilligen müssen (vgl. Kreikebaum et al. 2001) …:

1. … an dem Diskurs selbst teilnehmen, Argumente problematisieren und eigene Argumente, Wünsche, Einstellungen, etc. vorbringen zu dürfen (Beteiligung aller).

2. … dass seine (Gegen-)Argumente das gleiche Gewicht haben und nicht durch Aspekte wie Position, Person oder Tradition beeinflusst werden (Chancengleichheit).

3. … dass nur der Zwang des besseren Arguments gilt und darüber hinaus kein anderer Zwang ausgeübt werden darf (Zwanglosigkeit).

4. … dass Zeit- und Handlungsdruck keinen Einfluss auf das Gewicht eines Arguments haben können (Handlungsentlastung).

5. … über die gleiche Informationsbasis wie man selbst zu verfügen (Unbeschränkte Information).

6. … dass man nur Argumente vorbringt, von denen man annimmt, dass sie allgemein und nicht nur für die eigene Person gültig sein können (Universalisierbarkeit).

7. … dass man selbst und auch alle anderen versuchen vernünftig (d. h. widerspruchsfrei) zu begründen, das Gesagte beurteilen können und wirklich meinen, was sie sagen (Mündigkeit).

8. … dass man selbst unvoreingenommen und unparteilich alle Argumente abwägen will und einen für alle annehmbaren Konsens erzielen möchte (Rationale Motivation).

Hintergrund: Das diskursethische Problem von Diktaturen

Der spanische Philosoph Miguel de Unamuno (1864–1936) war zwar kein Diskursethiker, hat jedoch die Idee der Diskursethik in einem berühmten Zitat verdeutlicht. Im Zusammenhang mit dem Protest gegen die Franco-Diktatur soll er gesagt haben: „Venceréis … per no convenceréis" (zu Deutsch: Ihr werdet siegen, aber nicht überzeugen). Wie die Diskursethik unterstellt de Unamuno, dass die Gewaltanwendung Argumente nicht stichhaltiger macht und somit keinen Einfluss auf die Überzeugung eines Menschen hat.

Die Diskursethik nimmt an, dass es zwar sein kann, dass in realen Diskursen, diese Regeln nicht immer eingehalten werden, aber nichtsdestotrotz von jedem Diskursteilnehmer vorausgesetzt werden müssen. Andernfalls würde der Argumentierende sein eigenes Argument entkräften und sich und den Zuhörer eingestehen müssen, dass sein Argument u. U. nicht von sich aus überzeugen kann.

Beispiel: Diskursregeln im Alltag

Bekommt ein Vorgesetzter nur deswegen Recht, weil die anderen Teilnehmer des Diskurses (also seine Mitarbeiter) Sanktionen fürchten und nicht weil sein Argument inhaltlich überzeugen kann, dann sind die Bedingungen eines idealen Diskurses nicht erfüllt. Das Ergebnis eines solchen Diskurses kann deswegen nicht vorbehaltlos als moralisch richtig bzw. wahr gewertet werden. Sofern der Vorgesetzte aber dennoch einen moralischen „Schein" wahren will, müssten er und seine Mitarbeiter den Bruch mit den Diskursregeln stillschweigend nach außen verheimlichen.

Hintergrund: Der performative Widerspruch

Karl-Otto Apel (*1922) behauptet in diesem Zusammenhang gar, dass die Diskursregeln einer ethischen Letztbegründung gleichkommen, da man diese Regeln argumentativ nicht mehr entkräften kann. Jeder der gegen die Wahrheit dieser Regeln argumentiert, so Apel, würde sich in einen sogenannten performativen Selbstwiderspruch verwickeln, da er die Regeln, in dem er sie kritisiert, gleichzeitig anerkennt.

Ohne inhaltliche Vorgaben zu machen, welche moralischen Werte und Normen konsensfähig sind, besagt nun die Diskursethik, dass moralische Regeln nur dann gefunden werden können, wenn diese in einem fairen Diskurs ermittelt werden. Für eine ethische, d. h. eine freie und gerechte Gesellschaft ist es also erforderlich, dass Probleme argumentativ gelöst werden und diese Argumentation idealerweise nach den obigen Regeln verläuft. Um eine moralische Gesellschaft herbeizuführen sind die Gesellschaftsmitglieder also dazu angehalten, ideale Kommunikationssituationen zu schaffen und Probleme zu beseitigen, die diese idealen Kommunikationssituationen stören könnten.

In der Realität erscheint aber eine solche Forderung höchst unrealistisch. Zunächst ist davon auszugehen, dass Menschen interessensgetrieben sind und eine Einhaltung von Diskursregeln den eigenen Interessen zuwiderlaufen kann. Problematisch ist in solchen Situationen, dass weder äußere noch innere Zwänge existieren, die eine Einhaltung der Diskursregeln garantieren. Wie schon bei Kant ist man deswegen für die Umsetzung der Diskursethik auf den guten Willen des Einzelnen angewiesen.

Und auch wenn jemand den guten Willen besitzen würde, ideale Kommunikationsbedingungen schaffen zu wollen, wäre er nichtsdestotrotz unweigerlich der Gefahr der Täuschung durch einen strategisch (an den eigenen Zwecken ausgerichteten) handelnden Gegenüber ausgesetzt. Apel empfiehlt vor dem Hintergrund dieses Problems, dass man in diesen Situationen selbst auf strategische Mittel zur Herstellung einer idealen Kommunikationssituation zurückgreifen darf. Wer aber bestimmt darüber wann und warum strategische Mittel eingesetzt werden dürfen? Schlussendlich muss, wie schon bei Kant, der Einzelne wieder monologisch selbst bestimmen, wann eine strategische Handlung zulässig ist.

Ungeachtet dieser Schwierigkeiten stellt sich das Problem, dass ethische Diskurse in der Praxis dem Ideal nur sehr entfernt nahe kommen können. Wie sollen auf gesellschaftlicher Ebene, z. B. im Zuge der Diskussion eines Gesetzes, alle Betroffenen dieses Gesetzes beteiligt werden? Was, wenn diskursunfähige Subjekte, wie z. B. unmündige Kinder, geistige Behinderte, Tiere oder zukünftige Generationen von einem Gesetz betroffen sind? Auch wenn durch demokratische Regeln versucht wird, dem Ideal eines fairen Diskurses nachzukommen, läuft es doch in vielen Fällen darauf hinaus, dass man sich für andere Gedanken machen und folglich deren Motive, Bedürfnisse, etc. sich von außen erschließen muss. Dem Problem der Subjektivität ist auch hier nur teilweise beizukommen.

Abschließend gilt anzumerken, dass innerhalb idealer Diskurse immer noch inhaltliche Argumente gelten. Inhaltliche Argumentationen bedürfen wiederum bestimmter Entscheidungskriterien. Diese werden insbesondere dann problematisch, wenn es zu moralischen Dilemma-Situationen (vgl. ▶ Abschn. 1.2) kommt, in denen z. B. das Leben eines Menschen nur auf Kosten des Lebens anderer Menschen gerettet werden kann. Welche Kriterien sollen hier zum Einsatz kommen? Der Nutzen der Mehrheit? Darüber macht die Diskursethik allerdings als rein formale Ethik keinerlei Aussagen.

2.6 Lern-Kontrolle

Kurz und bündig

- Die Tugendethik nach Aristoteles besagt, dass Menschen anhand ihres Charakters bewertet werden sollen, wobei ein guter Charakter ein tugendhafter Charakter ist. Tugendhaft ist ein Mensch dann, wenn er gemäß seiner vernunftbegabten Natur lebt und seine Vernunft dazu einsetzt, seine Triebe anhand der „rechten Mitte" zu steuern.

- Aus Sicht moderner Gesellschaften ist die Tugendethik jedoch kritisch zu bewerten, da sie einerseits zu stark auf die subjektiven Empfindungen des Einzelnen verweist, systemische Zusammenhänge unbeachtet lässt und den Einzelnen durch die Forderung ständig tugendhaft zu handeln überfordern kann.

- Die Pflichtenethik nach Kant besagt, dass ein Mensch dann gut handelt, wenn er aus Pflicht handelt. Aus Pflicht handelt man dann, wenn man nicht aus äußeren Beweggründen, sondern allein aus Einsicht in das moralisch richtige Handlungsprinzip handelt.

- Das richtige Handlungsprinzip ergibt sich dabei aus dem kategorischen Imperativ, welcher besagt, dass man nur nach derjenigen Maxime handeln solle, durch die man zugleich wollen kann, dass sie ein allgemeines Gesetz werde. Ein Handlungsprinzip kann dann allgemeines Gesetz werden, wenn man es widerspruchsfrei denken und wollen kann.

- Aus moderner Sicht erscheint die Pflichtenethik Kants deswegen problematisch, weil Sie im Konfliktfall zweier Pflichten keine Lösung bereitstellt und weil sie z. T. sehr hohe Intelligenz und Willen voraussetzt.

- Der Utilitarismus bewertet Handlungen nach deren Folgen. Die Folgen sind entsprechend dann gut, wenn sie den größten Nutzen für die größte Zahl von Menschen erzielen.

- Problematisch erscheint im Utilitarismus, dass sich darauf geeinigt werden muss, was Glück ausmacht und dass die tatsächlichen Folgen nur schwer abgeschätzt werden können. Auch ist kritisch anzumerken, dass es im Utilitarismus prinzipiell möglich ist, dass Minderheiten ausgebeutet werden.

- Vertragstheorien basieren auf der Annahme, dass grundsätzlich freie und gleiche Individuen sich vertraglich auf bestimmte Rechte und Pflichten einigen. Ethik und Moral entstehen demnach durch gegenseitige Übereinkunft.

- Gemäß Hobbes, der im Zweifelsfall einen egoistischen Menschen annimmt, ist es für die Einhaltung von Verträgen notwendig, dass ein absolutistischer Herrscher, ein Leviathan, umfassende rechtsprechende und sanktionierende Gewalt ausüben muss.

- Im Unterschied zu Hobbes, der keine Bedingungen an die vertragliche Übereinkunft stellt, ist es laut Rawls für eine gerechte vertragliche Übereinkunft notwendig, dass unfaire Startbedingungen ausgeschlossen werden. Um eine solche faire Ausgangssituationen prüfen zu können, hat er das Gedankenexperiment des Urzustands auf den „Schleier des Nichtwisssens" erweitert.

- Die Diskursethik nimmt an, dass objektive und allgemeingültige moralische Regeln nur in einem fairen Diskurs gefunden werden können. Ein fairer Diskurs besagt, dass Argumente für oder gegen moralische Regeln nur dann gültig sind, wenn sie von allen Betroffenen, unabhängig ihrer Position, zwanglos akzeptiert werden.

- Problematisch erscheint bei der Diskursethik, dass faire Diskurse in der Realität nur schwerlich zu verwirklichen sind, gleichsam sehr stark auf den Willen des Einzelnen am Diskurs teilnehmen zu wollen vertrauen müssen und schließlich keine Aussagen hinsichtlich der Entscheidung in Dilemma-Situationen liefern können.

❓ Let's check!

Fragen zur Tugendethik (► Abschn. 2.1).

1. Was ist nach Aristoteles das höchste Gut?
2. Warum erscheint es aus Sicht von Aristoteles sinnvoll den Charakter eines Menschen für die moralische Bewertung heranzuziehen? Und worin liegt die Problematik der Charakterbewertung?
3. Erläutern Sie, was unter der Lehre der „rechten Mitte" verstanden wird?
4. Erläutern Sie, warum die Tugendethik nach Aristoteles für viele heute als nicht mehr zeitgemäß interpretiert wird!

Fragen zur Pflichtenethik (► Abschn. 2.2):

5. Unterscheiden Sie die Begriffe Maxime, Handlungsprinzip und Pflicht und nennen Sie hierfür jeweils ein Beispiel!
6. Nennen Sie die vier Kriterien anhand derer eine Maxime als moralisch charakterisiert werden kann!
7. Warum spricht Kant dem Menschen eine Würde zu?
8. Erläutern Sie die Problematik perfekter Pflichten!

Fragen zum Utilitarismus (▶ Abschn. 2.3):

9. Nennen Sie die Grundprinzipien des Utilitarismus!

10. Warum kann es aus Sicht des Utilitarismus gerechtfertigt erscheinen, eine Minderheit zu unterdrücken?

11. Warum sind die Folgen einer Handlung für den Utilitarismus ein sinnvolles moralisches Bewertungskriterium?

12. Was ist der „blinde Fleck" des Utilitarismus?

Fragen zur Vertragsethik (▶ Abschn. 2.4):

13. Welche Lösung schlägt Hobbes vor, um sicherzustellen, dass Menschen sich an Verträge halten?

14. Erläutern Sie das Grundprinzip des Gefangenen-Dilemmas! Nennen Sie zwei Beispiele für Gefangenen-Dilemma-Situationen in ihren Studium/Beruf!

15. Welches Menschenbild unterstellt Rawls im Urzustand? Nehmen Sie hierzu kritisch Stellung!

16. Was besagt das Differenzprinzip?

Fragen zur Diskursethik (▶ Abschn. 2.5):

17. Was kritisiert die Diskursethik am Utilitarismus und an den Vertragsethiken?

18.   Nennen Sie drei Diskursregeln!

19. Was versteht man unter dem Begriff „performativer Selbstwiderspruch"?

❓ Vernetzende Aufgaben

Fragen zur Tugendethik (▶ Abschn. 2.1):

1. Ein Handspiel im Fußball kann sowohl anhand der unterstellten Absicht als auch anhand der Verhinderung einer Torchance bemessen werden. Welches Ethik-Verständnis wird dabei jeweils zugrunde gelegt? Worin liegen die Probleme der einen wie der anderen Auslegung? Wie sinnvoll ist die Ethik Aristoteles vor dem Hintergrund der Bewertung eines solchen Handspiels?

2. Denken Sie darüber nach, warum Sie gerade dieses Buch lesen! In welchem Verhältnis steht dieser Grund zu dem von Aristoteles unterstellten Streben nach Glück?

3. Erinnern Sie sich an den Fall des Ford Pintos in ▶ Abschn. 2.5! Ist es vorstellbar, dass auch der Controller, der die Berechnung angestellt hat, tugendhaft gehandelt haben könnte? Wenn ja, welche Tugenden könnten dies gewesen sein? Was würde dies für die Tugendethik bedeuten?

Fragen zur Pflichtenethik (▶ Abschn. 2.2):

4. Analysieren Sie die Schlagzeile „Unternehmen XY verbessert die Arbeitsbedingungen in Bangladesch aufgrund des gestiegenen öffentlichen Drucks!" aus Sicht der Ethik Kants! Handelt es sich hierbei um ein Handeln aus Pflicht oder um pflichtgemäßes Handeln?

5. Viele Menschen vertreten die Meinung, dass man mit dem Eheversprechen Freiheiten aufgeben würde. Was würde Kant hierzu erwidern? Was würde dar-

über hinaus Kant jemandem antworten, der sein Ehe-Versprechen nicht mehr halten möchte, weil er keine Liebe mehr zu seinem Ehepartner verspürt?

6. Stellen Sie sich vor, eine Freundin sagt Ihnen, dass sie ihr Leben nach dem Handlungsprinzip „Handle so, dass du glücklich bist" ausrichtet! Welches normative Ethikverständnis liegt diesem Prinzip zugrunde? Welche Argumente könnten gemäß Kant gegen ein solches Handlungsprinzip vorgebracht werden?

7. Stellen Sie sich vor, Unternehmer A hat Freude daran, einen Teil seines Gewinns der ansässigen Gemeinde zu spenden, während Unternehmer B keine Freude daran hat, jedoch denkt, dass dies seine Pflicht wäre und entsprechend ebenfalls der Gemeinde spendet! Wer von beiden würde nach dem Verständnis von Kant als moralisch gelten?

8. Ein Zitat, welches dem französischen Philosoph und Schriftsteller Voltaire (1694–1778) zugeschrieben wird, lautet: „Da es sehr förderlich für die Gesundheit ist, habe ich beschlossen, glücklich zu sein." Kann diese Maxime nach Kant als moralisch bezeichnet werden?

Fragen zum Utilitarismus (▶ Abschn. 2.3):

9. Vergleichen Sie für sich persönlich die Freude darüber ein gutes Buch zu lesen mit der Freude Ihre Leibspeise zu essen anhand der Bewertungsdimensionen von Bentham! Welche der beiden Aktivitäten würde aus Ihrer Sicht größere Freude bereiten? Was würde Mill hierzu antworten?

10. Was die Mehrheit bevorzugt muss nicht unbedingt gut sein! Nehmen Sie zu dieser Aussage Stellung führen Sie hierfür ein Beispiel aus der Gegenwart an!

11. „Die Bundesregierung unterstützt Kurden im Kampf gegen IS-Rebellen mit Waffenlieferungen". Verdeutlichen Sie anhand dieser beispielhaften Schlagzeile eine Problematik des Utilitarismus!

12. Schauen Sie sich den Fragebogen der bhutanischen Regierung an und überlegen Sie, ob dieser alle Aspekte ihres persönlichen Glücksverständnisses abdecken würde?

Fragen zur Vertragsethik (▶ Abschn. 2.4):

13. Stellen Sie sich vor, Sie müssten in Ihrem (oder einem fiktiven) Unternehmen die Gehaltsstrukturen mit allen anderen Mitarbeitern unter der Bedingung eines „Schleier des Nichtwissens" verhandeln! Welche Gehaltsstruktur würden Sie persönlich präferieren, wenn Sie nicht wüssten, welche Rolle Sie in diesem Unternehmen spielen werden?

14. Bewerten Sie den Mindestlohn und die Vorstellung eines bedingungslosen Grundeinkommens aus Sicht des Differenzprinzips!

15. Stellen Sie sich vor, Sie sind unter der Bedingung des „Schleier des Nichtwissens" dazu beauftragt, ein Gesetz zur Regelung bezüglich der Arbeitserlaubnis von Flüchtlingen zu erlassen. Sie wissen nicht, ob Sie später selbst Flüchtling sein werden. Wie sollte ein solches Gesetz Ihrer Meinung nach ausgestaltet sein?

Überlegen Sie auch, wie sie Arbeitsbedingungen, Erbrecht oder korruptes Verhalten regeln würden!

Fragen zur Diskursethik (▶ Abschn. 2.5):

16. Denken Sie an das Beispiel des Ford Pintos! Wie hätte sich Ford verhalten müssen, so dass das Unternehmen gemäß der Diskursethik moralisch gehandelt hätte?

17. Vergleichen Sie unsere gegenwärtige Demokratie mit den Voraussetzungen einer idealen Kommunikationssituation! Inwieweit sind diese hier erfüllt?

18. Bewerten Sie die Aktivität des „Lästerns" vor dem Hintergrund der Diskursregeln!

19. Denken Sie an Ihre letzte Gruppenarbeit oder Projektarbeit! Inwieweit denken Sie, dass Diskussionen innerhalb der Arbeitsgruppe den Regeln eines fairen Diskurses entsprochen haben?

ⓘ Lesen und Vertiefen

– Zur Kritik am Utilitarismus:
   Smart, J.J.C./Williams, B.: Utilitarianism: For and Against, Cambridge University Press, Cambridge 1973.
– Zur Frage von Altruismus bei Affen:
   Warneken, F./Hare, B./Melis, A.P./Hanus, D./Tomasello, M. (2007): Spontaneous Altruism by Chimpanzees and Young Children, in: PLoS Biol, 5. Jg., Nr. 7.
   Warneken, F./Tomasello, M. (2006): Altruistic Helping in Human Infants and Young Chimpanzees, in: Science, 311. Jg., Nr. 5765, S. 1301–1303.

Literatur

Verwendete Literatur

Kreikebaum, H., Behnam, M., & Gilbert, U. (2001). *Management ethischer Konflikte in international tätigen Unternehmen*. Wiesbaden: Springer/Gabler.

Weiterführende Literatur

Apel, K.-O. (1990). *Diskurs und Verantwortung: Das Problem des Übergangs zur postkonventionellen Moral* (4. Aufl.). Berlin: Suhrkamp.

Aristoteles (2013). *Nikomachische Ethik*. Stuttgart: Reclam.

Bentham, J. (2007). *An Introduction to the Principles of Morals and Legislation*. Mineola, New York: Dover.

Habermas, J. (1991). *Erläuterungen zur Diskursethik* (5. Aufl.). Berlin: Suhrkamp.

Hobbes, T. (1986). *Leviathan*. Stuttgart: Reclam.

Kant, I. (2000). Kritik der praktischen Vernunft. Grundlegung zur Metaphysik der Sitten. In W. Weischedel (Hrsg.), *Werkausgabe Band VII* 21. Aufl. Berlin: Suhrkamp.

Mill, J.-S. (2006). In D. Birnbacher (Hrsg.), *Utilitarism/Der Utilitarismus*. Ditzingen: Reclam.

Literatur

Rawls, J. (1979). *Eine Theorie der Gerechtigkeit*. Berlin: Suhrkamp.
Rawls, J. (2006). *Gerechtigkeit als Fairneß: Ein Neuentwurf*. Berlin: Suhrkamp.
Rousseau, J.-J. (1986). *Vom Gesellschaftsvertrag*. Stuttgart: Reclam.
Rousseau, J.-J. (1998). *Abhandlung über den Ursprung und die Grundlagen der Ungleichheit unter den Menschen*. Stuttgart: Reclam.

Wirtschaftsethische Ansätze

Robert Holzmann

R. Holzmann, *Wirtschaftsethik,* Studienwissen kompakt,
DOI 10.1007/978-3-658-06821-9_3, © Springer Fachmedien Wiesbaden 2015

Lern-Agenda

Das folgende Kapitel befasst sich mit Grundpositionen der Wirtschaftsethik. Hierfür werden im Weiteren folgende Themen behandelt:

— ▶ Abschn. 3.1 befasst sich zunächst mit der Grundposition der „ökonomischen Ethik", die es für notwendig erachtet, moralische Wertmaßstäbe in eine ökonomische Sprache zu übersetzen.

— in ▶ Abschn. 3.2 wird die Governance-Ethik vorgestellt. Die Governance-Ethik setzt sich spezifisch mit der Durchsetzung von moralischem Verhalten in Unternehmen auseinander und erkennt dabei, im Gegensatz zur ökonomischen Ethik, die Wichtigkeit informeller Durchsetzungsmechanismen an.

— Schließlich wird in ▶ Abschn. 3.3 unter dem Begriff der „ethischen Ökonomik" ein kritischer Gegenentwurf zur „ökonomischen Ethik" vorgestellt, der vor allem darauf abzielt, die normative Richtigkeit des Wirtschaftssystems bzw. wirtschaftlicher Handlungen zu hinterfragen.

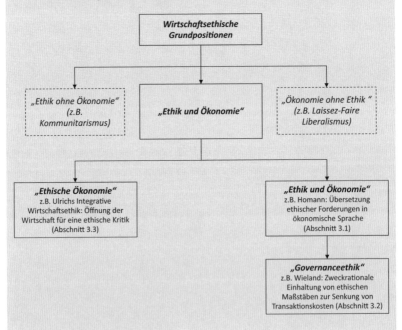

3.1 Ökonomische Ethik

Ausgangspunkt der **Ökonomischen Ethik** nach z. b. Karl Homann (geboren 1943) ist eine Kritik an traditionellen normativ-ethischen Theorien, wie wir sie in ▶ Kap. 2 kennengelernt haben. Ob Tugend-, Pflichten- oder Diskursethik, ihnen allen gemeinsam ist die grundlegende Ablehnung der individuellen Vorteilsmaximierung und der Appell hin zu altruistisch-selbstlosem Verhalten. So geht Aristoteles davon aus, dass man nur dann glücklich wird, wenn man seine Begierden zum rechten Maß hin kontrollieren kann. Kant wiederum verurteilt egoistisches Verhalten deswegen, weil es nicht verallgemeinerbar ist. Die Diskursethik lässt auf der anderen Seite Argumente nur dann gelten, wenn sie frei von individuellen Interessen sind. Gemäß der Ökonomischen Ethik aber verkennen diese ethischen Ansätze vier, für die Ökonomische Ethik entscheidende Punkte:

1. Die Verfolgung des Eigennutzes kann gesellschaftlich positive Zustände hervorbringen.
2. Ein Appell zum Verzicht kann von ethischen Autoritäten missbraucht werden (Moral als Unterdrückungsinstrument).
3. Diejenigen, die sich im moralischen Verzicht üben, können auf Kosten anderer leicht zur eigenen Bereicherung ausgebeutet werden (Ausbeutung moralischer Vorleistungen).
4. Ständige Selbstlosigkeit erfordert übermenschliche Fähigkeiten und ist deswegen realitäts- und umsetzungsfern.

Mit Rückbezug auf Adam Smith oder Bernard de Mandeville (vgl. hierzu auch ▶ Abschn. 1.5) argumentiert die ökonomische Ethik, dass es gerade der Eigennutz und die Erwartung auf Entlohnung seien, die einen Menschen dazu antreiben Leistung für andere zu erbringen. Diese Leistung kann sich z. B. in günstigen Preisen, in hoher Qualität oder in innovativen Lösungen ausdrücken.

Beispiel: Die ethische Ambivalenz des Eigennutzstrebens

Als Beispiel für die Ambivalenz eigennützlichen Verhaltens kann die Pharmaindustrie angeführt werden. Aus traditionell ethischer Sichtweise wird z. B. kritisiert, dass Pharmaunternehmen den gesundheitlichen Notstand von Patienten mit überteuerten Medikamenten ausnutzen würden, um damit Profit zu machen. Umgekehrt wiederum werden risikoreiche Forschungsprojekte zur Entwicklung wichtiger Medikamente oftmals erst deswegen initiiert, weil ein möglichst hoher finanzieller Erfolg in Aussicht steht.

Zudem können der Wettbewerb und das Leistungsprinzip auch als zentrale Entmachtungsinstrumente angesehen werden. Während im Mittelalter den Herrschenden ihre Legitimation von Gott zugesprochen wurde und folglich, unabhängig davon ob der jeweilige Herrscher für oder gegen das Volk agierte, als unantastbar galt, entscheidet in einem funktionierenden Wettbewerbsmarkt hauptsächlich das Argument der besseren Leistung. Wer keine angemessene Leistung mehr erbringt wird in der Politik abgewählt oder in der Wirtschaft, weil er keine Käufer mehr findet, aus dem Markt verdrängt.

Beispiel: Die Demokratie als Wettbewerb um Wählerstimmen

Die Demokratie kann aus ökonomischer Perspektive auch als Wettbewerbsmarkt zwischen verschiedenen Parteien angesehen werden. Die Regierungspartei bleibt dabei nur solange an der Macht, solange sie nicht von den Wählern abgewählt wird. Kann sie z. B. die Wünsche der Bürger nicht mehr ausreichend erfüllen, muss sie entsprechend den Verlust von Wählerstimmen fürchten und, um ihre Machtposition nicht zu verlieren, eine bessere Leistung für die Bürger erbringen.

Egoismus und die Orientierung am eigenen Nutzen können ebenso dazu führen, dass man versucht, suboptimale Zustände, wie sie z. B. in absolutistischen Monarchien vorgeherrscht haben, zu verändern. Ein Appell an den eigenen, moralischen Verzicht kann sich folglich nur schwer dem Verdacht entziehen, hauptsächlich einer Aufrechterhaltung des Status Quo zu dienen.

Auf der anderen Seite sind diejenigen, die sich im moralischen Verzicht üben, immer der Gefahr ausgesetzt, von denjenigen ausgebeutet zu werden, die sich eben nicht an moralisch-altruistische Maßstäbe halten. Insbesondere im Wettbewerb um lebenswichtige Güter erscheint es deswegen aus Sicht der ökonomischen Ethik unverantwortlich, an einen ethisch-selbstlosen Verzicht zu appellieren.

Aber auch in nicht unmittelbar überlebensentscheidenden Situationen kann getreu der ökonomischen Ethik eine Forderung zu einem gänzlich selbstlosen Leben als weltfremde Utopie charakterisiert werden. Menschen haben nun mal sinnliche Präferenzen und können diese nicht immer und zu jederzeit ausnahmslos kontrollieren. In vielen Situationen erscheinen die Ansprüche der traditionellen Ethik kaum durch reale Menschen umsetzbar. Dies aber, so die Vertreter der ökonomischen Ethik, widerspricht dem Grundsatz „ultra posse nemo obligatur" (lat.: „Über das Können hinaus wird niemand verpflichtet") und der Forderung, dass ein Sollen immer auch ein Können voraussetzt (in ▶ Kap. 3.6 werden wir genauer sehen, welche Aufmerksamkeits-, Denk- und Willensleistungen nötig sind, um ein Leben gemäß ethischen Maßstäben zu führen).

> **Auf den Punkt gebracht:** Aus Sicht der ökonomischen Ethik erscheint es deswegen notwendig, in erster Linie solche ethischen Forderungen zu stellen, die einerseits die Moralität im wirtschaftlichen Handeln nicht ignorieren und andererseits innerhalb menschlicher Grenzen auch wirklich umsetzbar sind.

Im Hinblick der ersten Forderung ist es notwendig, Ethik und Wirtschaft miteinander in Einklang zu bringen. Gemäß der sogenannten Systemtheorie von Luhmann oder

der Diskursethik von Habermas (▶ Abschn. 2.5), können Wirtschaft und Moral als eigenständige Systeme betrachtet werden, die grundsätzlich unterschiedliche Zwecke verfolgen und andere Kommunikations- sowie Koordinationsformen besitzen. Menschen, die nach moralischen Wertmaßstäben leben, sprechen somit eine andere Sprache als Menschen, die innerhalb des Systems der Wirtschaft handeln. Während Menschen im moralischen System eine (moralisch) „richtige" Handlung anstreben und nach dem Vokabular „Richtig/Falsch" bzw. „Gut/Böse" kommunizieren, wird im Wirtschaftssystem der individuelle Wohlstand als oberstes Ziel ausgegeben. Menschen, die im wirtschaftlichen System handeln, kommunizieren demnach mit den Begriffspaaren „Nutzen/Kosten" bzw. „Vorteil/Nachteil".

Da also Moral und Ethik unterschiedliche „Sprachen" sprechen sieht die ökonomische Ethik die „Übersetzung" moralischer Anliegen in eine ökonomische Sprache als Hauptaufgabe der Wirtschaftsethik an. Die Wirtschaftsethik hat folglich dafür zu sorgen, moralische Forderungen in die Kosten-Nutzen-Codierung der Wirtschaft zu überführen.

Homann und seine Kollegen empfehlen dafür die Anwendung der sogenannten Spieltheorie. Diese Theorie ermöglicht es, soziale Interaktion aus ökonomischer Perspektive zu modellieren. Innerhalb der Spieltheorie verweist die ökonomische Ethik im Besonderen auf das sogenannte Gefangenen-Dilemma, welches schon im Rahmen der Vertragsethik von Hobbes kurz thematisiert wurde (▶ Abschn. 2.4). Das **Gefangenen-Dilemma** (▶ Abschn. 2.4) ist aus Sicht der ökonomischen Ethik deswegen so interessant, weil es eine, in der (Wirtschafts-)Welt häufig zu beobachtende Dilemma-Situation zwischen moralischen und ökonomischen Wertmaßstäben beschreibt.

Abstrakt betrachtet spielen im Gefangenen-Dilemma zwei Spieler (die Gefangenen) um einen (endlichen) Auszahlungsbetrag (die Höhe der Gefängnisstrafe), wobei die Höhe der jeweilig individuellen Auszahlung eines Spielers vom Verhalten des jeweilig anderen Spielers abhängig ist. Beide Spieler können zwischen den zwei Handlungsoptionen „Kooperieren" (nicht gegen den anderen aussagen) und „Defektieren" (gegen den anderen aussagen) auswählen. Insgesamt sind gemäß diesen Handlungsoptionen vier verschiedene Endzustände zu unterscheiden:

1. Beide Kooperieren,
2. beide Defektieren,
3. Spieler 1 defektiert, während Spieler 2 kooperiert und
4. Spieler 2 defektiert, während Spieler 1 kooperiert.

Die Wahl der jeweiligen Handlungsalternative und des in der Folge eintretenden Endzustands hängt davon ab, welche Präferenzen man den Spielern unterstellt und welche (Auszahlungs-)Bedingungen vorherrschen. Im Beispiel des Gefangenen-Dilemmas würde man unterstellen, dass beide eine möglichst kurze Haftstrafe bevorzugen. Vollkommene Strafbefreiung wäre demnach der individuell bestmögliche Zustand. Hierfür müsste der jeweilige Gefangene aussagen (defektieren), während der andere Gefangene schweigt (kooperiert). Unter der Prämisse, dass beide eine möglichst kurze Haftstrafe anstreben, erscheint jedoch die Handlungsalternative „Schweigen" (Kooperieren) in jedem Fall (also unabhängig der Handlung des anderen) unattraktiv. Wenn ein Gefangener schweigt (kooperiert) ist es für den anderen Gefangenen immer attraktiver auszusagen (defektieren), da sich so die Haftstrafe von einem auf null Jahre verkürzen ließe. Defektiert wiederum der Gegenspieler, ist es für den anderen Spieler hingegen attraktiver selbst auch zu defektieren, da sich so die Haftstrafe von zehn auf sieben Jahren verringern lässt.

Im Ergebnis würde eine solche Konstellation zu einem gesellschaftlich suboptimalen Ergebnis führen, da beide in jedem Fall defektieren. Im Ergebnis müssten sie beide für jeweils sieben Jahre ins Gefängnis, was im Vergleich mit dem optimalen Zielzustand der Kooperation einen drei Jahre längeren Gefängnisaufenthalt bedeuten würde.

Beispiel: Der Kauf eines Laptops im Internet als Gefangenen-Dilemma

Das Prinzip des Gefangenen-Dilemmas kann auf eine Vielzahl realer Interaktionsbeziehungen übertragen werden. Stellen Sie sich beispielsweise vor, jemand (Spieler 1) möchte einen Laptop im Internet von einem anonymen Anbieter (Spieler 2) kaufen. Der Käufer möchte natürlich einen möglichst guten Laptop für möglichst wenig Geld kaufen. Der Verkäufer hat im Gegenzug das Ziel, einen möglichst hohen Preis zu erzielen. Seine kooperative Handlungsalternative lautet etwa eine möglichst wahrheitsgetreue Angabe über die Beschaffenheit des Laptops zu geben und den Laptop bei Zahlungseingang fristgerecht zu liefern. Auf der anderen Seite könnte er aber auch defektieren, d. h. z. B. bestimmte Mängel des Laptops verschweigen oder nach Eingang der Bezahlung nicht liefern. Die Kooperationsstrategie des Käufers demgegenüber wäre es, den Angaben des Laptops Glauben zu schenken und fristgerecht die Ware zu bezahlen. Defektieren könnte der Käufer z. B. in dem er verspricht, den Laptop zu kaufen und ihn sich zuschicken lässt, aber schlussendlich nicht fristgerecht bezahlt.

Kooperieren beide ergibt sich für beide ein gutes Ergebnis: der Käufer bekommt einen Laptop nach seinen Wunschvorstellungen und der Verkäufer einen angemessenen Preis. Kooperiert nur der Käufer, in dem er z. B. den Laptop bezahlt, aber nicht der Verkäufer, weil er den Laptop nicht liefert, ist das Ergebnis für den Käufer besonders schlecht, für den Verkäufer hingegen (in Bezug auf die materiellen Konsequenzen) besonders gut. Andersherum, also wenn der Käufer defektiert (den Laptop nicht bezahlt) und der Verkäufer kooperiert (den Laptop versendet), ist das Ergebnis für den Käufer optimal, weil er für den Laptop nichts bezahlen musste, und für den Verkäufer äußerst schlecht, weil er für seinen Laptop kein Geld bekommen hat.

Ist es für den Verkäufer oberstes Ziel einen möglichst hohen Preis für seinen Laptop zu erhalten, müsste er in jedem Fall die Defektionsstrategie wählen. Im Fall dass der Käufer kooperiert, könnte er entweder mit dem Verschweigen einen höheren Preis erzielen oder Geld erhalten, ohne einen Laptop liefern zu müssen. Wenn der Käufer defektiert, wäre es für den Verkäufer ebenfalls besser, nicht zu kooperieren, weil er sonst seinen Laptop ohne Bezahlung abgeben würde. Da umgekehrt für den Käufer genau das gleiche gilt, ist zu erwarten, dass beide defektieren und das Geschäft nicht zu Stande kommt. Dieses Ergebnis ist aber sowohl aus Sicht des Käufers, als auch aus Sicht des Verkäufers im Vergleich zu einer beidseitigen Kooperation als suboptimal zu charakterisieren.

Überlegen Sie, welche Lösungsmöglichkeiten sich Gesetzgeber, Internetanbieter und Käufer einfallen lassen, um doch eine Kooperation von Käufer und Verkäufer zu ermöglichen!

Aus Sicht der ökonomischen Ethik ergeben sich dementsprechend für die Wirtschaftsethik folgende Aufgaben:

1. Gefangenen-Dilemmata in der realen (Wirtschafts-)Welt zu identifizieren,
2. zu entscheiden, welcher Zielzustand (z. B. die beidseitige Kooperation oder Defektion) gesellschaftlich wünschenswert ist und
3. Maßnahmen abzuleiten, die den gewünschten Zielzustand ermöglichen.

Wird, wie im obigen Beispiel des Internetkaufs, ein Gefangenen-Dilemma identifiziert, ist zunächst zu klären, welcher Zielzustand für die Gesellschaft den größten Nutzen stiftet. Im Fall des Internetkaufs liegt der größte Nutzen für die Gesellschaft in der beidseitigen Kooperation.

Hintergrund: Beidseitige Defektion als positiver Zielzustand

Es sind aber auch Beispiele vorstellbar, in denen eine gegenseitige Defektion als durchaus wünschenswert gelten kann. Nimmt man z. B. an, es gebe in dem obigen Beispiel zwei Anbieter eines Laptops, die um Käufer konkurrieren. Hierbei könnten die Anbieter kooperieren, d. h. eine Preisabsprache treffen und sich die potenziellen Käufer aufteilen. Gleichzeitig aber könnte ein Anbieter „defektieren" und den Preis seines Laptops senken. Senkt der Konkurrent seinen Preis nicht, d. h. wählt er die Kooperationsstrategie, wird er in der Folge weniger Laptops verkaufen und u. U. vom Markt verdrängt werden. Entsprechend wird auch er seine Preise senken müssen, was schlussendlich immer niedrigere Preise für den Konsumenten bedeutet. Die gegenseitige Defektion ist folglich gesellschaftlich besser, als die Kooperation der Anbieter (z. B. in Form einer Preisabsprache).

Im nächsten Schritt ist sodann zu überlegen, mit welchen Maßnahmen man den gewünschten Zielzustand herbeiführen kann. Man müsste also im obigen Beispiel Bedingungen für eine gewünschte Kooperation zwischen Käufer und Verkäufer schaffen oder Bedingungen verhindern, die eine unerwünschte Defektion zwischen beiden begünstigt.

Zur Veränderung des Verhaltens von Menschen gibt es für die Ökonomische Ethik zwei Möglichkeiten:

1. die Wünsche (Präferenzen) der Akteure zu beeinflussen oder
2. die gegebenen Beschränkungen (Restriktionen) so zu verändern,

dass die Akteure im Gefangenen-Dilemma, die für die Gesellschaft optimalen Handlungsalternativen wählen müssen. Die ökonomische Ethik ist der Auffassung, dass Menschen im wirtschaftlichen Umfeld gezwungen sind gemäß egoistischer Wünsche zu handeln, ob sie dies wollen oder nicht. Im Kampf um begrenzte Ressourcen muss man immer damit rechnen, dass der andere Spieler defektiert. Will man seine eigene Existenz also nicht gefährden, wäre es fahrlässig darauf zu vertrauen, dass der andere von sich aus kooperieren will. Jeder Spieler ist im Wettbewerb um knappe Ressourcen also gezwungen, eigennützige Präferenzen vorzuleben.

> **Auf den Punkt gebracht:** Die ökonomische Ethik geht nicht davon aus, dass Menschen grundsätzlich egoistisch und nur nach materiellen Wertmaßstäben handeln. Allerdings reicht in anonymen Gesellschaften schon allein die Möglichkeit aus, dass es solche rein egoistisch handelnde Personen gibt. Auch wenn man davon ausgeht, dass 80 % der Anbieter im Internet ehrliche Absichten verfolgen, bleibt doch ein erhebliches Restrisiko, welches dazu veranlasst, sich selbst schützen zu wollen.

Aus Sicht der ökonomischen Ethik erscheint es also sinnvoller, die Interkation von außen, durch die Vorgabe von Spielregeln, zu beschränken. Ganz im Sinne des sogenannten **Ordoliberalismus** und der Grundidee der **Sozialen Marktwirtschaft** ist es laut der Ökonomischen Ethik zentrale Aufgabe der Wirtschaftsethik, Rahmenbedingungen (z. B. Gesetze, Transparenzauflagen, sonstige Anreize) zu schaffen, die unabhängig individueller Wünsche eine gesellschaftlich nützliche Interaktion gewährleisten. Die Einhaltung dieser Rahmenbedingungen muss dabei glaubhaft von einem starken Staat kontrolliert und sanktioniert werden.

Merke!

Der Begriff des **Ordoliberalismus** umfasst eine wirtschaftspolitsche Konzeption (wesentliche Vertreter sind z. B. W. Eucken, F. Böhm, L. Ehrhard und A. Müller-Armack), die besagt, dass der Staat für einen Ordnungsrahmen zu sorgen hat, der einen gesellschaftlich positiven ökonomischen Wettbewerb (Soziale Marktwirtschaft) sowie die Freiheit der Bürger auf dem Markt sicherstellen soll.

Beispiel: Gesetzliche Regelungen zur Sicherung einer Internettransaktion
Unter Bezug auf den Laptopkauf könnte der Gesetzgeber beispielsweise ein Gesetz erlassen, welches die Nichtlieferung von Ware bei rechtmäßig geleisteter Zahlung (z. B. Vorkasse) unter Strafe stellt. Hierbei wäre zusätzlich eine überwachende Instanz notwendig, die Verkäufer bestraft, die trotz Überweisung keine Ware liefern. Je größer die Wahrscheinlichkeit und die Höhe der Bestrafung sind, desto unattraktiver wird es für den Verkäufer, eine bezahlte Ware nicht auszuliefern. Der Käufer wiederum gewinnt durch eine solche Regelung

Vertrauen in die Kooperationsbereitschaft des Verkäufers und ist infolgedessen selbst eher bereit zu kooperieren.

Die zentrale Ebene der Wirtschaftsethik ist für die ökonomische Ethik also die sogenannte Wirtschaftsordnungsebene. Der Staat ist folglich für die Moralität im wirtschaftlichen Handeln durch das Setzen von Regeln verantwortlich zu machen. Einzelpersonen und Unternehmen sind, wenn entsprechend sinnvolle Regeln existieren, von moralischer Verantwortlichkeit befreit und sollten hauptsächlich versuchen, nach persönlichen Vorteilen zu streben. Nur so kann laut der Ökonomischen Ethik die positiven Funktionalitäten des wirtschaftlichen Systems, wie z. B. Innovation, Leistung und Investitionen, sichergestellt werden.

Aus praktischer Sicht stellt sich jedoch die Problematik, dass Gesetze oftmals unvollständig und Kontrollen lückenhaft sind. So ist eine Vielzahl von Dilemma-Situationen denkbar, für die bislang noch keine angemessene gesetzliche Lösung existiert. Zudem ist immer damit zu rechnen, dass Wirtschaftsakteure auf der Suche nach dem eigenen Vorteil, bestehende Gesetze und Kontrollen umgehen oder selbst mitbeeinflussen (Lobbyismus).

Beispiel: Fehlende Regelungen für moralisch fragwürdiges Handeln
Ein Beispiel für ein moralisch fragwürdiges, aber gesetzlich bislang noch nicht geregeltes Dilemma stellen z. B. Agenturen dar, die auf Bestellung und gegen Entgelt Facebook-Likes oder Youtube-Klicks für gewünschte Videos, Beiträge, Werbemaßnahmen „produzieren". Unternehmen können diese Agenturen beauftragen, um die Aufmerksamkeit für ihre Produkte zu steigern. Da diese Aufmerksamkeit jedoch künstlich erzeugt wird, ist fraglich, inwiefern es sich hier um Verbrauchertäuschung handelt. Zum gegenwärtigen Zeitpunkt existiert hierfür noch keine gesetzlich verbindliche Regelung.

In solchen, bislang nicht geregelten Dilemma-Situationen sieht die ökonomische Ethik Unternehmen und Individuen selbst in der Pflicht. Aufgaben der Unternehmens- bzw. Individualethik sind in solchen Fällen:
1. Zu prüfen, ob eine existierende moralische Forderung gerechtfertigt ist.
2. Zu prüfen, welchen Einfluss die Erfüllung der moralischen Forderung auf den ökonomischen Erfolg hat.
3. Zu prüfen, welche Strategien es ermöglichen, moralische richtiges und ökonomisch erfolgreiches Handeln in Einklang zu bringen.

Zur Erfüllung der ersten Aufgabe sind mit Bezug auf die Ökonomische Ethik die ethischen Theorien aus ▶ Kap. 2 zu verwenden. Mittels ethischer Daumenregeln (Heuristiken), wie z. B. dem kategorischen Imperativ, der goldenen Regel („was du nicht willst das man dir tut, das füge auch keinem anderen zu"), der goldenen Mitte, dem Schleier des Nichtwissens oder den Diskursregeln soll abgeschätzt werden, ob eine moralische Forderung prinzipiell gerechtfertigt ist.

Wird die moralische Forderung als grundsätzlich gerechtfertigt angesehen, gilt es im nächsten Schritt, zu prüfen, welchen Einfluss deren Erfüllung auf den ökonomischen Erfolg des Unternehmens bzw. die eigene Person hat. Hierbei kann die Erfüllung der moralischen Forderung sich positiv, neutral oder negativ auf die eigene Geschäftstätigkeit auswirken. Wirkt sich die Erfüllung positiv oder neutral aus, spricht grundsätzlich nichts gegen eine Erfüllung der moralischen Forderung (positiver Kompatibilitätsfall).

Gefährdet allerdings moralisches Handeln den ökonomischen Erfolg (negativer Kompatibilitätsfall) steht das Unternehmen oder der einzelne Wirtschaftsakteur vor einem Dilemma, da er ja im Wirtschaftssystem grundsätzlich dazu verpflichtet ist, nach seinem ökonomischen Vorteil zu streben. Die Unternehmensethik hat in solchen Fällen die Aufgabe, Lösungen zu erarbeiten, wie die Erfüllung moralischer Anliegen mit einem positiven Geschäftserfolg in Verbindung zu bringen ist. Die ökonomische Ethik identifiziert hierfür zwei grundlegende Strategien:
1. Die Wettbewerbsstrategie.
2. Die Regelungsstrategie.

Unter dem Begriff der Wettbewerbsstrategie sind Lösungen gemeint, die versuchen, einen Vorteil aus dem moralischen Handeln zu ziehen, in dem z. B. durch moralisches Handeln die Beziehungen zu Stakeholdern verbessert werden. Der Begriff der Regelungsstrategie umschreibt indessen den Versuch, auf die bestehenden Gesetze, Regelungen und Sanktionen auf Ordnungsebene Einfluss zu nehmen. Gemeinhin kann eine solche Strategie auch mit dem Begriff des Lobbyismus gleichgesetzt werden. Ziel soll es sein, mittels Einflussnahme auf die Politik, solche Regelungen anzustoßen, die es ermöglichen, die Erfüllung moralischer Ansprüche mit ökonomischem Erfolg vereinbar zu machen.

Beispiel: Das Einwirken von Unternehmen auf die Ordnungsebene

Aus Sicht der ökonomischen Ethik würde das Beispiel der „Facebook-Agenturen" bedeuten, dass sich z. B. Unternehmen, die solche Agenturen beauftragen, zunächst die Frage stellen müssen, ob eine solche Praxis mit normativ ethischen Theorien vereinbar ist. Kommt das Unternehmen zu dem Schluss, dass dies nicht der Fall ist, ist in einem nächsten Schritt zu prüfen, welche Auswirkungen es haben würde, wenn man diese Agenturen nicht mehr beauftragen würde. Hätte dies keinen negativen Einfluss auf den Geschäftserfolg, erscheint es aus Sicht der Ökonomischen Ethik geboten, auf solche Agenturen zu verzichten. Bieten solche Agenturen jedoch einen Wettbewerbsvorteil, gibt es z. B. die Möglichkeit auf eine Regulierung solcher Agenturen durch die Politik hinzuwirken (Regelungsstrategie). Gleichsam könnte man versuchen, öffentlichkeitswirksam darauf hinzuweisen, dass Konkurrenzunternehmen „likes" kaufen und folglich den Kunden täuschen (Wettbewerbsstrategie).

Positiv an der ökonomischen Ethik ist hervorzuheben, dass sie im Vergleich zu traditionellen ethischen Theorien einerseits die moralische Qualität der Marktwirtschaft betont und andererseits die Ethik vor dem Hintergrund realer Gegebenheiten betrachtet. Allerdings ist sie ebenso vielfacher Kritik ausgesetzt. Wesentliche Kritikpunkte umfassen u. a.:

1. Die oftmals unkritische Akzeptanz gegebener (gesellschaftlicher) Bedingungen.
2. Die im Ansatz implizierte Gefahr eines Überwachungs- oder Kindermädchen-Staates.
3. Die Schwierigkeit der gesellschaftlichen Steuerung durch Gesetze in einer komplexen und globalisierten Wirtschaftswelt.

Am Ansatz der Ökonomischen Ethik wird oftmals bemängelt, dass dieser bestehende Strukturen und Denkweisen unkritisch als gegeben wahrnimmt. Gegner der Ökonomischen Ethik bemängeln aus diesem Grund, dass die Ökonomische Ethik die Hauptaufgabe einer normativen Ethik, die kritische Betrachtung der gegenwärtigen Praxis, verfehlt. So sieht die Ökonomische Ethik die Ordnungsebene als zentrale Ebene der Wirtschaftsethik an. Dies setzt jedoch schon eine Instanz voraus, die befugt ist, Ordnungsregeln zu erlassen und durchzusetzen. Wer dies aber sein soll, und wodurch sich eine solche Instanz legitimiert, wird von der ökonomischen Ethik nicht thematisiert. Da die Ökonomische Ethik als zentrale Handlungsempfehlung vorschlägt, Menschen durch Anreize und Strafen (fremd-)zu steuern, erscheint es aber umso wichtiger zu klären, wer die Spielregeln der Wirtschaft festsetzen darf.

Darüber hinaus wird in der ökonomischen Ethik unkritisch der gesellschaftliche Wohlstand, also der Utilitarismus, als oberstes moralisches Kriterium festgelegt. Bei der Bewertung von Dilemma-Situationen zählt gemäß der ökonomischen Ethik allein der gesellschaftliche Nutzen. Andere, u. U. ebenso berechtigte moralische Kriterien, wie z. B. ein „guter Wille" oder ein „idealer Diskurs" werden nicht zur Disposition gestellt. Aus ▶ Abschn. 2.3 sind uns bereits eine Vielzahl kritischer Einwände gegen den Utilitarismus bekannt, die auch gegen die ökonomische Ethik vorgebracht werden können. Hinzu kommt, dass die Ökonomische Ethik mit Verweis auf die „**Sachzwänge**" des ökonomischen Systems den Menschen als fremdbestimmtes (determiniertes) Wesen ansieht und unweigerlich ein Eigennutzstreben voraussetzt. Ein in unserer heutigen Gesellschaft vorherrschendes wissenschaftlich-deterministisches sowie individualistisches Weltbild wird von der Ökonomischen Ethik unkritisch vorausgesetzt.

Hierzu kann erwidert werden, dass die Ökonomische Ethik vornehmlich darauf abzielt, praxistaugliche Lösungen bereitzustellen. Damit wirtschaftsethische Umsetzungsempfehlungen erfolgreich sind, müssen sie sich unweigerlich am Ist-Zustand der Gesellschaft orientieren. Nichtsdestotrotz sieht sich die ökonomische Ethik auch im Hinblick ihrer praktischen Zielsetzung mit mehreren Problemen konfrontiert. Die Ökonomische Ethik sieht in erster Linie in gesetzlichen Regelungen, Kontrolle und Bestrafung wesentliche Ansatzpunkte einer praktikablen Wirtschaftsordnung.

Es soll sichergestellt werden, dass wirtschaftsethische Forderungen auch unter den schlechtestmöglichen Bedingungen, also unter der Annahme vollständig egoistischer Akteure, zur Geltung kommen können. Hierfür ist es notwendig, gesetzliche Regelungen zu erlassen sowie deren Einhaltung möglichst vollständig zu kontrollieren bzw. zu sanktionieren. Die Gefahr, eine Wirtschaftsethik nahezu gänzlich auf einen solchen „Command and Control" Ansatz zu begründen, liegt darin, Menschen grundsätzlich für unmündig zu erklären und ihnen jegliche Selbstverantwortung abzusprechen. Da jedoch ein grundlegender Drang zur Selbstbestimmung unterstellt werden kann, erscheint es plausibel anzunehmen, dass eine allein auf Sanktion und Kontrolle basierende Ethik sich einem gewissen Grad an Widerstand nicht erwehren kann.

Darüber hinaus zeigen speziell Entwicklungen im Rahmen der **Globalisierung** und der Entstehung multinationaler Konzerne dem Ansatz einer „regulierenden" Wirtschaftsethik Grenzen auf. Einerseits macht es die Komplexität des heutigen Wirtschaftssystems schwer, adäquate Regelungen zu erlassen, andererseits können sich die Wirtschaftsakteure durch Manöver wie einer Standortverlagerung heute sehr leicht der Durchsetzung nationaler Regulierung entziehen. Die Schwierigkeit zunehmend reaktiver, unvollständiger Regulierung rückt wiederum Aspekte der Unternehmens- sowie Individualethik in den Mittelpunkt der Aufmerksamkeit. Den Gesetzgebern verbleibt meist nur noch die Möglichkeit über (quasi-)verpflichtende Vorschriften zur Einrichtung von Werte-, Risiko-, Governance- oder Compliance-Management-Systeme die Selbstverpflichtung von Wirtschaftsakteuren zu forcieren. Allerdings lässt die Ökonomische Ethik Aussagen zur Umsetzung solcher Systeme der Selbstverpflichtung weitestgehend offen.

3.2   Governanceethik

Wie auch schon die Ökonomische Ethik zuvor, so geht auch die **Governanceethik** und deren Hauptvertreter Josef Wieland (geboren 1951), davon aus, dass kleine (vormoderne) Gesellschaften anderen Steuerungsmechanismen unterlegen waren als unsere heutige, moderne Gesellschaft.

Hintergrund: Vormoderne Gesellschaften

Als traditionelle oder vormoderne Gesellschaften wird eine Gesellschaftsform verstanden, die sich im Gegensatz zu unserer heutigen, modernen Gesellschaft, durch geringe Bevölkerungszahl, einheitliche Moralvorstellungen und geringe Arbeitsteilung auszeichnet. Diese Gesellschaften, so die Annahme, wurden hauptsächlich durch Mechanismen der Hierarchie und Herrschaft, direkter sozialer Kontrolle sowie über Generationen weitergegebene, unhinterfragte Werte gesteuert.

Im Zuge der Aufklärung, die sich in groben Zügen zwischen dem 17. und dem 19. Jahrhundert (vornehmlich in Europa) vollzogen und sich durch tiefgreifende philosophische, politische und ökonomische Umwälzungen ausgezeichnet hat, nahm die Wirksamkeit der traditionellen Steuerungsmechanismen schrittweise ab. Die Menschen sahen sich von nun an immer stärker als unabhängige Individuen an, die gleiche Rechte, ökonomischen Wohlstand und politische Teilhabe einforderten. Verschiedene Sozialwissenschaftler, wie z. B. der Soziologe Niklas Luhmann oder auch die zuvor in ▶ Abschn. 2.5 angeschnittenen Diskursethiker, nehmen an, dass solche Forderungen nur durch die Etablierung von autonomen gesellschaftlichen Teilsystemen sichergestellt werden können, die wiederum nach neutralen Mechanismen gesteuert werden müssen.

So war es zur Sicherung des Wohlstands notwendig, dass sich ein möglichst separates und neutrales Wirtschaftssystem etabliert. Um gleiche Rechte zu gewährleisten hat sich ein ebenso neutrales Rechtssystems herausgebildet. Gleichsam sollte die politische Teilhabe durch ein separates politisches System sichergestellt werden. Während in vormodernen Gesellschaften die politischen und ökonomischen Rechte durch den gesellschaftlichen Stand der Eltern meist schon bei Geburt festgelegt wurden, funktionieren diese modernen gesellschaftlichen Teilsysteme nach neutralen „Codes", die nicht zwischen einzelnen Personen oder Herkunft unterscheiden.

Beispiel: Systemcodes

In der Wirtschaft zählt lediglich, ob jemand genügend Einzahlungen verbuchen kann, um sich im jeweiligen Markt behaupten zu können. Es zählt jedoch schlussendlich nicht, aus welcher Familie jemand stammt oder welche Bildung genossen wurde. Es gilt folglich nur der Code „Zahlung/Nicht-Zahlung".

Für manche Systemtheoretiker wie z. B. Luhmann lässt dies die Schlussfolgerung zu, dass individuelle moralische Werte in der modernen Welt keinen Platz mehr zur Steuerung der Gesellschaft bzw. deren Teilsysteme beanspruchen. Eine Handlung innerhalb von Teilsystemen wird nicht mehr pauschal anhand der Kategorien gut/schlecht, sondern anhand der Kriterien Zahlung/Nicht-Zahlung, Recht/Unrecht oder anderen systemrelevanten Codes bewertet. Eine separate Wirtschaftsethik, die wirtschaftliche Handlungen nach dem generellen Maßstab gut/schlecht beurteilt, ist deswegen als überflüssig zu betrachten.

Die Governanceethik von Wieland stimmt mit der grundlegenden Annahme der Systemtheorie, dass sich die moderne Gesellschaft in funktionale Teilsysteme aufgespalten hat, überein. Wieland geht jedoch nicht davon aus, dass Moral im wirtschaftlichen Teilsystem als überflüssig zu betrachten ist. Die Governanceethik sieht die Moral vielmehr als etwas an, was in wirtschaftliche Handlungen unweigerlich eingebettet ist.

Beispiel: Einbettung von Moral in wirtschaftlichen Transaktionen

So entstehen Zahlungen im Marktsystem hauptsächlich durch einen Tauschvorgang, z. B. von Ware gegen Geld. Dieser Tauschvorgang ist jedoch unweigerlich abhängig von einer Vielzahl unterschiedlicher moralischer Standards, wie z. B. Ehrlichkeit, Gewissenhaftigkeit,

Vertrauen usw. Denken wir hierzu an das Beispiel des Laptopkaufs im Internet aus ▶ Abschn. 3.1: Dieser Kauf kommt nur zustande, wenn Käufer und Verkäufer ein Vertrauen in die „guten" Absichten des jeweiligen anderen haben. Ist sich einer der beiden unsicher über die Ehrlichkeit oder Gewissenhaftigkeit des anderen, wird das Geschäft nicht zustande kommen und die Zahlung somit ausbleiben.

> ⊗ **Auf den Punkt gebracht: Die Governanceethik geht davon aus, dass Teilsysteme notwendig sind, um gesellschaftsrelevante Zwecke zu erfüllen und dass Moral unweigerlich notwendig für das Funktionieren eben jener Teilsysteme ist.**

Die grundlegende Problematik der Wirtschaftsethik liegt nun allerdings in der Frage begründet, welche moralischen Werte (Inhaltsfrage) auf welche Weise sichergestellt werden müssen (Umsetzungsfrage). Da die relevanten Werte zumeist situativ, d. h. z. B. nach Art des Tauschvorgangs oder je nach Wirtschaftsakteur, zu definieren sind, fokussiert sich Wieland vor allem auf die Umsetzungsfrage. Es gilt also zu klären, mit welchen Steuerungs- bzw. Governancemechanismen (noch unbestimmte) moralische Werte sichergestellt werden können.

Merke!

Das englische Wort **Governance** kann aus dem lateinischen Wort „gubernare" mit Steuerung, Führung, Lenkung oder Regierung übersetzt werden. Governance umfasst im Kontext der Governanceethik alle Formen, Strukturen und Möglichkeiten, um ein System, eine Organisation oder einzelne Individuen zu steuern, zu führen bzw. zu lenken.

Als grundlegende Steuerungsmechanismen, die zur Sicherstellung von moralischen Werten zur Verfügung stehen, unterscheidet Wieland in:
1. individuelle Selbstüberwachung (bildlich gesprochen: das eigene Gewissen),
2. informelle (z. B. gesellschaftliche Grundüberzeugungen) und
3. formelle Regelungen (z. B. Verträge, Gesetze, Kodizes) sowie
4. organisatorische Steuerungsmaßnahmen (z. B. Hierarchien und Anreizsysteme).

Als Entscheidungskriterium darüber, welche Steuerungsform bzw. welche Kombination von Steuerungsformen sinnvoll erscheint, wählt die Governanceethik das Konstrukt der sogenannten **Transaktionskosten**.

> **Merke!**
>
> **Transaktionskosten** beschreiben jegliche Kosten, die im Zuge einer Transaktion (z. B. einem Tausch) für die jeweiligen Beteiligten der Transaktion (z. B. Tauschpartner) anfallen und über den Kaufpreis eines Gutes hinausgehen

Beispiel: Transaktionskosten

Wird z. B. mit einem Lieferanten ein Liefervertrag für ein bestimmtes Gut vereinbart, gehören zu den Transaktionskosten diejenigen Kosten, die über den Kaufpreis des gelieferten Gutes hinausgehen, also z. B. Kosten, die für die Auswahl des Lieferanten, für die Vertragsverhandlungen oder die laufende Überwachung der Lieferantenbeziehung (z. B. im Hinblick der Produktqualität) anfallen. Wieland geht davon aus, dass die Transaktionskosten umso niedriger sind, je besser sich die Tauschpartner gegenseitig vertrauen. Je mehr sich Tauschpartner vertrauen, desto weniger muss in Verträgen schriftlich festgehalten und die Leistung des anderen kontrolliert werden.

Wie schon Homann zuvor, sieht Wieland das Wirtschaftssystem als gegeben an und folgert daraus, dass sich zur Bewertung von Handlungen primär anhand von Kosten-Nutzen bzw. Auszahlung-Einzahlungskriterien orientiert werden muss. Ziel der Wirtschaftsethik muss es also sein, die Governance so auszurichten, dass möglichst geringe Transaktionskosten entstehen.

Die Problematik dieser Aufgabe liegt vor allem darin, dass Mechanismen informeller Natur, wie z. B. die Selbstüberwachung einzelner Individuen sowie die Steuerung über gesellschaftliche Wertvorstellungen kaum bis gar keine Transaktionskosten entstehen lassen. Diesen Mechanismen kann jedoch in einer anonymen, auf individuelle Interessen ausgerichteten Wirtschaftswelt nur wenig vertraut werden kann (vgl. hierzu das Beispiel des Laptopkaufs im Internet aus ▶ Abschn. 3.1). Auf der anderen Seite sind formale Steuerungsmechanismen, wie z. B. Gesetze, Verträge, Hierarchieverhältnisse und die dazu notwendige Überwachung nur mit erheblichem Ressourcenaufwand zu verwirklichen. Zudem sind diese Mechanismen in einer globalen und sich ständig weiterentwickelnden Wirtschaftswelt meist als zu unflexibel zu charakterisieren, um sich neuen Entwicklungen anpassen zu können.

Hintergrund: Unvollständige Verträge

Wieland bezieht sich hier vor allem auf das Konzept der sogenannten **unvollständigen Verträge**, d. h. auf den Tatbestand, dass formale Verträge nicht alle potenziell auftretende Ereignisse vorhersehen können und folglich einer informellen Ergänzung bedürfen. Je langfristiger Verträge ausgestaltet sind und je komplexer bzw. wandelbarer das Umfeld ist, desto weniger ist es möglich alle Eventualitäten in formalisierter Form festzuhalten. Informelle Mechanismen werden hier umso wichtiger.

> **Merke!**
>
> Ein **unvollständiger Vertrag** ist ein Vertrag, in dem nicht alle potenziellen Ereignisse (Eventualitäten) im Vorfeld berücksichtigt werden (können).

Die wesentliche Aufgabe der Wirtschaftsethik, verstanden als Governanceethik, ist es infolgedessen sinnvolle Wege und Lösungen zu finden, eine transaktionskostenoptimale Steuerung zu ermöglichen. Unter Anbetracht moderner Wirtschaftsverhältnisse kann folglich gelten: „So viel Informalität wie möglich, so viel Formalität wie nötig".

Aufgrund der mit der Globalisierung einhergehenden abnehmenden Relevanz nationaler Gesetzgebung sowie dem Entstehen multinationaler Großkonzerne sieht die Governanceethik in erster Linie die Unternehmensebene als zentralen Ort der Wirtschaftsethik an. Im Zentrum der Governanceethik steht demgemäß die Verwirklichung einer moralischen Unternehmenssteuerung (**Corporate Governance**).

Allerdings kann die Governance auf Unternehmensebene als besondere Herausforderung angesehen werden, weil Unternehmen sowohl im Kontakt mit den für sie arbeitenden Individuen, mit anderen Unternehmen als auch mit der Gesellschaft als Ganzes vor problematische Steuerungssituationen gestellt werden, die oftmals nur mittels unvollständiger Verträge geregelt werden können. Auf jeder Ebene stellt sich das bereits oben angesprochenen Problem dar, dass einerseits auf informelle Mechanismen nicht unbedingt vertraut werden kann, gleichzeitig jedoch ein zu starres Festhalten an formalen Regelungen in der modernen Wirtschaftswelt die Existenz eines Unternehmens nachhaltig gefährden kann.

Beispiel: Unvollständige Verträge in Unternehmen

So stellt sich im Zuge des Umgangs mit den Mitarbeitern das Problem, dass es viele Situationen im beruflichen Alltag für Mitarbeiter erforderlich machen, eine Leistung (wie beispielsweise Überstunden) über die im Arbeitsvertrag vereinbarten Leistungen (z. B. Arbeitszeitregelungen) hinaus zu erbringen. Arbeiten Mitarbeiter nur „nach Vorschrift" kann dies u. U. die Leistungsfähigkeit eines Unternehmens sehr stark gefährden. Die Sicherstellung eben jener lebensnotwendigen Zusatzleistungen von Mitarbeitern bedarf informeller Vereinbarungen und Werthaltungen.

Für Unternehmen gilt es folglich eine aus Transaktionskostensicht optimale Governance sicherzustellen, die sich zunehmend stärker auch auf informelle Steuerungsmechanismen fokussieren muss. Für diese Aufgabe empfiehlt Wieland die Einrichtung eines bewussten „**Wertemanagements**". Unternehmen sollen sich im Rahmen eines Wertemanagements derjenigen Werte bewusst werden und deren Befolgung sicherstellen, die sie für die langfristige Existenzsicherung des Unternehmens als notwendig erachten.

> Auf den Punkt gebracht: Ein Wertemanagement hat eine normative Komponente, mittels derer die für das Unternehmen gültigen Normen und Werte festgelegt werden sollen sowie eine deskriptiv-implementierende Komponente mittels derer definierte Werte und Normen im beruflichen Alltag umgesetzt werden sollen.

Im Zentrum von Wielands Wertemanagement steht primär die Frage, wie man ein Unternehmen so managen bzw. gestalten kann, dass definierte Werte auch wirklich durch die Unternehmensangehörigen gelebt und umgesetzt werden. Als zentrale Bestandteile sind hierfür beispielhaft folgende Prozessschritte durchzuführen:

1. Kodifizierung: Relevante Unternehmenswerte müssen in Kodizes, Satzungen, etc. festgehalten werden.
2. Kommunikation: Der Inhalt dieser Kodizes muss den Beteiligten des Unternehmens kommuniziert werden (z. B. Schulungen, Trainings, Broschüren, etc.)
3. Implementierung: Die Umsetzung definierter Werte darf nicht durch eine inadäquat ausgerichtete formale wie informale Organisationsstruktur (z. B. Hierarchien, Kontrollstrukturen, Anreizsysteme, etc.) behindert werden.
4. Durchsetzung: Sowohl die Umsetzung der Prozessmaßnahmen als auch das wertekonforme Handeln der Unternehmensangehörigen muss durch eine ausreichende Kontrolle und Überwachung sichergestellt werden.

Hinsichtlich einer kritischen Betrachtung der Governanceethik können nahezu alle normativen Einwände, die auch schon gegen den Ansatz von Homann geltend gemacht wurden, auch gegenüber der Governanceethik vorgebracht werden. Wie auch schon bei Homann, so wird auch bei Wieland die Existenz und die Funktionsweise des Wirtschaftssystems als gegeben betrachtet und gegenüber einer kritischen Betrachtung immunisiert. Ein Ist-Zustand wird folglich als Grundlage für die Ableitung eines Soll-Zustandes herangezogen.

Zum anderen macht Wielands Ansatz ein wertekonformes Handeln von Unternehmen davon abhängig, ob es Kosten senkt bzw. den Umsatz erhöht. Moralische Werte gelten somit nur in Anbetracht finanzieller oder sonstiger Nutzenbedingungen. Kommen Unternehmen z. B. zu dem Schluss, dass sich moralisches Verhalten nicht mehr „lohnt", sind sie dementsprechend auch nicht mehr verpflichtet, sich für moralische Werte einzusetzen. Im Extremfall wäre Unternehmensethik nur in Gesellschaften mit einer möglichst aufgeklärten Bevölkerung sowie mit einer ausreichend starken Regulierung denkbar, da nur hier unmoralische Verhaltensweisen schlechte Konsequenzen für das jeweilige Unternehmen implizieren (z. B. Konsumverzicht, Strafzahlungen, etc.).

3.3 Ethische Ökonomie

Als zentraler Vertreter der hier definierten **Ethischen Ökonomie** wird sich in der Folge primär an der von Peter Ulrich (geboren 1948) konstruierten integrativen Wirtschaftsethik orientiert. Grundsätzlich stimmt die integrative Wirtschaftsethik mit Homann in dem Punkt überein, dass moderne Gesellschaften nur schlecht anhand einheitlicher Wertvorstellungen geführt und integriert werden können. Gemeinsame Werte können höchstens für kleine Gruppen, wie z. B. der Familie oder einer mehr oder weniger homogenen dörflichen Gemeinschaft konfliktfrei definiert werden. In größeren Gesellschaften, wie z. B. Staaten oder gar internationalen Staatenverbünden kommen gemeinschaftliche Werte und Zielvorstellungen zur Konfliktlösung eher einer unerfüllbaren Utopie gleich. Ansätze, wie z. B. der **Kommunitarismus**, die eine Rückbesinnung auf gemeinschaftliche Kleingruppenwerte fordern, stoßen gemäß der integrativen Wirtschaftsethik bei überregionalen oder internationalen ethischen Konflikten schnell an ihre Grenzen.

Auf der anderen Seite kann es nicht zuletzt aufgrund der im 20. Jahrhundert gemachten, extremen Erfahrungen mit unterschiedlichen Diktaturen als eine der größten und schützenswertesten Errungenschaften der Moderne gelten, jedem sein Glück möglichst unabhängig und frei von ideologischen (Werte-)Vorstellungen Einzelner (Diktatoren) selbst bestimmen zu lassen. Die Aufrechterhaltung eines **Wertepluralismus** sowie das Wissen über die Unmöglichkeit einheitlicher Wertvorstellungen werden demzufolge als unabdingbare Voraussetzung ethischer Überlegungen gesehen.

> **Merke!**
>
> Der **Kommunitarismus** gilt als philosophische Strömung, die eine Rückbesinnung auf kleingruppenspezifische Wertvorstellungen sowie die Verantwortung jedes Einzelnen für die Gemeinschaft fordert.
>
> Als **(Werte-)Pluralismus** wird eine philosophische Richtung verstanden, die davon ausgeht, dass es nicht eine einzige, sondern mehrere gleichwertige Vorstellungen vom moralischen Richtigen gibt.
>
> Mit dem Begriff **Liberalismus** wird eine philosophische Position beschrieben, die eine möglichst freiheitliche soziale, politische und vor allem ökonomische Ordnung anstrebt. Übergeordnetes Ziel des Liberalismus ist es, das Individuum gegenüber staatlicher Gewalt zu schützen.

Trotz dieser gleichen Anfangsbedingungen zieht die integrative Wirtschaftsethik im Vergleich zu den Positionen des **Liberalismus** („Ökonomie ohne Ethik") und der Ökonomischen Ethik fundamental andere Schlussfolgerungen in Bezug auf die Ausrichtung und Aufgaben der Wirtschaftsethik.

Die liberalistische Position ist der grundlegenden Überzeugung, dass nur eine freiheitliche Wirtschaftsordnung und ein möglichst uneingeschränkter Wettbewerb als sinnvolle Lösungen einer moralischen Gesellschaftsordnung in Frage kommen. Der Liberalismus geht davon aus, dass jeder Einzelne frei und ohne Zwang entscheiden soll, wie er handelt und welche Ziele er verfolgt.

Es wird so nicht nur die Freiheit als unabdingbarer menschlicher Wert in den Mittelpunkt gerückt, sondern auch die gesellschaftliche Wohlfahrt durch einen sich selbst steuernden Wettbewerb gefördert. Durch die in Konkurrenz stehenden Wirtschaftsteilnehmer entsteht ein Zwang, bessere oder günstigere Leistungen zu erbringen, die schlussendlich immer stärker den Wunschvorstellungen der Konsumenten entsprechen. Sowohl Klassische als auch moderne ökonomische Liberalisten gehen davon aus, dass dieser Prozess auf keinen Fall durch staatliche Interventionen gelenkt werden darf. Nur an einem gänzlich freien Markt, so die Vertreter des Wirtschaftsliberalismus, können die „wahren" Bedürfnisse der Konsumenten hervortreten und sich so die besten Angebote (also diejenigen, die die Wünsche der Konsumenten am besten erfüllen) durchsetzen.

Beispiel: Der Bäcker im Wirtschaftsliberalismus

Adam Smith (vgl. auch ► Abschn. 1.5) kann als einer der Ausgangspunkte des liberalen ökonomischen Denkens angesehen werden. Er beschreibt die wohlfahrtsfördernde Kraft des Eigennutzstrebens durch folgendes Zitat: *„Es ist nicht die Wohltätigkeit des Metzgers, des Brauers oder des Bäckers, die uns unser Abendessen erwarten lässt, sondern dass sie nach ihrem eigenen Vorteil trachten."* Er geht davon aus, dass etwa ein Bäcker nicht deswegen Brot backt, weil er uns wohlgesonnen ist, sondern weil er sein Brot verkaufen und mit dem eingenommenen Geld seine eigenen Interessen verfolgen möchte.

Steht der Bäcker im Wettbewerb mit anderen Bäckern, die ebenfalls ihr Brot verkaufen möchten, sieht er sich gezwungen sein Brot näher an den Bedürfnissen der Kunden auszurichten, d. h. entweder günstiger oder geschmacklich besser anzubieten. Da die anderen Bäcker vor der gleichen Problematik stehen, werden die insgesamt am Markt angebotenen Brote geschmacklich oder preislich immer attraktiver.

Aus Sicht der integrativen Wirtschaftsethik ist die Auffassung des Liberalismus jedoch nicht mehr als eine der letzten Großideologien unserer Zeit, die noch dazu in Gerechtigkeitsfragen erhebliche Mängel aufweist. Nicht zuletzt die Erfahrung zeigt, so die integrative Wirtschaftsethik, dass ein freier Wettbewerb nur für diejenigen einen wirklich Mehrwert liefert, die sich schlussendlich am Markt durchsetzen können. All denjenigen, denen hierfür die Voraussetzungen fehlen, z. B. weil sie weniger intelligent, sozial gebildet oder weniger Startkapital zur Verfügung haben, werden unweigerlich von den stärkeren Akteuren am Markt verdrängt. Der Markt ist blind gegenüber der

Menschlichkeit und präferiert nur diejenigen, die sich in ihm behaupten können. Für die integrative Wirtschaftsethik sind der Wirtschaftsliberalismus und die damit einhergehende Überhöhung der freien Ökonomie als moralische Grundpositionen zu verwerfen.

Neben dem Wirtschaftsliberalismus kritisiert Ulrich zudem die Schlussfolgerungen, wie sie z. B. Homann (▶ Abschn. 3.1) in seiner ökonomischen Ethik für die Wirtschaftsethik gezogen hat. Homann nimmt an, dass das ökonomische Prinzip als wertfreie Methodik dazu genutzt werden muss, um Ethik in ein für sich autonomes wirtschaftliches System zu integrieren. Die Übersetzung der Ethik mittels des ökonomischen Prinzips ist nach Homann deswegen notwendig, weil menschliche Handlungen im ökonomischen System unweigerlich einem ökonomischen Sachzwang ausgesetzt sind. Ein Mensch der im ökonomischen System handelt muss sein Handeln unweigerlich an seinen eigenen Präferenzen und einem mathematisch rationalen Kalkül ausrichten, um nicht im Wettbewerb zu unterliegen. Ethische Maßstäbe werden diesbezüglich auch nur dann befolgt, wenn sie dem rational eigennützigen Kalkül des einzelnen Individuums entsprechen.

Ulrich widerspricht dieser Argumentation in zweifacher Weise. Erstens möchte er darauf hinweisen, dass das ökonomische Prinzip (vgl. zur Definition ▶ Abschn. 1.4) keinesfalls als wertfrei zu betrachten ist. Nach Homann könnte man denken, dass ethische Wertmaßstäbe eine Art übergeordnete Zielkategorie darstellen und dass das ökonomische Prinzip lediglich eine (wertfreie) mathematische Formel bietet, diese ethischen Wertmaßstäbe umzusetzen. Hierbei werden aber nach Ulrich die bereits im ökonomischen Prinzip versteckten, ethischen Wertmaßstäbe übersehen. Das ökonomische Prinzip besagt z. B., dass ein gegebenes Output mit möglichst geringem Input (Minimalprinzip) oder ein möglichst großes Output mit einem gegebenen Input (Maximalprinzip) zu erreichen ist. Nach Ulrich versteckt sich jedoch in diesen beiden Formulierungen ein utilitaristische Wertansatz (▶ Abschn. 2.3). Gut ist demzufolge dasjenige, was mehr Nutzen oder weniger Kosten verursacht.

> ❯❯ **Auf den Punkt gebracht: Nach Ulrich darf folglich das ökonomische Prinzip nicht als wertfreie Formel gesehen werden, mittels derer andere moralische Maßstäbe umgesetzt werden können. Die ökonomische Formel ist selbst bereits eine Festlegung eines ethischen Standpunktes, welcher noch dazu, wie wir dies in ▶ Abschn. 2.3 kennen gelernt haben, vielfältiger Kritik ausgesetzt ist.**

Darüber hinaus kritisiert Ulrich die Annahme des ökonomischen Sachzwangs. Menschen zeichnen sich vor allem dadurch aus, dass sie ihr eigenes Handeln, ihre Präferenzen und Prinzipien jederzeit kritisch reflektieren und in Abhängigkeit bestimmter Bedingungen kontrollieren können. Im Unterschied zu Tieren sind Menschen nicht durch Triebe, Gelüste oder Gefühle in ihrem Handeln determiniert. Zwar kann es sein, dass im wirtschaftlichen Verkehr sehr starke Anreize vorherrschen die nur mittels eines streng rationalen Kalküls erreicht werden können, aber gemäß Ulrich ist es auch unter diesen Umständen jedem Menschen möglich, seine Präferenzen und Handlungen zu reflektieren. Die Vermutung, dass im wirtschaftlichen System unverrückbare Sachzwänge vorherrschen ist nach Ulrich nicht mehr als ein unzulässiger, ethischer Reflexionsstopp, der die einzelnen Akteure vollständig ihrer individuellen Verantwortung entbindet.

> **Auf den Punkt gebracht:** Ulrich subsumiert die von ihm kritisierten Positionen unter den Begriff des Ökonomismus. Zusammenfassend können als wesentliche Kritikpunkte am Ökonomismus herausgestellt werden:
> - Der Wirtschaftsliberalismus ist blind für Fragen der Gerechtigkeit und Menschenwürde.
> - Das ökonomische Prinzip ist nicht wertfrei, sondern beinhaltet die ethische Grundposition des Utilitarismus inklusive deren Schwächen.
> - Die Vorstellung eines ökonomischen Sachzwangs ist ein unzulässiger Reflexionsstopp.

Im Gegensatz zu Homann ist Ulrich folglich der Überzeugung, dass wirtschaftliche Handlungen, Maßnahmen, Prinzipien, etc. ebenso wie alle anderen menschlichen Denk- und Tathandlungen einer ethischen Reflektion zugänglich sind, weil sie eben weder wertfrei sind noch zwingend erfolgen müssen.

Die wesentliche Aufgabe der Wirtschaftsethik ist es demgemäß zuallererst, ökonomische Handlungen, Maßnahmen und Prinzipien sowie möglicher Alternativen einer moralisch kritischen d. h. vernünftigen Bewertung zu unterziehen. Die Ökonomie muss, wie alle anderen Kulturprodukte auch, einer ständigen ethischen Bewertung unterzogen werden. Deswegen wird im hier vorliegenden Buch auch der Ansatz von Ulrich dem Begriff der „Ethischen Ökonomie" subsumiert.

Hierbei stellt sich aber zunächst die Frage, wie eine solche Bewertung auszusehen hat, denn einerseits sollte sie nicht einer von außen aufoktroyierten Diktion entsprechen, andererseits sollte sie einen notwendigen Anspruch von Allgemeingültigkeit gerecht werden. Es muss folglich sichergestellt werden, dass moralische Normen von allen Betroffenen selbst gewollt, akzeptiert und angewendet werden können. Die Lösung sieht Ulrich in der Diskursethik, die wir bereits in ▶ Abschn. 2.5 kennengelernt haben. Allgemeingültigkeit und Akzeptanz kann nur dadurch sichergestellt werden, wenn man Normen mit allen Betroffenen vorbehaltlos, zwanglos, gleichberechtigt, etc. diskutiert. Wie alle anderen Handlungen, Maßnahmen und Prinzipien auch, so können auch wirtschaftliche Aktivitäten nur dann als moralisch (d. h. freiwillig akzeptiert und allgemeingültig) gelten, wenn sie im Rahmen einer idealen Kommunikationssituation von allen Betroffenen akzeptiert werden.

Ausgehend von dieser Erkenntnis ist es somit für die Wirtschaftsethik weniger relevant, wie z. B. im Rahmen der Ethik von Homann, konkrete inhaltliche wirtschaftsethische Normvorschläge zu erarbeiten, sondern vielmehr Bedingungen abzuleiten, unter denen „richtige" wirtschaftsethische Normen von den Wirtschaftsakteuren gefunden werden können. Unter wirtschaftsethischen Gesichtspunkten muss dazu beigetragen werden, dass wirtschaftlich Handelnde (z. B. Wirtschaftsgesetzgeber, Unternehmen, Konsumenten) und davon Betroffene einen vorbehaltlosen, ergebnisoffenen und gleichberechtigten Diskurs führen wollen und können.

Um das tun zu können ist es notwendig, zu wissen, wie ein idealer Diskurs auszusehen hat. Ausgehend von diesen idealen Zielvorstellungen können dann Anforderungen und Aufgaben an die jeweiligen „Orte der Wirtschaftsmoral", der Ordnungs-, Unternehmens- und Individualebene abgeleitet werden. Bereits in ▶ Abschn. 2.5 haben wir die Bedingungen für einen idealen Diskurs kennengelernt.

Da jedoch die Bedingungen eines idealen Diskurses in der realen Welt keine Selbstverständlichkeiten darstellen und Menschen nur selten von sich aus vorbehaltlos argumentieren wollen, sieht Ulrich, wie auch Homann, den Staat in der Pflicht bestimmte Wirtschaftsbürgerrechte zu definieren und durchzusetzen. Auf Ordnungsebene sind daher durch Gesetze, Sanktionen und staatliche Kontrolle eine Meinungs-, Informations-, Kommunikations- sowie Klagefreiheit sicherzustellen. Jeder sollte zu jeder Zeit, unabhängig von Herkunft, Stand oder Position, die Möglichkeit haben gegen jegliche wirtschaftliche Maßnahme zu opponieren und zu klagen.

Zudem sollte der Staat den (Wirtschafts-)Bürger, um störungsfrei am Diskurs teilnehmen zu können und nicht von Zwang- und Handlungsdruck beeinträchtigt zu sein, vor physischen und psychischen Manipulationen schützen sowie eine soziale Grundabsicherung bereitstellen. Beispielsweise sollte ein Wirtschaftsbürger nicht deswegen bestimmten Verträgen und Maßnahmen zustimmen müssen, weil er sonst seine eigene Versorgung gefährdet. Ulrich plädiert im Zuge dessen auch dafür, dass Bürger ausreichend Zeit zur Verfügung gestellt bekommen sollten, um sich ausführlich mit z. B. anstehenden Entscheidungen, Maßnahmen, etc. auseinandersetzen zu können. Der Staat sollte folglich entsprechend gesetzliche Ansprüche an Urlaub, Feiertagen und Freizeit sicherstellen.

Beispiel: Stimmenkauf in Entwicklungsländern

Zum Beispiel ist es in ärmeren Ländern durchaus vorstellbar, dass Abstimmungsergebnisse durch materielle Versprechungen und Geschenke sehr leicht verzerrt werden können. Grund für die Wahl einer Alternative wäre dann nicht mehr die Überzeugung des Einzelnen, sondern die Überbrückung der eigenen Not durch Annahmen eines Geschenks.

Ein weiterer wesentlicher Punkt, den der Staat durch Gesetze und Sanktionen sicherstellen muss, ist eine ausreichende Informationsbasis der Wirtschaftsbürger. Aus wirtschaftsethischer Sicht ist deswegen vor allem in Bildung, Kultur und sonstige Formen der intellektuellen Aufklärung zu investieren, die es jedem Bürger ermöglichen sollen, verschiedene Sichtweisen, Alternativen und Meinungen zu bilden. In erster Linie jedoch sollten die Wirtschaftsbürger vor dem Hintergrund wirtschaftsethischer Entscheidungen über die bereits oben thematisierten Schwachstellen der ökonomischen Moraldiskussion aufgeklärt werden. Neben der Bildung des Einzelnen sind darüber hinaus eine neutrale Presse sowie eine möglichst aussagekräftige und nachvollziehbare Produktkennzeichnung als wesentliche Möglichkeiten der wirtschaftlichen Informationsversorgung zu garantieren.

Beispiel: „Stiftung Warentest" als Informationsinstrument
Die Stiftung Warentest z. B. stellt eine mit Steuermitteln finanzierte Verbraucherorganisation dar, die es sich zur Aufgabe macht, Waren und Dienstleistungen unterschiedlichster Anbieter anhand möglichst objektiver und sinnvoller Kriterien zu bewerten. Zur leichteren Nachvollziehbarkeit werden die Produkte dann anhand der in Deutschland gängigen Schulnoten von „Sehr gut" bis „Mangelhaft" bewertet.

Die Sicherstellung bestimmter Rechte geht auf individueller (Wirtschaftsbürger)Ebene entsprechend mit individuellen Pflichten einher. Primäre Pflicht ist es für den Einzelnen die oben beschriebenen Rechte zu akzeptieren und daraus abgeleitete Gesetze einzuhalten. Darüber hinaus ist es für den einzelnen Bürger Pflicht, sich vorbehaltlos ethischen Diskursen zu stellen und seine eigenen Ansprüche, Handlungen und Maßnahmen hinterfragen zu lassen.

Aus Sicht der integrativen Wirtschaftsethik sind vom einzelnen Bürger eine Reflexions-, eine Verständigungs-, eine Kompromiss- sowie eine Legitimationsbereitschaft zu jeder Zeit und an jedem Ort erforderlich. Diese Pflichten sind dabei nicht nur im öffentlichen Raum vor dem Hintergrund der Entscheidung über staatliche Maßnahmen, sondern ebenso im privaten wirtschaftlichen Bereich zu erwarten. Sowohl als Angestellter, Konsument als auch als Investor muss der Einzelne zu jeder Zeit bereit sein, sein Handeln vor allen Betroffenen und Beteiligten vorbehaltlos zu diskutieren. Der Einzelne muss bei jeder beruflichen, Konsum- oder Investitionsentscheidung bereit sein, sich mit den Interessen und Bedürfnissen aller Betroffenen auseinanderzusetzen.

Eine wesentliche Besonderheit des wirtschaftlichen Systems ist die Existenz von (privaten und öffentlichen) Betrieben. Diese stellen eine Art Zwitterwesen zwischen einer selbstständig handelnden Einheit (Individuum), mit eigenen Ziel- sowie Präferenzvorstellungen, und einer die Handlungsbedingungen bestimmenden Institution (Staat), die selbst Rechte und Pflichten definiert, dar. Aufgrund dieser Zwitterposition trennt Ulrich die ethischen Anforderungen auf Unternehmensebene in …:
1. eine Geschäftsethik, die Unternehmen als selbstständig handelnde Akteure begreift, und
2. eine Unternehmensethik, die Unternehmen als Quelle von Rechten und Pflichten betrachtet.

Im Hinblick der Geschäftsethik erwartet Ulrich von Unternehmen prinzipiell das gleiche wie von selbstständig handelnden und sich Ziele setzenden Individuen. Übersetzt auf den Unternehmenskontext umfasst die Geschäftsethik eine ständige Bereitschaft die eigenen Unternehmensziele, Maßnahmen und Handlungen einer kritischen Diskussion mit allen betroffenen Anspruchsgruppen (engl. **Stakeholder**) auszusetzen. Dies sollte zur Folge haben, dass sich Unternehmen schon in ihrem Geschäftsmodell und im Rahmen der Ableitung von Unternehmensvision, -leitbild und -zielen sich nicht nur mit der eigenen Gewinnmaximierung, sondern auch mit ihrer gesellschaftsdienlichen Bedeutung auseinandersetzen müssen.

Merke!

Als **Stakeholder** werden alle internen und externen Organisationen, Institutionen, Verbände oder Einzelpersonen verstanden, die von der Tätigkeit des Unternehmens heute oder in Zukunft betroffen sind. Beispielhaft können hierzu die Eigentümer, die Mitarbeiter sowie das Management, die Lieferanten, die Kunden, die Fremdkapitalgeber oder der Staat bzw. die Gesellschaft gerechnet werden.

Aufgrund dieser Vielzahl unterschiedlicher Interessens- und Meinungsträger die sich in einem Unternehmen zusammenfinden, spricht Ulrich auch von Unternehmen als pluralistische Wertschöpfungsveranstaltungen.

Die Unternehmensethik befasst sich wiederum mit der konkreten Frage, wie ein tatsächlicher Diskurs bzw. die Diskursbereitschaft von und mit allen Anspruchsgruppen sichergestellt werden kann. Es müssen Regelungen, Maßnahmen und Institutionen eingeführt werden, die es ermöglichen, dass alle Anspruchsgruppen an einem vorbehaltlosen Diskurs teilnehmen wollen und können. Ein zentraler Baustein ist wie auf der Ordnungsebene die Definition dafür notwendiger Rechte, die den einzelnen Stakeholdern zugeschrieben werden. Gleichsam erscheint es sinnvoll, die damit einhergehenden Pflichten zu definieren. Besonderes Augenmerk sollte auch im Rahmen der Unternehmensethik auf die Aspekte der Informationsversorgung, der Meinungs- und Zwangsfreiheit sowie auf eine ethische Aufklärung gelegt werden. Diese Rechte und Pflichten sind entsprechend, z. B. mittels Kodizes, Sanktionsvorschriften, Ethik-Schulungen, Anreizsystemen und Kontrollorganen institutionell abzusichern.

Während der Ansatz von Homann u. a. auf dem Utilitarismus basiert und sich somit der Kritik an diesem Ansatz ausgesetzt sieht, muss sich auch Ulrich der Kritik am diskursethischen Ansatz stellen. An erster Stelle kann hier hervorgebracht werden, dass ein idealer Diskurs in der realen Welt nahezu unmöglich erscheint. Es grenzt an eine unerfüllbare Utopie alle betroffenen Individuen, zu jeder Zeit und ohne Handlungs- bzw. Zeitbeschränkungen über alle Maßnahmen diskutieren und abstimmen zu lassen. Insbesondere im wirtschaftlichen Umfeld, indem zeitliche Schnelligkeit als ein wesentlicher Wettbewerbsvorteil gilt, wirkt ein ausführlicher Stakeholderdiskurs lebensfremd.

Hintergrund: Der ideale Diskurs als moralischer Bewertungsmaßstab

Obwohl ein idealer Diskurs womöglich höchstens als Leitbild fungieren kann, ist es doch vorstellbar die Aussagen der Diskursethik als Maß der Moralität zu verwenden. In der Wissenschaft erscheint es ebenso unmöglich, eine gesicherte Wahrheit zu finden. Dennoch definiert man Maßstäbe dafür, wie ein möglichst hoher Bewährungsgrad von Theorien sicherzustellen ist. Da Wissenschaftler nie in der Lage sein werden, alle möglichen Fälle, welche eine Theorie bestätigen oder widerlegen können, zu beobachten, hat man sich darauf geeinigt, von einem vorläufigen Bewährungsgrad von Theorien zu sprechen. Der Bewährungsgrad ist dabei umso höher, je mehr Beobachtungen unter möglichst kontrollierten Bedingungen gemacht werden.

In analoger Weise können auch die Aussagen der Diskursethik verstanden werden. Während die Suche nach der „Wahrheit" von Anzahl der Beobachtungen und der dabei verwendeten Methoden abhängen, kann die Suche nach dem moralisch „Richtigen" anhand der Anzahl an Zustimmungen und den Bedingungen, unter denen diese Zustimmungen gemacht wurden, bewertet werden.

Ein wesentliches Problem des Ansatzes von Ulrich stellt sich mit der Frage, warum Individuen oder Unternehmen überhaupt an einem Diskurs teilnehmen wollen. Indirekt wird hier, wie z. B. auch bei Kant, darauf verwiesen, dass Menschen, die zu einer moralisch richtigen Einsicht gelangt sind, auch gemäß eben jener Einsicht handeln wollen. Es wird unterstellt, dass allein das Wissen um moralisch „richtige" Prinzipien das Handeln jedes Einzelnen bestimmt. Wie wir im folgenden Kapitel (▶ Kap. 4) feststellen werden, gilt dies nur zu einem gewissen Prozentsatz. Menschliche Motive, Gefühle, kognitive Verzerrungen oder eine mangelnde Fähigkeit zur Selbstkontrolle können den Zusammenhang zwischen moralischem Wissen und moralischen Handlungen empfindlich stören. Um diesem Problem Herr zu werden, greift die integrative Wirtschaftsethik, ebenso wie der Ansatz von Homann, auf die Steuerung menschlicher Motive durch Anreize und Sanktionen zurück. Einerseits nimmt Ulrich dadurch indirekt die bei Homann zunächst kritisierte Position der Fremdsteuerung ein, andererseits bleibt auch hier, wie bei Homann, offen, wie und warum genau Anreize und Kontrollen funktionieren sollten. Verhaltenswissenschaftliche Erkenntnisse aus Soziologie, Psychologie, experimenteller Ökonomik oder Kriminologie zeigen, dass Kontrollen und Anreize nur unter bestimmten Bedingungen wirken sowie ungewünschte Nebenwirkungen beinhalten können. Ebenso ist davon auszugehen, dass die menschliche Motivation nur einen (psychologischen) Teilaspekt im Rahmen des Denk- und Entscheidungsprozesses darstellt. Andere Aspekte, wie z. B. die Wahrnehmung, Emotionen, die Fähigkeit zur Selbstkontrolle oder kognitive Verzerrungen, die ebenso moralische Handlungen beeinflussen können, bleiben dadurch ausgeblendet. In ▶ Kap. 4 soll deswegen explizit auf (psychologische) Erkenntnisse des moralischen Handelns eingegangen werden, um die normativ-ethischen Aussagen komplettieren zu können.

3.4 Lern-Kontrolle

Kurz und bündig

- Die Ökonomische Ethik nach z. B. Homann sieht im Markt sowie im Wettbewerb sinnvolle Mechanismen zur Entmachtung von Eliten und zur Schaffung von Wohlstand. Innerhalb des wirtschaftlichen Systems bzw. im Wettbewerb sind Menschen immer der Gefahr der Ausbeutung durch andere ausgesetzt und folglich dazu verpflichtet, nach dem eigenen Interesse zu streben.

- Aufgrund dieses Sachzwangs muss es Aufgabe der Wirtschafts- und Unternehmensethik sein, Anreize und Regeln so zu setzen, dass der gesellschaftliche Gesamtnutzen gesteigert wird. Wesentlicher Ort der Wirtschaftsethik ist demgemäß die Ordnungsebene. Als Methode zur Ableitung sinnvoller Anreizstrukturen empfiehlt die Ökonomische Ethik die Modellierung wirtschaftlichen Verhaltens durch das Gefangenen-Dilemma.

- Die Governanceethik hebt ebenso wie die Ökonomische Ethik die moralische Qualität des Wirtschaftssystems hervor. Gleichsam wie die Ökonomische Ethik sieht die Governanceethik die Wirtschafts- und Unternehmensethik als Steuerungsproblem (Governance). Im Unterschied zur Ökonomischen Ethik betrachtet die Governanceethik das Steuerungsproblem aus einer Transaktionskostensicht und betont dadurch die Notwendigkeit informaler Steuerungsmechanismen.

- Darüber hinaus fokussiert sich die Governanceethik primär auf den Gegenstandsbereich der Unternehmensethik, da sie eine nationale Gesetzgebung als nur wenig flexibel und durchsetzungsstark betrachtet. Gleichsam argumentiert die Governanceethik, dass sich moralisches Verhalten im Sinne einer Investition in Vertrauen und Reputation für Unternehmen grundsätzlich lohnt.

- Aus diesem Grund sollten Unternehmen dazu übergehen, ein selbstverpflichtendes Wertemanagement einzuführen. Ein Wertemanagement beinhaltet die bewusste Ableitung, Kodifizierung, Kommunikation, Implementierung und Durchsetzung moralischer Wertvorstellungen.

- Die Position der Ethischen Ökonomie widerspricht den Positionen der Ökonomischen Ethik bzw. der Governanceethik in dem sie die ethische Qualität des Marktes sowie das Sachzwangargument in Frage stellt.

- Bezüglich der Ethischen Ökonomie ist es die zentrale Aufgabe der Wirtschaftsethik, diese Positionen kritisch zu hinterfragen und dafür zu sorgen, dass auch die Öffentlichkeit sich kritisch gegenüber den Positionen des Ökonomismus äußert bzw. äußern kann. Die Ethische Ökonomie greift hierzu die Diskurstheorie auf und folgert, dass jegliches Handeln in einem öffentlichen Diskurs kritisierbar gemacht werden muss. Ein Handeln ist nur dann legitim, wenn es durch den kritischen Diskurs Bestätigung findet.

- Aufgabe muss es somit sein, auf Ordnungsebene wie auf Unternehmensebene, Strukturen zu schaffen, um einen kritischen Diskurs zu ermöglichen. Diese Strukturen implizieren dabei z. B. Rechte auf freie Meinungsäußerung, auf Bildung usw. Gleichzeitig entsteht dadurch für jeden Wirtschaftsbürger und für jedes Unternehmen die Pflicht, sich aktiv am wirtschaftlichen Diskurs zu beteiligen.

❓ Let's check!

Fragen zur Ökonomischen Ethik (▶ Abschn. 3.1):

1. Erläutern Sie die ethische Qualität des Marktes bzw. des Wettbewerbs!
2. Warum kann der Wettbewerb als Entmachtungsinstrument gelten?
3. Erinnern Sie sich an das Beispiel des Laptopkaufs im Internet und nennen Sie drei Möglichkeiten, wie dieses Dilemma gelöst werden kann!
4. Nennen Sie die Aufgaben, die sich im Rahmen der Ökonomischen Ethik für Unternehmen ergeben!

Fragen zur Governanceethik (▶ Abschn. 3.2):

5. Was kann unter einem Governancemechanismus verstanden werden und welche gibt es?
6. Was versteht man unter dem Begriff eines unvollständigen Vertrags? Finden Sie hierfür ein Beispiel aus Ihrem Alltag!
7. Nennen Sie die Prozessschritte der Unternehmensethik nach Wieland und vergleichen Sie diese mit den Aufgaben der Unternehmensethik nach Homann sowie Ulrich!

Fragen zur Ethischen Ökonomie (▶ Abschn. 3.3):

8. Erläutern Sie knapp die Grundposition des Wirtschaftsliberalismus!
9. Warum kann gemäß Ulrich das ökonomische Prinzip nicht als wertfreie Formalregeln gelten?
10. Was versteht Ulrich unter dem Begriff des Ökonomismus?
11. Erläutern Sie die Begriffe der Geschäfts- sowie der Unternehmensethik nach Ulrich!

❓ Vernetzende Aufgaben

Fragen zur Ökonomischen Ethik (▶ Abschn. 3.1):

1. Die ökonomische Ethik nimmt an, dass es auch Situationen gibt, in denen eine beidseitige Defektion innerhalb eines Gefangenen-Dilemmas für die Gesellschaft positive Konsequenzen haben kann. Finden Sie hierfür ein Beispiel!
2. Erläutern Sie aus Sicht der ökonomischen Ethik den Nutzen von Patenten!
3. Suchen Sie in der Tagespresse nach einem Beispiel in dem einem Unternehmen moralisches Fehlverhalten vorgeworfen wurde. Wie sollte das Unternehmen mit diesem Vorwurf im Sinne der Ökonomischen Ethik umgehen?

Fragen zur Governanceethik (▶ Abschn. 3.2):

4. Denken Sie an Ihren letzten Einkauf im Supermarkt. Welche Transaktionskosten sind Ihnen hierbei neben den Kosten für die eingekauften Produkte noch entstanden?

5. Unternehmen werden oftmals dafür kritisiert, Ihre Produkte unter sehr schlech-
    ten Arbeitsbedingungen fertigen zu lassen, um damit Kosten zu sparen. Die
    Governanceethik sagt nun, dass ein solches Verhalten dem Unternehmen selbst
    langfristig schadet. Denken Sie an Gründe, warum dies so sein könnte!
6. Nach der Finanzkrise müssen sich von nun an sogenannte systemrelevante Ban-
    ken einem Stresstest unterziehen. Hierbei soll getestet werden, ob eine Bank für
    einen möglichen Krisenfall genügend abgesichert ist. Welchen Zweck verfolgt
    der Gesetzgeber mit einem solchen Stresstest aus Sicht der Governanceethik?

Fragen zur Ethischen Ökonomie (▶ Abschn. 3.3):

7. Denken Sie an Ihren letzten Lebensmitteleinkauf zurück. Unter welchen Um-
    ständen könnten Sie gemäß Ulrich annähernd sicher sein, dass dieser Einkauf
    ethisch korrekt war?
8. Welchen Zweck haben z. B. Ökosiegel im Rahmen der integrativen Wirtschafts-
    ethik nach Ulrich?

❶ Lesen und Vertiefen

– Zur Systemtheorie Luhmanns:
    Luhmann, N.: Soziale Systeme – Grundriß einer allgemeinen Theorie, Suhrkamp,
    Frankfurt am Main, 1987
– Zur Rational-Choice-Theorie:
    Becker, G. S. (1968): Crime and Punishment: An Economic Approach, in: The
    Journal of Political Economy, 76. Jg., Nr. 2, S. 169–217
    Becker, G. S.: The economic approach to human behavior, Chicago, 1978

Weiterführende Literatur

Grüninger, S., Fürst, M., Pforr, S., & Schmiedeknecht, M. (Hrsg.). (2011). *Verantwortung in der globalen Ökonomie gestalten – Governanceethik und Wertemanagement*. Marburg: Metropolis.
Homann, K., & Blome-Drees, F. (1992). *Wirtschafts- und Unternehmensethik*. Göttingen: UTB.
Homann, K., & Lütge, C. (2005). *Einführung in die Wirtschaftsethik* (2. Aufl.). Münster: LIT Verlag.
Ulrich, P. (2008). *Integrative Wirtschaftsethik – Grundlagen einer lebensdienlichen Ökonomie* (4. Aufl.). Bern: Haupt-Verlag.
Ulrich, P. (1993). *Transformation der ökonomischen Vernunft – Fortschrittsperspektiven der modernen Industriegesellschaft* (3. Aufl.). Bern: Haupt-Verlag.
Wieland, J. (2014). *Governance Ethics: Global value creation, economic organization and normativity*. Cham,: Springer.

Moralisches Handeln

Robert Holzmann

R. Holzmann, *Wirtschaftsethik,* Studienwissen kompakt,
DOI 10.1007/978-3-658-06821-9_4, © Springer Fachmedien Wiesbaden 2015

Lern-Agenda

Das vierte Kapitel befasst sich abschließend mit deskriptiv-wissenschaftlichen Erkenntnissen zum moralischen Urteilen, Entscheiden und Handeln:

▬ Hierfür wird in ▶ Abschn. 4.1 kurz erklärt, warum ein verhaltensorientiertes Forschungsprogramm für die Wirtschafts- und Unternehmensethik sinnvoll ist und welchen Stellenwert die Forschungsmethode des Experiments darin hat (▶ Abschn. 4.2).

▬ ▶ Abschn. 4.3 gibt einen Überblick über die einzelnen Phasen einer moralischen Handlung, angefangen von der Wahrnehmung eines moralischen Problems bis hin zur moralischen Lernphase.

▬ ▶ Abschn. 4.4 sowie ▶ Abschn. 4.5 thematisieren dann Theorien, die erklären wie moralische Urteile entstehen.

▬ ▶ Abschn. 4.6 betrachten im Anschluss daran Theorien, die eine Aufrechterhaltung des Selbstwerts als ursächlich für moralische Entscheidungen ansehen.

▬ ▶ Abschn. 4.7 indessen sieht unmoralisches Verhalten als Folge mangelnder Selbstkontrolle.

▬ In Abgrenzung zu den vorhergehenden Abschnitten, die sich primär mit dem Prozess einer moralischen Entscheidung befassen, wird schließlich in ▶ Abschn. 4.8 auf empirische Befunde eingegangen, die sich mit den moralischen Präferenzen von Menschen auseinandersetzen.

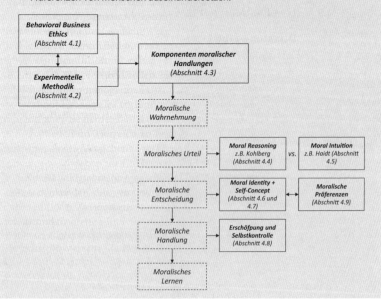

4.1 Behavioral Business Ethics

In ▶ Abschn. 1.4 wurde die Wirtschaftsethik als eine angewandte Ethik definiert, die es sich zur Aufgabe macht, praktische wirtschaftliche Normen aufzustellen und Empfehlungen für deren Durchsetzung abzuleiten. Die Wirtschaftsethik soll somit die gegenwärtige Wirtschaftspraxis kritisieren, Verbesserungsvorschläge unterbreiten und Lösungen bereitstellen, wie diese Verbesserungsvorschläge in die Tat umgesetzt werden können. Als zentrale Grundbedingung gilt dabei immer, dass ein Sollen (also Normen) immer auch ein Können voraussetzen muss. Will man also ethische Handlungsempfehlungen für Wirtschaftsakteure aussprechen, so hat dies immer vor dem Hintergrund der Fähigkeiten und Möglichkeiten des Menschen zu geschehen.

Die in ▶ Kap. 3 vorgestellten Ansätze interpretieren diese Forderung jeweils auf ihre eigene Weise. Während die ökonomische Ethik von Homann das Können dahingehend auslegt, als das Menschen im wirtschaftlichen System bestimmten motivationalen Sachzwängen unterliegen, sieht Ulrich den Menschen potenziell in der Lage, sich kritisch mit seinen angeborenen Trieben und Leidenschaften auseinanderzusetzen.

Für Homann leitet sich hieraus ab, dass Normen, Institutionen und Maßnahmen sich an den triebhaften und egoistischen Bedingungen des Menschen orientieren und ausreichend Anreiz für moralisches Handeln bieten müssen. Normen sind deswegen nur insofern sinnvoll, wenn sie gleichzeitig durch Verträge, Gesetze und Sanktionen durchgesetzt werden können.

Bei Ulrich sind gleichwohl solche Maßnahmen und Strukturen zu schaffen, welche die kritische denkende Natur des Menschen vollends zur Entfaltung bringen können. Er unterstellt, dass ein Mensch, sobald er sich über das richtige Handeln im Klaren ist, dieses Handeln auch in die Tat umsetzen will und wird. Bildung und eine damit verbundene Aufklärung sind demnach die wesentlichen Bausteine, um ethisches Verhalten in der Wirtschaftswelt zu garantieren.

> ❯❯ **Auf den Punkt gebracht:** Beide, sowohl Homann als auch Ulrich, fundieren ihre Argumente auf Grundannahmen menschlichen Verhaltens. Je nachdem welcher Grundposition man folgt, hängt sowohl bei Homann als auch bei Ulrich die Ausgestaltung einer Wirtschafts- und Unternehmensethik grundlegenden von den Annahmen über die menschliche Motivation, Informationsverarbeitung und Entscheidungsfähigkeit ab.

So sind bei Homann Institutionen und Maßnahmen so zu gestalten, dass sie mit den existierenden Präferenzen der Menschen übereinstimmen. Für eine effiziente Steuerung anhand moralischer Werte ist somit das Wissen über menschliche Präferenzen als elementar anzusehen. Gleiches gilt auch im Rahmen der Grundposition von Ulrich. Geht man von der These aus, dass Menschen potenziell zu einer freien Willensentscheidung fähig sind, ist zu klären, welche Bedingungen eine solche, freie Willensentscheidung ermöglichen bzw. behindern können.

Unabhängig davon, welcher (ideologischen) Grundposition gefolgt wird, erscheint eine spezifische Auseinandersetzung mit Aspekten menschlichen Handelns unabdingbar. Im Zuge dieser Erkenntnis hat sich in den letzten Jahren ein Forschungsprogramm unter dem englischen Namen „**Behavioral Business Ethics**" entwickelt, welches sich zum Ziel setzt, die wirtschaftsethische Diskussion um Erkenntnisse nicht-ökonomischer, verhaltenswissenschaftlicher Disziplinen zu ergänzen. Wieland (2010) beschreibt das Programm der Behavioral Business Ethics als „Joint-Venture" verschiedener, v. a. empirisch ausgerichteter Forschungsdisziplinen, wie z. B. der Psychologie, der Soziologie oder der Neurologie, die sich mit dem Thema des moralischen Verhaltens auseinandersetzen.

Merke!

Die **Behavioral Business Ethics** beschreibt ein Forschungsprogramm im Rahmen der Wirtschafts- und Unternehmensethik, welches sich zum Ziel setzt, mittels Hinwendung zu anderen verhaltenswissenschaftlichen Disziplinen, wie z. B. der Psychologie, der Soziologie oder der Neurologie, die wirtschaftsethische Theorie sowie Maßnahmenableitung weiterzuentwickeln.

In Anlehnung an die Bewegung der Behavioral Economics, die sich zum Ziel setzt, auf Basis empirischer Befunde, ein für die Ökonomie realistischeres, aber dabei immer noch modellierbares Menschenbild abzuleiten, versucht auch das Programm der Behavioral Business Ethics empirische Befunde über moralisches Verhalten zu nutzen. Diese Befunde sollen einerseits dazu dienen, die Theoriediskussion der Wirtschaftsethik voranzutreiben sowie andererseits helfen Maßnahmen, Institutionen, etc. zu konkretisieren und zu verbessern.

In erster Linie durch die starke Verbreitung der experimentellen Methodik in den Sozialwissenschaften und der dadurch entstehenden Möglichkeit, theoretische Kausalbeziehungen und Anreizbedingungen unter replizierbaren (wiederholbaren) Bedingungen einer empirischen Prüfung unterziehen zu können, ist das übergeordnete Programm der Behavioral Economics in das Zentrum der wissenschaftlichen Aufmerksamkeit gerückt. In den letzten Jahren haben sich nun auch im Bereich des moralischen Verhaltens experimentelle Designs herauskristallisiert, die es ermöglichen, kausale Bedingungen moralischer Verhaltensweisen empirisch überprüfbar zu machen. In der Folge soll deswegen zunächst eine kleine Einführung in experimentelle Methodik geliefert werden. Aufbauend darauf werden sodann wesentliche Theorien und Erkenntnisse moralischen Verhaltens dargelegt.

4.2 Exkurs: Das Experiment

Unsere heute gängige Natur- und Sozialwissenschaft setzt sich zum Ziel, möglichst wahre Erklärungen über reale Sachverhalte liefern zu können. Da Wahrheit jedoch immer ein wenig abhängig vom menschlichen Betrachter ist und sich Menschen in ihren Meinungen irren können, ist es in der heutigen Wissenschaft gängige Praxis, Annahmen über die Welt mittels Beobachtungen zu prüfen. Da es allerdings unmöglich ist, alle auch zukünftigen Sachverhalte zu beobachten, die Hinweise auf die Richtigkeit einer Annahme geben können, können Annahmen über die Welt nie gänzlich bewiesen werden. Einzig könnte man versuchen, Beobachtungen zu machen, die eine Annahme widerlegen (kritischer Rationalismus). In der Wissenschaft werden Annahmen über die Welt meist in Hypothesenform (Wenn-Dann-Sätze) formuliert. Ist eine Hypothese formuliert, wird in der Folge idealerweise versucht, Beobachtungsdaten (Empirie) zu sammeln, die eine vermutete Wenn-Dann-Beziehung widerlegen können.

Beispiel: Widerlegung von Hypothesen durch Beobachtung

Beispielsweise könnte man die Hypothese „Wenn ein Verbrechen unter Strafe gestellt wird, dann ist es weniger wahrscheinlich, dass Menschen ein Verbrechen begehen" formulieren. In der Folge wäre es nun notwendig, Erfahrungsdaten zu sammeln und zu versuchen, diese Hypothese zu widerlegen. Je verlässlicher und verallgemeinerbarer die gesammelten Erfahrungsdaten sind und je öfter, die gemachte Aussage nicht widerlegt werden kann, desto eher kann man davon ausgehen, dass die Hypothese sich als wahr erweist.

Beobachtungsdaten zur Erklärung von Sachverhalten gelten dabei als umso verlässlicher, je besser man aus ihnen auf eine kausale Ursache-Wirkungsbeziehung schließen kann. Ein kontrolliertes **Experiment** kann in diesem Zusammenhang als diejenige Forschungsmethode betrachtet werden, mit der es am besten möglich sein soll, kausale Rückschlüsse zuzulassen.

Vereinfacht gesprochen wird in einem verhaltenswissenschaftlichen Experiment das Verhalten von zwei Personengruppen (Experimental- und Kontrollgruppe) miteinander verglichen (die abhängige Variable), wobei sich diese beiden Gruppen in ihren Grundbedingungen nur durch die absichtliche Veränderung einer Untersuchungsvariable (die unabhängige Variable) unterscheiden. Abgesehen von der Veränderung der unabhängigen Variable sollte die beiden zu vergleichenden Gruppen jedoch identisch sein.

Beispiel: Abhängige und unabhängige Variable sowie Experimental- und Kontrollgruppe

Für die obige Hypothese wäre es also notwendig, das kriminelle Verhalten zweier möglichst identischer Personengruppen zu beobachten, wobei nur für jeweils eine Gruppe Verbrechen (abhängige Variable) unter Strafe (unabhängige Variable) gestellt wird (Experimentalgruppe). Für die andere Gruppe wurde Verbrechen entsprechend nicht unter Strafe gestellt (Kontrollgruppe). Stellt sich nun heraus, dass in der Gruppe, in der ein Verbrechen unter Strafe gestellt wurde, das Verbrechen seltener zu beobachten ist, kann man daraus schließen, dass die Strafe dafür die Ursache war. Da die miteinander verglichenen Gruppen ja ansonsten identisch waren, ist der Schluss zulässig, dass die ausgesprochene Strafe das kriminelle Verhalten beeinflusst hat.

Ein wesentliches Problem in den Sozialwissenschaften (im Gegensatz zu den Naturwissenschaften) stellt der Umstand dar, dass vollständig identische Personengruppen in der Realität unmöglich zu finden sind. Jeder Mensch hat andere Vorlieben, andere Charaktereigenschaften, etc. Vergleicht man folglich zwei Personengruppen miteinander, ist nur schwerlich auszuschließen, dass das gezeigte Verhalten (abhängige Variable) nicht nur durch die veränderte Bedingung (unabhängige Variable), sondern auch durch z. B. interpersonelle Unterschiede hervorgerufen werden kann (man spricht hier von sogenannten Störvariablen). Lange Zeit galt das Verhaltensexperiment aus diesem Grund auch für die Sozialwissenschaften als wenig sinnvolle Forschungsmethode.

Merke!

Mit dem Begriff **Experiment** (lat. „Versuch, Probe, Beweis") wird eine empirische Forschungsmethode bezeichnet, welche zur Erfassung einer Ursache-Wirkungsbeziehung eine planmäßig Variation der zu untersuchenden Bedingung(en) vornimmt und gleichzeitig versucht, mögliche Störvariablen zu eliminieren bzw. konstant zu halten.

Um diesem Problem zu begegnen hat sich mittlerweile in der Forschung das Konzept der **Randomisierung** durchgesetzt. Randomisierung bedeutet dabei, eine ausreichend große Anzahl an Versuchsteilnehmer durch einen Zufallsmechanismus auf die zu vergleichenden Gruppen zu verteilen. Damit sollen bekannte wie unbekannte persönliche Unterschiede möglichst gleichmäßig auf die jeweiligen Untersuchungsgruppen verteilt und damit deren Wirkung neutralisiert werden.

Neben dem Problem der individuellen Unterschiede zwischen den Versuchsteilnehmern wird die experimentelle Methode noch mit weiteren Schwierigkeiten konfrontiert. So ist es denkbar, dass im realen Leben eine Vielzahl weiterer Bedingungen eintreten kann, die das schlussendliche Verhalten beeinflussen (stören) und nichts mit der zu untersuchenden Variable zu tun haben.

Beispiel: Störfaktoren
Vergleicht man z. B. die Wirkung einer Maßnahme wie etwa einer Gehaltserhöhung auf das Arbeitsverhalten der Mitarbeiter zweier Tochtergesellschaften, so sind viele Aspekte, die

ebenfalls Einfluss auf das Arbeitsverhalten der Mitarbeiter haben können, wie etwa das Verhalten eines Vorgesetzten, als Alternativerklärungen nicht vollständig auszuschließen.

Um solche Alternativerklärungen auszuschließen, kann man versuchen, möglichst viele potenzielle Störvariablen im Vorfeld zu kontrollieren. Klassischerweise werden Verhaltensexperimente deswegen in möglichst neutralen Untersuchungslabors mit speziell trainierten Versuchsleitern durchgeführt. In solchen Labors können Aspekte wie Einrichtung und Ablauf des Experiments nahezu vollständig vorher geplant und gestaltet werden. Je stärker Störfaktoren kontrolliert werden, desto höher ist infolgedessen die **interne Validität** (d. h. die Möglichkeit eine eindeutige Ursache-Wirkungsbeziehung zu beobachten) eines Experiments.

Merke!

Die **interne Validität** beschreibt die Wahrscheinlichkeit, mit der Alternativerklärungen (erzeugt durch Störvariablen) für einen beobachteten Ursache-Wirkungszusammenhang ausgeschlossen werden können.

Die **externe Validität** beschreibt die Möglichkeit, inwiefern ein beobachteter Ursache-Wirkungszusammenhang in einem Experiment auf die Allgemeinheit generalisierbar ist.

Beispiel: Sicherung der internen Validität durch Laborexperimente

Um das im obigen Beispiel erwähnte Führungskräfteverhalten als Störfaktor auszuschließen, könnten die Versuchsteilnehmer z. B. in ein Labor eingeladen werden, in dem sie nicht mit unterschiedlichen Führungskräften, sondern nur mit einem speziell trainierten Versuchsleiter in Kontakt treten. Die Arbeitsleistung kann dann unabhängig vom Führungskräfteverhalten beobachtet werden.

Je mehr man allerdings versucht, mögliche Störfaktoren in einem Experiment zu kontrollieren, desto geringer wird zwangsweise der Realitätsgrad eines Experiments. Die erzielten Ergebnisse können dann nur noch schwerlich auf den realen Arbeitsalltag übertragen werden. Man spricht in einem solchen Fall von einer geringen **externen Validität** (d. h. Übertragbarkeit auf einen realen Kontext).

Experimente stehen folglich immer zwischen der Problematik einer Ausbalancierung zwischen interner und externer Validität. Je nach Zweck des Experiments ist zu entscheiden, welcher Validität mehr Gewicht eingeräumt wird. Sollen theoretische Grundannahmen über menschliches Verhalten geprüft werden, spielt die externe Validität zumeist eine geringere Rolle, weil es keinen spezifischen „realen" Kontext gibt, auf den die Erkenntnisse angewendet werden müssen. Es soll jegliches Verhalten, auch Verhalten im Labor, auf menschliche Grundannahmen hin untersucht werden.

Beispiel: Wissenschaftliche Fragestellung mit Fokus auf die interne Validität
Wird beispielsweise die Aussage untersucht, ob Menschen sich grundsätzlich so verhalten, als dass sie mehr Geld gegenüber weniger Geld präferieren, kann diese Aussage unabhängig der äußeren Bedingungen untersucht werden. Die Aussage bezieht sich auf menschliches Verhalten in allgemeiner Form und somit in jeglicher Situation.

Soll allerdings mit einem Experiment versucht werden, Aussagen für einen praktischen Zweck abzuleiten, so wird der Realismus des jeweiligen Kontextes wichtiger.

Beispiel: Wissenschaftliche Fragestellung mit Fokus auf die externe Validität
Wird z. B. im Labor untersucht, welchen Einfluss die Einführung von Mindestlöhnen auf das Arbeits- bzw. Entscheidungsverhalten in einem extra designten Computerspiel hat, so lassen sich hieraus nur mit Einschränkung Aussagen über die Einführung von Mindestlöhnen auf volkswirtschaftlicher Ebene ableiten.

Betrachtet man vor diesem Hintergrund das Untersuchungsfeld der Wirtschafts- und Unternehmensethik, so kann man auch hier verschiedene Untersuchungszwecke identifizieren:
1. Einerseits sollen unterstellte Grundannahmen über menschliches Verhalten, wie z. B. von Hobbes, Rousseau, Ulrich oder Homann, untersucht werden,
2. andererseits steht die Ableitung und Wirksamkeit von wirtschafts- und unternehmenspolitischen Maßnahmen im Zentrum der Aufmerksamkeit.

Insbesondere zur Erfüllung der ersten Aufgabe scheinen kontrollierte Experimente geeignet zu sein. Auch im Rahmen der zweiten Aufgabe können Experimente wesentlich dazu beitragen, die vorhandene Wissensbasis zu erweitern. Dabei sollte man sich allerdings der Schwächen der experimentellen Methodik immer bewusst sein.

Diesen Abschnitt abschließend sollen noch kurz Beispiele dargelegt werden, wie z. B. unehrliche und betrügerische Verhaltensweisen im Experiment untersucht werden können. Ergebnisse, die mittels dieser Experimente bereits gewonnen werden konnten, sollen dann stellenweise die in den nachfolgenden Kapiteln dargelegten Aussagen über moralisches Verhalten ergänzen.

Beispiel: Experimentaldesigns zur Messung unehrlichen Verhaltens in wirtschaftlichen Interaktionen
1. Experimentaldesign nach Gneezy (2005):
Uri Gneezy (2005) versucht Einflussfaktoren auf ehrliches Kommunikationsverhalten unter der Bedingung monetärer Anreize mittels eines sogenannten „Cheap Talk Sender-Receiver Game" zu untersuchen. Im (Labor-)Experiment von Gneezy gibt es dabei einen Sender, der eine Botschaft an einen Receiver übermittelt. Der Receiver hat dann die Aufgabe, auf Basis der Botschaft des Senders, eine Auswahl zwischen zwei Alternativen A und B zu treffen.

Die Entscheidung des Receivers determiniert in der Folge die Auszahlung für die beiden Versuchsteilnehmer. Der Receiver weiß aber nicht, welche Entscheidungsalternative welche Auszahlung zur Folge hat. Er weiß nur, dass eine Entscheidungsalternative für ihn und die andere für den Receiver eine höhere Auszahlung verspricht. Der Sender hingegen ist darüber informiert, welche Entscheidungsalternative welche Auszahlung verspricht. Er weiß somit, welche der beiden Optionen für ihn bzw. für den Receiver besser ist. Der Sender muss nun entscheiden, ob er den Receiver über die tatsächlichen Auszahlungsbedingungen aufklärt (ehrliche Antwort), oder ob er den Receiver auf eine falsche Fährte lockt (unehrliche Antwort).

Beispielhaft bekommt der Sender mitgeteilt, dass Option A für ihn 6 Euro und für den Receiver 5 Euro an Auszahlung verspricht. Option B hingegen bedeutet für den Sender 5 Euro und für den Receiver 6 Euro an Auszahlung. Der Sender hat nun dem Receiver mitzuteilen, welche der beiden Optionen für den Receiver mehr Auszahlung verspricht. Entweder kann er dem Receiver ehrlich mitteilen, dass Option B für ihn besser ist oder ihn mittels einer unehrlichen Antwort dazu bringen, Option B zu wählen. Mittels dieses Versuchsaufbaus kann Gneezy untersuchen, unter welchen Bedingungen Menschen eher dazu tendieren, ehrlich bzw. unehrlich zu antworten. Es kann beispielsweise untersucht werden, ob die Höhe der im Raum stehenden Auszahlung (z. B. 20 Euro statt 6 Euro für den Sender) Einfluss auf das Kommunikationsverhalten des Senders hat.

2. Experimentaldesign nach Mazar et al. (2008):

Nina Mazar, On Amir und Dan Ariely haben ein Experimentaldesign entwickelt, mittels dem das Betrugsverhalten von Versuchsteilnehmer untersucht werden soll. In ihrem Experiment bekommen die Versuchsteilnehmer eine Aufgabe wie z. B. das Lösen von mathematischen Rätseln gestellt. Je mehr Rätsel ein Versuchsteilnehmer lösen kann, desto höher ist der Betrag, der ihm schlussendlich ausbezahlt wird. Der „Clou" des Experiments liegt nun darin, dass sich eine Hälfte der Versuchsteilnehmer unbemerkt vom Versuchsleiter selbst bewerten muss. Diese Versuchsteilnehmer werden somit vor die Entscheidung gestellt, entweder ihre wirklich erzielte Leistung oder ein noch besseres Ergebnis anzugeben. Um festzustellen, wie ehrlich die Teilnehmer der Experimentalgruppe waren, kann dann das durchschnittliche Ergebnis der „Betrugsgruppe" mit dem erzielten Ergebnis der „normalen Gruppe" verglichen werden. Ist dieses Ergebnis statistisch signifikant höher, ist davon auszugehen, dass die Teilnehmer der Experimentalgruppe zu einem gewissen Grad unehrlich waren. Je höher der Unterschied zwischen Kontroll- und Experimentalgruppe ist, desto unehrlicher waren die Teilnehmer in der Experimentalgruppe. Auch hier können sodann unterschiedliche Bedingungen, wie z. B. die Höhe der versprochenen Zahlung für jedes gelöste Rätsel, im Hinblick auf die Ehrlichkeit der Versuchsteilnehmer analysiert werden.

3. Experimentaldesign nach Fischbacher und Föllmi-Heusi (2013):

Urs Fischbacher und Franziska Föllmi-Heusi haben einen ähnlichen Versuchsaufbau wie Mazar et al. (2008) entwickelt. Hierbei müssen die Probanden jedoch keine Aufgaben lösen, sondern lediglich einen sechsseitigen Würfel werfen. Je höher die Würfelzahl ist, desto mehr Geld wird dem jeweiligen Versuchsteilnehmer am Ende ausbezahlt. Die tatsächlich geworfene Zahl ist dabei nur für den jeweiligen Versuchsteilnehmer einsehbar. Demnach steht der Versuchsteilnehmer im Experiment von Fischbacher und Föllmi-Heusi vor dem gleichen moralischen Dilemma wie zuvor im Experiment von Mazar, Amir und Ariely. Entweder gibt er die tatsächliche Würfelzahl an oder er versucht, mittels Angabe einer höheren als der geworfenen Würfelzahl, sein Einkommen zu maximieren. Vergleicht man nun das durchschnittlich angegebene Ergebnis der Versuchsteilnehmer mit einem gleichverteilten Würfel (bei ausreichend vielen würfelnden Versuchsteilnehmern sollte eigentlich jede Würfelzahl gleichmäßig oft gewürfelt werden), so kann dadurch die Betrugshöhe festgestellt werden.

4.3   Die Komponenten einer moralischen Handlung

Die zentrale Grundannahme einer wissenschaftlichen Betrachtung von moralischem Verhalten ist, dass das menschliche Wesen und Verhalten komplexer ist, als dass es, wie z. B. bei Hobbes oder Rousseau, als grundlegend „böse" (egoistisch) bzw. „gut" (altruistisch), was auch immer „gut" und „böse" heißen mag, bezeichnet werden kann. Viel eher ist davon auszugehen, dass das menschliche Verhalten von situativen als auch persönlichen Bedingungen beeinflusst wird. Wir Menschen sind, je nach den Umständen, sowohl zu „bösen" als auch zu „guten" Taten fähig. Um diese persönlichen wie situativen Bedingungen zu untersuchen, bietet es sich der Übersichtlichkeit halber an, den gesamten moralischen Handlungs- und Entscheidungsprozess in einzelne Teilabschnitte zu untergliedern. Relevante Einflussfaktoren können dann diesen Teilabschnitten systematisch zugeordnet werden.

Verschiedene Ansätze, wie z. B. Rest (1984) oder Trevino (1986), unterteilen den moralischen Entscheidungsprozess deswegen in die Phasen:
1. der Wahrnehmung einer moralischen Problemsituation (Moral Awareness),
2. der Beurteilung moralischer Handlungsalternativen (Moral Decision Making),
3. der moralischen Absichtsbildung und Entscheidungsfindung (Moral Intention),
4. des Vollzugs einer moralischen Handlung (Moral Action),
5. sowie schließlich der Kontrolle bzw. des moralischen Lernens (Moral Learning).

Die Reihenfolge dieser Phasen stellt dabei eine idealtypische Abfolge dar. Das bedeutet, dass die Phasen in der Realität kaum trennscharf voneinander zu unterscheiden sein werden. Wie sich später noch zeigen wird, können viele dieser Phasen weitestgehend unbewusst ablaufen und sich in ihrer Reihenfolge auch umkehren. So ist es durchaus möglich, dass man unbewusst schon aus einem Affekt heraus entschieden hat (Phase 3 oder 4) und erst im Nachgang versucht, diese Entscheidung zu rechtfertigen (Phase 2). Der oben beschriebene Prozess dient aber auch hier als sinnvolle Ausgangsbasis der Analyse solcher „Anomalien".

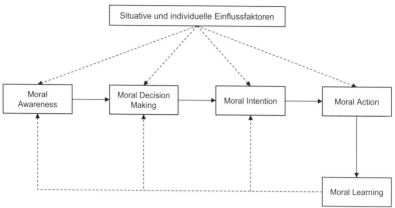

◘ Abb. 4.1 Prozess moralischer Handlungen (ähnlich z. B. bei Rest 1984)

Auf den Punkt gebracht: Die Prozessphasen einer moralischen Handlung sind (1) die Wahrnehmung eines moralischen Problems, (2) die Beurteilung moralischer Handlungsalternativen, (3) die Bildung einer moralischen Absicht, (4) das Treffen einer moralischen Entscheidung, (5) die Ausführung einer moralischen Handlung sowie (6) die Reflektion und Bewertung der ausgeführten Handlung (◘ Abb. 4.1).

Die erste Phase der Wahrnehmung einer moralischen Problemlage ist insofern zentral, da sie bestimmt, ob eine Person überhaupt einen moralischen Entscheidungsprozess anstößt. Wird eine Situation erst gar nicht als moralisch relevant erkannt, dann erscheint es auch nicht notwendig, sich mit moralischen Alternativen und deren Bewertung weiter auseinanderzusetzen.

Vereinfacht gesagt, dreht es sich bei der Wahrnehmung um die Aufnahme, Verarbeitung, Einordnung und Interpretation situativer Reize. Um überhaupt eine Situation als moralisch wahrzunehmen, müssen wir zunächst eine Vorstellung davon haben, was grundsätzlich als moralisch problematisch gelten kann. Wir brauchen mithin eine Definition davon, was moralisch gut oder schlecht ist.

Ausgehend von unserer privaten, individuellen Definition des Moralischen ist es zusätzlich notwendig, dass moralische Reize ausreichend stark wahrnehmbar sind. So wie wir Licht erst ab einer bestimmten Wellenlänge wahrnehmen, sind moralische Reize auch dann erst wahrnehmbar, wenn sie eine bestimmte Intensitätsschwelle überschreiten.

Hintergrund: Moral Intensity nach Jones (1991)
Thomas M. Jones (1991) spricht in diesem Zusammenhang von einer sogenannten „Moral Intensity". Die moralische Intensität einer Situation ist hiernach umso höher, je schwerwiegender, je

wahrscheinlicher und je konzentrierter die Konsequenzen einer Handlung ausfallen, wie nahe man dem Betroffenen steht und ob es sich um den Bruch mit einer sehr wichtigen gesellschaftlichen Norm handelt. Ein Bruch mit einer in unserer Gesellschaft wichtigen Norm, wie z. B. der Wahrheit, wird dann als moralisch weniger intensiv erachtet, wenn die Folgen weitestgehend unbedeutend sind. Wird etwa auf die Frage „Wie geht's?" gelogen, ist dies moralisch nur wenig intensiv. Sind die Folgen jedoch äußerst hoch und konzentrieren sich noch dazu auf eine nahestehende Person, wie z. b. wenn ein Freund von einem Subunternehmer um einen hohen Betrag betrogen wird, dann empfinden wir die jeweilige Situation, gemäß Jones, als moralisch äußerst intensiv.

Hintergrund: Je höher der Schaden, desto höher die moralische Intensität

Erinnern Sie sich an das Experimentaldesign von Gneezy (2005) im vorhergehenden Abschnitt. Gneezy konnte in einer Variation des Experiments zeigen, dass Sender umso seltener eine unehrliche Antwort abgaben, je höher der potenzielle Verlust für den Receiver war (z. B. −$10 statt −$1 für den Belogenen). Es ist zu vermuten, dass hier die moralische Intensität höher als in der Vergleichsgruppe war. Dieser Befund konnte aber nur solange beobachtet werden, wie der Gewinn für den Sender konstant gehalten wurde. Ist der Gewinn für den Sender parallel mit dem Verlust für den Receiver gestiegen, hat sich dieser Effekt wieder aufgehoben.

> **Merke!**
>
> Mit dem Begriff **Moral Awareness** wird die Wahrnehmung eines moralischen Problems umfasst. Diese ist abhängig von der moralischen Interpretation der Situation, der Stärke der moralischen Reize, der moralischen Sensibilität sowie der Aufmerksamkeit des handelnden Individuums.

Schließlich determinieren noch gegenwärtige Motive, die vorhandene Aufmerksamkeit sowie die für die Wahrnehmung zur Verfügung stehende Zeit, welche und wie viele Reize wahrgenommen werden. Mit dem Fokus auf bestimmte Ziele fokussieren wir auch unsere (begrenzte) Aufmerksamkeit nur auf bestimmte Reize und versuchen „Unwichtiges" auszublenden. Sind bestimmte moralische Aspekte vor dem Hintergrund unserer gegenwärtigen Motive nicht relevant oder sind wir durch andere Bedingungen abgelenkt, werden wir moralische Probleme nur schwerlich wahrnehmen.

Nach der Wahrnehmung einer moralischen Problemsituation muss der jeweilige Akteur analysieren, welche Handlungsmöglichkeiten existieren und wie diese aus moralischer und persönlicher Perspektive zu bewerten sind. Entscheidend im Rahmen dieser Beurteilung sind das Wissen und die Überzeugung darüber was moralisch richtig ist (z. B. auf Grundlage der normativ ethischen Theorien in ▶ Kap. 2), die persönlichen Motive sowie die Erwartungen darüber, mit welcher Wahrscheinlichkeit bestimmte Handlungsfolgen eintreten werden.

Allerdings sind Überzeugungen bezüglich des moralisch Richtigen zwar wichtig, bedeuten aber noch lange nicht, dass sich der jeweilige Akteur auch gemäß seiner Überzeugungen verhalten wird. Die persönliche Motivation hängt schlussendlich entscheidend davon ab, wie wahrscheinlich bestimmte zukünftige Zustände sind. Aus der Kombination dieser Faktoren entscheidet sich die Person dann für eine der möglichen Handlungsalternativen und fasst einen (moralischen) Entschluss bzw. formuliert eine (moralische) Absicht.

Merke!

Der Begriff des **Moral Judgment** umschreibt die Bewertung von Handlungsalternativen auf Basis moralischer Überzeugungen, die sowohl überlegt (Moral Reasoning) als auch intuitiv (Moral Intuition) erfolgen kann.

Das **Moral Decision Making** umfasst den Entscheidungsprozess für eine (moralische) Handlungsalternative. Dieser Entscheidungsprozess ist wesentlich geprägt von den moralischen Überzeugungen, den gegenwärtigen Motiven und Erwartungen eines Akteurs.

Die **Moral Intention** umfasst das Ergebnis des moralischen Entscheidungsprozesses im Sinne einer Absicht (Intention) zur Ausführung einer (moralischen) Handlungsalternative.

Hierbei ist zu erwähnen, dass der soeben dargelegte Entscheidungsprozess eher einem idealisierten Ablauf entspricht. Wie in ▶ Abschn. 4.5 noch gezeigt wird, kann es ebenso sein, dass Emotionen bereits eine Präferenz für eine Entscheidungsalternative vorgeben und diese unbewusst, noch vor einer umfassenden Reflexion, als gewählt betrachtet werden kann. Die daran anschließende Reflexion über das moralisch „Richtige" fungiert in der Folge dann nur noch als eine Rechtfertigung für den bereits gefassten Entschluss.

Nachdem ein moralischer Handlungsentschluss gefasst worden ist, kommt es zwischen diesem und einer tatsächlichen Handlung noch darauf an, inwiefern äußere Umstände die Handlung zulassen und ob der jeweilige Akteur über genügend Selbstkontrolle verfügt, seinen Entschluss in die Tat umzusetzen.

Merke!

Die **Moral Action** umfasst die schlussendliche Ausführung einer auf Basis eines moralischen Entscheidungsprozesses gefassten (moralischen) Absicht.

Schließlich, nachdem die tatsächliche (moralische) Handlung ausgeführt wurde, tritt der Akteur in die Phase des (moralischen) Lernens ein. Hierbei werden die Folgen der

Handlung wahrgenommen und für die eigene, moralische Entwicklung ausgewertet. Eine zentrale Rolle nimmt in diesem Kontext vor allem das Feedback des sozialen Umfelds ein.

4.4 Die moralische Entwicklung

Im vorhergehenden Abschnitt wurde dargestellt, dass die Wahrnehmung moralischer Problemlagen (Moral Awareness), das Abwägen (Moral Judgment) von sowie die Entscheidung für moralische Handlungsalternativen (Moral Decision Making) wesentlich von den erlernten normativ-ethischen Theorien des Individuums abhängig sind. Dieser ethische Lernprozess, der sich über die gesamte menschliche Lebenszeit erstreckt, wird von Lawrence Kohlberg gemeinhin als **moralische Entwicklung** (Moral Development) bezeichnet.

> **Merke!**
>
> Das **Moral Development** umfasst den Prozess des Erlernens und der Entwicklung normativ-ethischer Theorien eines Menschen als Basis seiner moralischen Handlungen.

Nach Kohlberg kann die moralische Entwicklung eines Menschen auf einer ordinalen (d. h. auf einer auf Rangordnung basierenden) Skala in höhere und niedrigere Entwicklungsstufen eingeteilt werden. Kohlbergs Skala erstreckt sich über drei Ebenen, wobei sich höheren Ebenen durch komplexere ethischen Begründungen auszeichnen. Kohlberg unterscheidet dabei zwischen folgenden Ebenen:
1. Präkonventionelle Ebene (einfachste ethische Begründungen, z. B. bei Kindern)
2. Konventionelle Ebene (mittelkomplexe ethische Begründungen, von der Mehrheit angewendet)
3. Postkonventionelle Ebene (komplexe ethische Begründungen, nur von wenigen Menschen angewendet)

Auf jeder Ebene lassen sich abermals anhand der Komplexität der Begründung zwei ordinalskalierte Stufen unterscheiden (vgl. ◻ Abb. 4.2). Unausgesprochen liegt dieser Einteilung die Annahme zu Grunde, dass Menschen umso moralischer entscheiden und handeln, je höher ihr persönliches Entwicklungsniveau liegt. Menschen auf präkonventioneller Ebene haben folglich die schlechtesten Voraussetzungen moralisch richtig zu handeln, da diese nur über ein sehr einfaches Moralverständnis verfügen. Ethik basiert hier vor allem auf den Erwartungen über unmittelbare oder mittelbare Konsequenzen für die eigene Person, wie z. B. über unmittelbare Belohnungen und

Ebene	Stufe	Moralische Begründung
Präkonventionell		Die moralische Beurteilung ist durch egoistische und physikalische Bedürfnisse des Individuums geprägt.
	Stufe 1	Gründe für moralisches Verhalten beziehen sich auf unmittelbare physische Folgen in Form von Bestrafung und Belohnung.
	Stufe 2	Urteile basieren auf einem naiven Egalitarismus bzw. auf der Basis direkter Reziprozität („Wie du mir, so ich dir").
Konventionell		Moralische Urteile werden durch die Erfüllung von Rollenerwartungen sowie durch die Aufrechterhaltung des Status-Quo begründet.
	Stufe 3	Moralische Urteile zielen auf die Erfüllung der Erwartungen relevanter, sozialer Interaktionspartner ab („Good boy, good girl" Orientierung).
	Stufe 4	Moralische Urteile werden durch die bestehende soziale Ordnung begründet.
Postkonventionell		Moralische Urteile greifen auf das Wissen der Relativität von Regeln sowie auf die Ausbildung eigener Werturteile bzw. Prinzipien zurück.
	Stufe 5	Regeln werden als relativ und im Sinne des Aushandlungsprozesses verschiedener Anspruchsgruppen gesehen. Gesellschaftliche Rechte und Pflichten stehen im Zentrum der Urteilsbegründung.
	Stufe 6	Moralische Urteile orientieren sich an eigenen Wertvorstellungen, die sich auf übergeordnete Vernunftprinzipien berufen.

◻ **Abb. 4.2** Ebenen und Stufen der moralischen Entwicklung nach Kohlberg (in Anlehnung an Kohlberg 1969, S. 373)

Bestrafungen (Stufe 1) oder gegenseitigen (mittelbaren) Erwartungen im Sinne von „eine Hand wäscht die andere" oder „wie du mir, so ich dir" (Stufe 2). Kohlberg geht davon aus, dass insbesondere Kinder über ein solches Moralverständnis verfügen und dieses im Laufe ihres Lebens durch ein komplexeres Moralverständnis ersetzen.

Die meisten Menschen erreichen nach Kohlbergs empirischen Erkenntnissen die Ebene eines konventionellen Moralverständnisses. Hier werden moralische Urteile vor allem auf Basis bestehender sozialer Rollenerwartungen und gesellschaftlicher Gesetze, und somit mehr oder weniger unabhängig individueller und materieller Konsequenzen, getroffen. Auf Stufe 3 sehen Menschen es als gut an, gemäß den Erwartungen des unmittelbaren sozialen Umfelds, wie z. B. Eltern, Freunden, Lehrern, Vorgesetzten etc. zu handeln und ihrer Rolle als „good girl" bzw. als „good boy" gerecht zu werden. Auf Stufe 4 wird das unmittelbare soziale Umfeld verlassen und sich an der übergeordneten, abstrakten Gesellschaft und deren sozialer Ordnung (z. B. Gesetze) orientiert. Diese wird aber noch weitestgehend als gegeben angesehen und nicht vor dem Hintergrund übergeordneter Prinzipien hinterfragt.

Gemäß Kohlberg erreichen nur wenige Menschen das Entwicklungsniveau der letzten, dritten Ebene. Auf dieser postkonventionellen Ebene herrscht die Erkenntnis

„Heinz-Dilemma":	*„Die Ehefrau von Heinz ist schwer an Krebs erkrankt. Nur ein Medikament kann sie retten, das ein Apotheker im gleichen Wohnort entwickelt hat. Der Apotheker, der allein im Besitz des Medikaments ist, will Heinz die lebensrettende Medizin lediglich zu einem stark überhöhtem Preis verkaufen. Heinz kann das Geld aber nicht aufbringen – er schöpft alle legalen Möglichkeiten aus. Seiner Bitte, ihm das Medikament billiger zu verkaufen, kommt der Apotheker nicht nach. Heinz überlegt deshalb, ob er das Medikament aus der Apotheke stehlen soll."*
Stufe	**Beispielhafte Antworten in der jeweiligen Stufe**
Stufe 1	Heinz sollte stehlen, weil seine Frau eine wichtige Person sein könnte. Heinz sollte nicht stehlen, denn dann wird er geschnappt, eingesperrt oder ins Gefängnis gesteckt.
Stufe 2	Heinz sollte stehlen, wenn er seine Frau braucht. Heinz sollte nicht stehlen, weil er ein zu hohes Risiko eingehen würde.
Stufe 3	Heinz sollte stehlen, weil er für seine Frau sorgen sollte. Heinz sollte nicht stehlen, weil es eigennützig ist zu stehlen.
Stufe 4	Heinz sollte stehlen, weil seine Frau zur Gesellschaft beitragen kann. Heinz sollte nicht stehlen, denn wenn Eigentumsrechte nicht mehr gelten, würde es sich nicht mehr lohnen, Arzneimittel zu entwickeln.
Stufe 5	Heinz sollte stehlen, weil das Recht auf Leben höherrangiger ist als das Recht auf Eigentum. Man muss das Gesetz befolgen, solange es die Grundrechte Einzelner gegen Beeinträchtigungen durch andere schützt.

◘ **Abb. 4.3** Mögliche Antworten auf das „Heinz Dilemma" je moralischer Entwicklungsstufe (in Anlehnung an Becker 2011)

vor, dass gesellschaftliche Regeln, Konventionen und Gesetze ein menschliches Produkt und demnach fehlbar sind. Diese Fehlbarkeit wird dann vor dem Hintergrund übergeordneter ethischer Prinzipien hinterfragt, wobei auf Stufe 5 Kriterien gelten, wie sie z. B. im Rahmen des Utilitarismus oder der Vertragstheorie von Hobbes gefunden werden können. Moralische Normen werden vor allem vor dem Hintergrund des Ausgleichs der individuellen Interessen bewertet. Auf Stufe 6 hingegen werden moralische Normen, ähnlich wie bei Kant oder im Rahmen der Diskursethik, anhand abstrakterer Prinzipien wie Universalität, Formalität oder Widerspruchsfreiheit betrachtet.

Es ist zu vermuten, dass das erreichte Entwicklungsniveau eines Menschen sehr stark von den sozial-moralischen Lernmöglichkeiten und der Entwicklung der geistigen Fähigkeiten (z. B. IQ) der jeweiligen Person abhängen. Da Kinder weder über voll entwickelte geistige Fähigkeiten verfügen, noch die Möglichkeit hatten, viele soziale Erfahrungen zu sammeln, befinden sie sich hauptsächlich auf einem niedrigen Entwicklungsniveau. Mit zunehmenden geistigen Fähigkeiten und moralischen Lernerfahrungen, z. B. durch die Übernahme verschiedener sozialer Rollen oder dem (schulischen) Erlernen ethischer Theorien, entwickeln Menschen ein komplexeres Verständnis über soziale Zusammenhänge. Je nach Umständen verbleiben aber die meisten Menschen auf den konventionellen Stufen 3 und 4 oder erreichen maximal die postkonventionelle Stufe 5. Nur eine geringe Anzahl von Menschen (ca. 5 %) erreicht, weil sie sich z. B. wie Philosophen beruflich mit ethischen Themen auseinandersetzen, die 6. Stufe.

Obwohl sich der Ansatz Kohlbergs und dessen Einfluss auf das moralische Handeln in empirischen Studien zeigen konnte, erscheint fraglich, inwieweit der Ansatz Kohlbergs eine vollständige Erklärung für moralische Handlungen bieten kann. Kritische Auseinandersetzungen mit dem Ansatz von Kohlberg betonen in diesem Zusammenhang, dass der kognitive Ansatz Kohlbergs moralisches Urteilsvermögen lediglich auf Basis des Antwortverhaltens von Individuen auf neutrale und fiktive moralische Dilemma-Situationen misst. Zentrale Aspekte wie z. B. (1) Motivationslagen, (2) moralische Intensitäten, (3) Aufmerksamkeit (vgl. ▶ Abschn. 4.6 und ▶ Abschn. 4.7) oder (4) Emotionslagen (vgl. ▶ Abschn. 4.5) bleiben im Ansatz von Kohlberg weitestgehend ausgeblendet. In Abhängigkeit dieser weiteren Einflussfaktoren erscheint es deswegen nicht verwunderlich, wenn sich empirisch zeigt, dass Menschen je nach Situation auch unterschiedliche Argumentationsstufen anwenden und dass das Argumentationsniveau nicht immer deckungsgleich mit dem gezeigten Verhalten ist.

4.5 Die Rolle von Intuition und Emotion

Kohlbergs Ansatz geht implizit davon aus, wie z. B. auch die normative Theorie von Hobbes (▶ Abschn. 2.4), dass Menschen erst durch Lernprozesse innerhalb der Gesellschaft moralisch diszipliniert werden. Gleichsam unterstellt Kohlberg das moralische Entscheidungen hauptsächlich auf einem rational-systematischen Wege, d. h. auf Basis bewusster Abwägungsprozesse und vor dem Hintergrund erlernter normativer Theorien, getroffen werden. Das sogenannte **Social Intuitionist Model** nach Haidt widerspricht beiden Thesen von Kohlberg, indem es ähnlich wie Rousseau behauptet, dass Menschen bereits bei Geburt genetische Voraussetzungen für moralisches Entscheiden mitbringen. Diese Voraussetzungen drücken sich oftmals dadurch aus, dass wir moralische Entscheidungen (zumeist unbewusst) auf Basis von Emotionen und Intuitionen treffen, ohne diese wirklich systematisch zu reflektieren.

Nach Haidt besitzen wir Menschen, vermutlich evolutionär bedingt, bereits ein Basisrepertoire an moralischen Empfindungen. Er verweist hierfür auf Studien, die zeigen können, dass eine Vielzahl von moralischen Prinzipien, wie z. B. Fürsorge, Schadensvermeidung, Gegenseitigkeit, Fairness, Hierarchien, Gruppensolidarität, etc. bereits bei anderen Primatenarten vorzufinden ist, obwohl diesen Primaten gemeinhin, im Vergleich zum Menschen, nur eine geringe Fähigkeit zu abstrakt-logischem Denken zugesprochen wird.

Haidt geht infolgedessen davon aus, dass wir Menschen eine evolutionäre Prädisposition zu jeglichen moralischen Verhaltensweisen besitzen und die Kultur, ähnlich wie bei der Sprache, nur dazu dient, bestimmte moralische Dispositionen hervorzuheben und andere „abzutrainieren". Wie bei der Sprache, so Haidt, haben Kleinkinder potenziell die Fähigkeit jeglichen phonetischen Laut zu erzeugen, werden aber innerhalb der Kultur mit spezifischen Dialekten, Aussprachen, etc. konfrontiert, so dass sie im Laufe ihres Lebens bestimmte phonetische Laute besonders gut und andere z. T. gar nicht mehr bilden können.

> **Merke!**
>
> Das **Moral Reasoning** umschreibt das aus persönlichen, normativ-ethischen Theorien deduktiv abgeleitete moralische Urteilen (Moral Judgment).
> Die **Moral Intuition** umfasst aus Intuition und Emotion hervorgehende moralische Urteile, die nicht einer systematisch-deduktiven und bewussten Abwägung von moralischen Argumenten entspricht.

Nach Haidt ist die Quelle moralischer Entscheidungen weniger in evolutionär neueren Hirnregionen, die gemeinhin mit abstrakten Denkleistungen in Verbindung gebracht werden, sondern vielmehr in älteren, für die Emotionserzeugung und -verarbeitung zuständigen Hirnregionen zu finden. Haidt schließt daraus, dass moralische Entscheidungen hauptsächlich durch mehr oder weniger unbewusste, intuitiv-emotionale Prozesse gesteuert werden (**Moral Intuition**), die der bewussten Reflektion (**Moral Reasoning**), so wie sie Kohlberg unterstellt, weitestgehend entzogen sind.

Die rationale Reflektion moralischer Entscheidungen dient vielmehr der nachträglichen Rechtfertigung einmal getroffener Entscheidungen. So verweist Haidt auf Studien innerhalb derer Menschen Szenarien vorgelegt wurden, die intuitiv abstoßend wirken, in denen jedoch keinerlei physischer Schaden entsteht (siehe Infobox). In den allermeisten Fällen reagierten die Versuchsteilnehmer intuitiv ablehnend gegenüber diesen Szenarien, konnten aber im Nachgang nur auf Basis fadenscheiniger Argumente (vermeintlicher Schaden, Reue, etc.) oder gar nicht erklären, warum sie dies tun (Haidt nennt dieses Phänomen „**Moral Dumbfounding**").

Hintergrund: Moral Dumbfounding

Bewerten Sie, ob Sie die folgenden Szenarien als moralisch verwerflich bezeichnen würden (aus Haidt et al. 1993). Wenn ja, warum?

Flag: A women is cleaning out her closet, and she finds her old American flag. She doesn't want the flag anymore, so she cuts it up into pieces and uses the rags to clean her bathroom.

Promise: A woman was dying, and on her deathbed she asked her son to promise that he would visit her grave every week. The son loved his mother very much, so he promised to visit her grave every week. But after the mother died, the son didn't keep his promise, because he was very busy.

Dog: A family's dog was killed by a car in front of their house. They had heard that dog meat was delicious, so they cut up the dog's body and cooked it and ate it for dinner.

Kissing: A brother and sister like to kiss each other on the mouth. When nobody is around, they find a secret hiding place and kiss each other on the mouth, passionately.

Chicken: A man goes to the supermarket once a week and buys a dead chicken. But before cooking the chicken, he has sexual intercourse with it. Then he cooks it and eats it.

Hintergrund: Betrug und Emotion

Beispielsweise verglichen Fischbacher und Föllmi-Heusi (2013), Teper et al. (2011) sowie Shalvi et al. (2013) Antworten von Probanden in hypothetischen Betrugsszenarien mit deren tatsächlichem Verhalten in realen Betrugssituationen. In allen drei Experimenten konnte beobachtet werden, dass sich Probanden in realen Situationen weit weniger betrügerisch verhalten als sie zuvor in den hypothetischen Szenarien angenommen hatten.

Ebenso macht Haidt auf die Erkenntnisse des Neurowissenschaftlers António Damásio aufmerksam. Damásio konnte zeigen, dass Menschen, die Schädigung in emotionsverarbeitenden Hirnregionen aufweisen (wie z. B. Phineas Gage siehe Infobox), unfähig sind, langfristige und soziale Entscheidungen zu treffen und dies obwohl grundlegende Wahrnehmungs-, Intelligenz- oder Gedächtnisfähigkeiten von den Schäden unbeeinträchtigt geblieben sind.

Hintergrund: Der Fall des Phineas Gage

Damásio beschreibt in seinem Buch "Descartes Irrtum" (Damásio 1994) den Fall des Eisenbahnvorarbeiters Phineas Gage, dem während Gleisarbeiten im Jahre 1848 eine ca. 1 m lange und 3 cm dicke Eisenstange durch den Kopf geschossen wurde. Wie durch ein Wunder überlebte Gage den Unfall und blieb bei vollem Bewusstsein. Auch kognitive Grundfunktionen wie Wahrnehmung (bis auf den Verlust eines Auges), Erinnerung, Intelligenz und Sprechen blieben durch den Unfall weitestgehend unbeeinträchtigt. Allerdings veränderte sich nach dem Unfall das Sozialverhalten von Gage. Während er vor dem Unfall eine umsichtige, beliebte und erfolgreiche Persönlichkeit war, hatte er nach dem Unfall große Probleme damit langfristige Entscheidungen zu treffen und soziale Kontakte aufrechtzuerhalten. Mittels moderner Verfahren konnte der Schädel von Gage in den 1990er Jahren auf die von dem Unfall betroffenen Hirnareale untersucht werden. Hierbei stellte sich heraus, dass vor allem Hirnregionen beschädigt wurden, die mit der Verarbeitung von Emotionen in Verbindung stehen. Damásio schloss daraus, dass die Existenz und Verarbeitung von Emotionen wohl ebenso wichtig für eine vernünftige Entscheidungsfindung sind, wie es grundlegende kognitive Aktivitäten sind.

> **Auf den Punkt gebracht: Haidt ist davon überzeugt, dass jeder moralischen Entscheidung unweigerlich emotionale Bewertungsprozesse vorausgehen und unsere kognitiven Denkleistungen hauptsächlich dazu dienen, die einmal getroffenen Entscheidungen wie ein Anwalt vor sich selbst und anderen zu rechtfertigen.**

Auf den Punkt gebracht: Nach Haidt sind Menschen nur unter ganz bestimmten Bedingungen dazu in der Lage in einsamer Überlegung zu ausgewogenen und richtigen moralischen Urteilen zu gelangen, da sie zu stark vom eigenen, emotionalen Standpunkt beeinflusst werden. Viel eher sieht er richtige moralische Urteile als Ergebnis eines sozialen Interaktionsprozesses an (deswegen auch *Social* Intuitionist Model), in denen ein jeder lediglich seine eigene Meinung vertritt und versucht den anderen von dieser zu überzeugen. Abhängig vom Interaktionspartner (z. B. einem Freund) oder dem Ergebnis einer Diskussion können so über einen längeren Zeitraum neue Intuitionen entstehen. Gemäß Haidt ist deswegen z. B. das sogenannte „Tratschen" ein wichtiger Mechanismus der Bildung und Veränderungen moralischer Überzeugungen.

In der Folge von Haidts Theorie haben Neurowissenschaftler um Joshua Greene versucht, den Zusammenhang zwischen kognitiven und emotionalen Operationen weiter aufzuklären. Sie konnten feststellen, dass abhängig von bestimmten Bedingungen, entweder rational-systematische oder emotional-intuitive Verarbeitungsprozesse das schlussendliche Urteil dominieren.

Mittels funktionaler Magnetresonanztomographie (fMRT) ließ sich nachweisen, dass Hirnregionen, die vor allem mit der Erzeugung und Verarbeitung von Emotionen in Zusammenhang stehen, wie z. B. der ventromediale präfrontale Kortex (VMPFC), der posteriore cinguläre Kortex (PCC) oder die Amygdala, hauptsächlich bei sogenannten persönlichen moralischen Dilemmata starke Aktivität zeigen. Persönliche Dilemmata beschreiben dabei Situationen, die sich durch …:

1. persönliche Verantwortung (ME),
2. für einen direkten (physischen) Schaden (HURT),
3. an einer unmittelbar anwesenden bzw. lebendig vorstellbaren Person (YOU) charakterisieren lassen (vgl. „Infanticide Dilemma" in ◘ Abb. 4.4).

Beispiel: ME-HURT-YOU in Betrugsexperimenten

Die ME-HURT-YOU-Bedingungen können vielleicht auch eine Erklärung für die von Michèle Belot und Marina Schröder (Belot und Schröder 2012) gemachte Beobachtung liefern, gemäß derer Versuchsteilnehmer wesentlich eher einen Betrug als einen Diebstahl begehen. Während bei einem Betrug der Betrogene einem Irrtum unterliegt und deswegen eine Handlung ausführt, die ihm selbst schadet und den Betrüger bevorteilt, muss für einen Diebstahl der Dieb aktiv dem Bestohlenen schaden, um sich selbst zu bereichern (ME-HURT-YOU).

Auch das Experiment von Pavel Atanasov und Jason Dana (Atanasov und Dana 2011) weist auf die Erklärungskraft der ME-HURT-YOU-Bedingungen hin. Sie verglichen ein „normales" Betrugsszenario, in dem man seine eigene Leistung fälschlicherweise erhöhen musste, um eine höhere Bezahlung zu erlangen, mit einem Betrugsszenario, in dem man das Ergebnis eines anderen verschlechtern musste, um die eigene Auszahlung zu erhöhen. Die Betrugsquote war in der letzteren Gruppe signifikant geringer. Es ist zu vermuten, dass die Notwendigkeit eines direkten Eingriffs (ME-HURT-YOU) die Hemmschwelle zum Betrug wesentlich erhöht.

Im umgekehrten Fall, also bei Szenarien, die sich durch keine direkte Verantwortlichkeit für einen entstehenden Schaden auszeichnen (sog. unpersönliche Dilemmata), sind verstärkt solche Hirnregionen aktiv, die mit abstraktem Denkvermögen in Zusammenhang gebracht werden können, wie z. B. der dorsolaterale präfrontale Kortex (DLPFC) oder das untere Parietallläppchen (IPL). Es liegt demnach der Schluss nahe,

Persönliches Dilemma ("Infanticide Dilemma")	Imagine that you are a teenage girl who has become pregnant. By wearing baggy clothes and putting on weight you managed to hide your pregnancy. One day during school, you start to go into labor. You rush to the locker room and give birth to the baby alone. You do not feel that you are ready to care for this child. Part of you wants to throw the baby in the garbage and pretend it never existed so that you can move on with your life. Is it okay to throw away your baby in order to move on with your life?
Unpersönliches Dilemma ("Trolley Dilemma")	A runaway trolley is headed for five people who will be killed if it proceeds on its present course. The only way to save the them is to hit a switch that will turn the trolley onto an alternate set of tracks where it will kill one person instead of five. Should you turn the trolley in order to save five people at the expense of one?
Konflikt Dilemma ("Crying Baby Dilemma")	Enemy soldiers have taken over your village. They have orders to kill all remaining civilians. You and some of your townspeople have sought refuge in the cellar of a large house. Outside, you hear voices of soldiers who have come to search the house for valuables. Your baby begins to cry loudly. You cover his mouth to block the sound. If you remove your hand from his mouth, his crying will summon the attention of the soldiers who will kill you, your child, and the others hinding out in the cellar. To save yourself and the others, you must smother your child to death. Is it appropriate for you to smother your child in order to save yourself and the other townspeople?

◘ **Abb. 4.4** Dilemmatypen in Anlehnung an Greene et al. 2004

dass Emotionen vor allem dann eine entscheidende Rolle spielen, wenn moralische Dilemmata die eigene Verantwortlichkeit betonen und einen unmittelbaren (physischen) Schaden an einer nahestehenden Person hervorrufen.

Neben eindeutig persönlichen und unpersönlichen Dilemmata haben Greene und Kollegen überdies untersucht, welche Hirnregionen bei sogenannten Konfliktdilemmata aktiviert werden. Konflikt-Dilemmata zeichnen sich in diesem Zusammenhang dadurch aus, dass emotionale Reaktionen in Konflikt mit übergeordneten Prinzipien, wie z. B. einer utilitaristischen Bewertung, stehen. Beispielsweise muss im sogenannten „Crying-Baby Dilemma" (◘ Abb. 4.4) zwischen der unmittelbaren Tötung des eigenen Kindes (unmittelbare emotionale Reaktion) und dem übergeordneten Nutzen für eine Gruppe (gegenläufiges utilitaristisches Prinzip) entschieden werden. Im Ergebnis ließ sich beobachten, dass die Versuchsteilnehmer länger für die Urteilsfindung brauchen als in den eindeutigen Szenarien.

Zudem sind die Antworten für die emotionale oder die rationale Lösung nahezu gleich verteilt. Unabhängig davon, welche Entscheidung schlussendlich getroffen wurde, sind jeweils beide Entscheidungszentren gleichzeitig aktiv. Hierbei ist erwähnenswert, dass emotionale Hirnregionen unabhängig von der schlussendlichen Entscheidung immer in etwa gleich stark aktiviert wurden, während die eher „rationalen" Hirnregionen vor allen Dingen bei denjenigen Versuchsteilnehmern verstärkte Aktivität zeigten, die sich schlussendlich für die Kindstötung, also für die rationale Antwortalternative entschieden haben.

Hintergrund: Die Manipulierbarkeit der emotionalen Entscheidungsfindung

Im Zuge weiterer Experimente ließ sich zudem nachweisen, dass die emotionale Entscheidungsfähigkeit durch äußere Umstände relativ einfach manipuliert werden kann. Beispielsweise ver-
setzten *Valdesolo und DeSteno (2006) Probanden durch lustige Videoclips in eine positive Stimmung.
Diese positive Stimmung führte dazu, dass die negative affektive Reaktion der Kindstötung im oben
beschrieben Konfliktdilemma weniger stark wahrgenommen und häufiger die utilitaristische Alternative
gewählt wurde. Wheatly und Haidt (2005) hypnotisierten ferner Probanden so, dass sie auf bestimmte
Wörter mit Ekel reagierten. Wurden diese Probanden nun mit Geschichten vollkommen unschuldiger
Menschen konfrontiert, in denen jedoch oft das mit Ekel assoziierte Wort vorkam, attribuierten dennoch
ungefähr ein Drittel der Probanden ihren gegenwärtigen Gemütszustand auf die zu bewertende Person
und verurteilten diese.*

4.6   Die (unbewusste) Aufrechterhaltung des Selbstbildes

Im Idealfall weiß eine Person was moralisch richtig ist, handelt schlussendlich danach
und erfährt dadurch eine positive Selbstbestätigung. Gemäß Aristoteles würde dies
einen absolut tugendhaften Charakter ausmachen (vgl. ▶ Abschn. 2.1). In der Realität
jedoch existiert in vielen Fällen ein Konflikt zwischen dem, was man theoretisch für
moralisch richtig erachtet und dem was man tatsächlich will.

So kann man aus reiflicher Überlegung zu dem Schluss kommen, dass man Menschen grundsätzlich respektvoll und ehrlich gegenübertreten sollte, gleichzeitig aber
die Erfahrung gemacht haben, dass eine solche Haltung nicht in allen Fällen die beste
Strategie für den beruflichen Erfolg darstellt. In einer solchen Situation stehen sich
unweigerlich zwei entgegengesetzte und für das Individuum wichtige Motive gegenüber. Das Problem liegt nun darin, dass entweder der Selbstwert dadurch Schaden
nimmt, weil auf den beruflichen Erfolg verzichtet wird oder der eigene Selbstwert
deswegen in Mitleidenschaft gezogen wird, weil man entgegen seiner moralischen
Überzeugung handelt.

Die **Self-Concept Maintenance** Theorie nach Nina Mazar, On Amir und Dan Ariely behauptet deswegen, dass Menschen einen inneren Kompromiss zwischen ihren
eigennützigen und ihren moralischen Tendenzen suchen. Dieser drückt sich etwa
dadurch aus, dass die meisten Menschen, auch wenn sie keinerlei negativen Folgen zu
erwarten hätten, nur bis zu einem gewissen Grad unmoralisch handeln. Dieser Grad
definiert sich durch eine Schwelle bis zu der man sich selbst noch als guten Menschen
betrachten kann, obwohl man faktisch gegen moralische Normen verstößt. Bildlich
gesprochen handelt es sich hierbei um moralische Verstöße, die unter dem *Radar*
unseres Gewissens begangen werden.

Hintergrund: Die Präferenz für die „halb-moralische" Option

Shalvi et al. (2011) war es in einem dem von Fischbacher und Völlmi-Heusi (2013, vgl. ▶ Abschn. 4.2)
ähnlichen Experiment möglich zu zeigen, dass ein Großteil der Versuchsteilnehmer in ihrem Expe-

riment einen Kompromiss zwischen einer moralischen und einer eigennützigen Handlung präferieren. Während die Versuchsteilnehmer in einer Vergleichsgruppe nur zwischen einer ehrlichen, einer geringfügigen unehrlichen (die Auszahlung erhöht sich um $0,5) sowie einer maximierenden unehrlichen Antwort (die Auszahlung erhöht sich um $1,5) wählen konnten, wurden einer Experimentalgruppe die zusätzliche Option einer mittleren unehrlichen Antwort (die Auszahlung erhöht sich um $1) geboten. In der ersten Gruppe konnte beobachtet werden, dass die Betrugsquote nur unmerklich von einem gleichverteilten Würfel abgewichen ist, während in der Experimentalgruppe ein deutlicher Anstieg der Betrugsquote, insbesondere für die mittlere Option, zu beobachten war. Die Existenz einer Kompromissoption hat folglich die Hemmschwelle für eine unehrliche Antwort wesentlich gesenkt.

Gemäß der Self-Concept Maintenance Theorie ist die Höhe der Schwelle davon abhängig, inwiefern es dem Gehirn gelingt, unsere moralischen Bedenken mittels unbewusster, selbstwertschützender Strategien zu umgehen. Unser Gehirn täuscht uns selbst, um trotz moralischer Vergehen ein positives, moralisches Selbstverständnis aufrechterhalten zu können. Als wesentliche Strategien identifiziert die Self-Concept Maintenance Theorie dabei …:

1. … das Ausblenden bzw. die Herabsetzung moralischer Standards (Attention to Standards) sowie
2. … die kognitive Neubewertung der potenziell unmoralischen Handlung (Categorization).

Im Hinblick der ersten Strategie versucht das Gehirn, uns möglichst von moralischen Standards abzulenken, um moralische Bedenken gar nicht erst aufkommen zu lassen. Die nur begrenzt vorhandene kognitive Aufmerksamkeit wird entsprechend verstärkt an der persönlich-egoistischen Zielerfüllung ausgerichtet. Mazar et al. (2008) veranschaulichten in diesem Zusammenhang mittels eines Experiments, dass Versuchsteilnehmer, die vor einer Betrugsgelegenheit explizit auf moralische Standards (gleich welcher Art) hingewiesen wurden, weit seltener die spätere Betrugsgelegenheit nutzten.

Hintergrund: Die Wirkung eines moralischen Appells

Gerald Pruckner und Rupert Sausgruber haben, um den Effekt eines moralischen Appels zu beobachteten, an öffentlichen Zeitungsboxen, deren Bezahlmechanismus darauf vertraut, dass die jeweiligen Zeitungskunden freiwillig den für eine Zeitung erforderlichen Preis einzahlen, den Schriftzug „Wir bedanken uns für Ihre Ehrlichkeit!" angebracht. Im Vergleich zu einer Kontrollgruppe konnten sie feststellen, dass Zeitungsboxen mit Appell wesentliche höhere Einnahme erzielen. Im Gegensatz dazu ließ sich kein Effekt beobachten, wenn anstelle der Moralität an die Illegalität der Nichteinzahlung appelliert wurde

Vohs und Schooler (2008) wiesen darüber hinaus nach, dass nicht nur die Attention to standards, sondern auch eine erhöhte Aufmerksamkeit bezüglich der eigenen Verantwortung die Wahrscheinlichkeit zu unmoralischem Verhalten verringern kann. In ihrem Experiment wurden den Versuchsteilnehmern vor einer Betrugsgelegenheit (ähnlich derer des Experiments von Mazar et al 2008) wissenschaftliche Texte zum Thema Determinismus vs. Freier Wille vorgelegt (vgl. hierzu auch

▶ Kap. 1). Diejenigen, die Texte lesen mussten, die den Determinismus befürworteten, haben im Nachgang weit mehr betrogen, als Versuchsteilnehmer, die Texte lesen mussten, die den freien Willen befürworteten. Die Wissenschaftler folgern, dass die den freien Willen befürwortenden Texte die Aufmerksamkeit auf die eigene Verantwortung steigern und damit unmoralisches Verhalten einschränken.

Umgekehrt kann aber auch die Aufmerksamkeit auf den monetären Eigennutz erhöht werden. Gino und Pierce (2009) hatten in diesem Zusammenhang die Möglichkeit zu zeigen, dass allein die Sichtbarkeit großer Geldmengen während eines Experiments (z. B. lagen in einem Experiment 7000 $1-Dollarscheine auf einem Tisch im Experimentallabor), die Probanden zu mehr Betrug verleiten kann. Sie argumentieren, dass die Sichtbarkeit von Geld monetäre Aspekte stärker in den Mittelpunkt der Aufmerksamkeit rückt.

Die zweite Strategie der Self-Concept Maintenance basiert auf der Idee, nur solche Informationen zu suchen, die den unmoralischen Charakter der Handlung in Zweifel ziehen können. In der Kognitionspsychologie würde man hier von einem sogenannten Confirmation Bias oder einem Self-Serving Bias sprechen, d. h. einer kognitiven Verzerrung im Zuge derer man nur solche Informationen sucht und verarbeitet, welche die eigenen Erwartungen (über die Moralität der eigenen Handlung) bestätigen können. Vornehmlich im Rahmen moralischer Handlungen erscheint dieser Mechanismus besonders gut funktionieren zu können, da das Thema der Moral als äußerst vieldeutig und subjektiv charakterisiert werden kann.

Hintergrund: Der Einsatz von Spielgeld als Rechtfertigungsgrund

Mazar et al. (2008) beobachteten gar, dass der Einsatz von Spielgeld, welches direkt im Anschluss an das Experiment wieder in reales Geld umgetauscht werden konnte, im Vergleich zu einer Kontrollgruppe, die von vorneherein um echtes Geld gespielt hatte, die Probanden zu höheren Betrugsraten verleitet. Selbst vollkommen ergebnisirrelevante Informationen, wie der zwischenzeitliche Einsatz von Spielgeld, werden folglich dazu genutzt, die fehlende Moralität der eigenen Handlung in Frage zu stellen.

In diesem Zusammenhang können z. B. die von Gresham M. Sykes und David Matza im Jahre 1957 identifizierten **Neutralisierungsstrategien** Aufschluss darüber geben, welche potenziellen Möglichkeiten existieren, um die eigene Handlung zu rechtfertigen (Sykes und Matza 1957). Gängige Möglichkeiten der kognitiven Neubewertung liegen u. a. …:

1. … in der Verneinung der eigenen Verantwortung („Die Umstände waren schuld").
2. … in der Verneinung eines möglichen Schadens bzw. möglicher Opfer („Das tut ja keinem weh").
3. … in der Abwertung der Opfer („Der hat's ja eigentlich verdient").
4. … in der Verurteilung der Verurteilenden („Jeder andere hätte es doch genauso gemacht").

Eine selbstwertschützende Neubewertung ist umso effektiver, je stärker die gegebenen Informationen eine Neubewertung zulassen. Es ist somit umso schwieriger die negativen Folgen einer Handlung zu verneinen, je offensichtlicher sie vor Augen geführt werden. Ebenso würde die Verdeutlichung einer direkten Ursache-Wirkungsbeziehung zwischen der eigenen Handlung und den entstehenden Folgen eine Ablehnung der eigenen Verantwortung erschweren.

Beispiel: Das berufliche Umfeld erleichtert die Rechtfertigung
Insbesondere im beruflichen Umfeld erscheinen besonders gute Voraussetzungen für eine kognitive Umdeutung zu existieren. So zeichnet sich Korruption meist dadurch aus, dass unmittelbare Geschädigte, wie z. B. die Gesellschaft oder das Unternehmen als Ganzes, nur schwer identifizierbar sind, die Verantwortung leicht abgeschoben werden kann („ich hab ja nach den Tickets nicht aktiv gefragt") und Korruption auch heute noch in vielen Fällen eine gängige Praxis darstellt („Jeder andere hätte die Tickets auch angenommen").

Hintergrund: Neutralisierungstechniken sind nur unbewusst wirksam
Solche kognitiven Neutralisierungsstrategien funktionieren gemeinhin nur solange, solange sich die jeweilige Person nicht über deren Funktionsweise bewusst ist. Sobald eine Person weiß, dass bestimmte Informationen und Gründe nur deswegen angeführt werden, um den eigenen Selbstwert zu schützen, verliert die kognitive Selbsttäuschung ihre Wirkung. David M. Bersoff (1999) konnte in diesem Zusammenhang zeigen, dass Individuen dann weniger betrügen, wenn sie zuvor mit Rechtfertigungsstrategien konfrontiert wurden (Bersoff 1999).

4.7 Erschöpfung und Selbstkontrolle

Wie in den vorherigen Abschnitten zu sehen war, kann es mitunter, und vor allem im beruflichen Umfeld, sehr schwer sein, sich moralisch zu verhalten. So sind Betrugs- oder Korruptionsgelegenheiten oftmals sehr stark mit positiven Emotionen (Gier) verbunden und noch dazu relativ einfach vor sich selbst zu rechtfertigen. Beruflicher Erfolg oder sonstige persönliche Vorteile erscheinen also im beruflichen Kontext besonders greifbar und lebendig, während die Moralität nur als eher abstraktes, theoretisches Hintergrundwissen in Erscheinung tritt. Opfer, Schäden und Verantwortlichkeiten sind meist nicht direkt ersichtlich (vgl. hierzu auch die ME-HURT-YOU-Bedingungen in ▶ Abschn. 4.5).

Um trotz einer solchen Konstellation seinen moralischen Überzeugungen zu folgen, sind z. T. kognitiv sehr schwierige Aufgaben zu erfüllen:

1. Die Aufmerksamkeit muss auf das moralische Problem fokussiert werden.
2. Daraufhin ist ein rational-systematischer Denkprozess anzustoßen.
3. Dieser Denkprozess muss die richtige moralische Handlungsalternative identifizieren können.

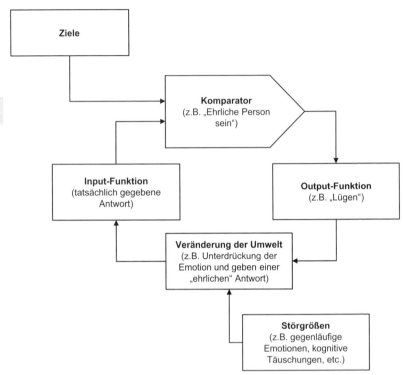

☐ Abb. 4.5 Ökonomische Spiele sowie empirisch gemessene Ergebnisse

4. Gegenläufige Emotionen müssen unterdrückt werden.
5. Kognitive „Täuschungsstrategien" müssen erkannt und umgangen werden.
6. Es muss sich schließlich zur tatsächlichen Handlung motiviert werden.

All diese Aufgaben sind mit Anstrengung verbunden und erfordern ein hohes Maß an bewusster **Selbstkontrolle**. Laut der Theorie der Selbstkontrolle bzw. der Selbstregulation (von Selbstkontrolle wird gemeinhin gesprochen, wenn die Selbstregulation bewusst und gewollt abläuft) werden Menschen als sogenannte kybernetische (selbstständig regelnde) Systeme betrachtet, die einen Zustand der inneren Homöostase (Gleichgewichtszustand) anstreben (vgl. ☐ Abb. 4.6).

	Spielbeschreibung	Vorhersage des standardökonomischen Modells	Empirische Beobachtungen
Ultimatum Game	Im Ultimatum Spiel bietet der Proposer dem Responder eine Aufteilung von $10 an. Der Responder kann die Aufteilung ablehnen oder annehmen. Bei Ablehnung ist die Auszahlung für beide Spieler Null.	Der Responder präferiert jede noch so kleine Auszahlung gegenüber keiner Auszahlung. Er sollte folglich nie ablehnen. Entsprechend sollte der Proposer die kleinste mögliche Summe anbieten.	z.B. Forsythe et al. (1994): 75% der Angebote entsprachen einer 50/50 Aufteilung oder besser für den Responder.
Dictator Game	Im Diktator Spiel bietet der Proposer dem Responder eine Aufteilung von $10 an. Der Responder kann die Aufteilung nicht ablehnen.	Da der Responder die Verteilung nicht ablehnen kann und dem Proposer Nutzenmaximierung unterstellt wird, wird der Proposer die volle Auszahlung für sich beanspruchen.	z.B. Forsythe et al. (1994): nur ca. 20% der Proposer gaben dem Responder nichts. Die meisten Proposer (ca. 29%) verteilten 30% an den Responder.
Market Game	Entspricht in etwa dem Ultimatum Spiel, nur dass hier entweder mehrere Responder oder Proposer im Wettbewerb zueinander stehen.	Da sich die Responder/Proposer gegenseitig unterbieten können und gleichzeitig jegliche Aufteilung gegenüber eine Ablehnung präferiert wird immer eine 0/100 Aufteilung angestrebt.	z.B. Roth et al. (1991): Wird das Spiel mehrere Runden gespielt, pendelt sich das ökonomische Gleichgewicht in Runde 5 ein. In der ersten Runde liegt die Verteilung etwa bei 20/80.
Gift-Exchange Game	Proposer können einem Responder eine Summe (Lohn) anbieten. Bei Annahme verdreifacht sich der Anteil für den Responder. Der Responder kann darauf hin die Verteilung erwidern und seinerseits einen Teil des erhaltenen Anteils auf eigene Kosten zurückgeben.	Der Responder wird eigene Kosten nicht in Kauf nehmen. Folglich wird er eine Verteilung nicht erwidern. Entsprechend sollte der Proposer dem Responder keine positive Summe auszahlen.	z.B. Fehr et al. (1993): Responder erwidern eine Auszahlung abhängig von der Höhe der Auszahlung. Die höchstmögliche Auszahlung wird nahezu immer mit einer 50/50-Rückgabe erwidert.
Public Goods Game	Spieler haben einen Anfangsbesitz. In jeder Runde entscheiden die Spieler, wie viel ihres Besitzes sie in eine öffentliche Kasse einzahlen möchten. Jede Einzahlung erhöht das Einkommen aller Spieler, reduziert aber das Einkommen des Einzahlers. Zahlt jeder ein, erhöht sich für alle das Einkommen.	Da jeder Spieler eine positive Auszahlung präferiert wird kein Spieler auf eigene Kosten in die öffentliche Kasse einzahlen.	z.B. Fehr/Gächter (2000): Ohne Bestrafungsmöglichkeit durch Mitspieler sinkt die Kooperationsbereitschaft gegen Null. Kann Free-Riding bestraft werden, steigt die Kooperationsbereitschaft nahezu auf 100%.

◨ **Abb. 4.6** Ökonomische Spiele, standardökonomischen Vorhersagen und empirische Erkenntnisse

---

┌─ **Merke!** ─────────────────────────────

Die **Selbstkontrolle** bezeichnet den Vorgang, sich bewusst und unter der Bedingung innerer oder äußerer Widerstände gemäß selbst gewählten Standards auszurlchten.

└──

Vornehmlich im Kontext moralischer bzw. krimineller Handlungen hat die Vorstellung der Selbstkontrolle besonderen Anklang gefunden. Zum Beispiel gehen die Soziologen Michael R. Gottfredson und Travis Hirschi in ihrer „General Theory of Crime" davon aus, dass fehlende Selbstkontrolle auch die Tendenz zu kriminellen Verhalten entscheidend erhöht. Vor allem die Unfähigkeit nicht auf kurzfristige (illegale) Gewinne, trotz möglicher langfristig negativer Folgen, verzichten zu können, ist für die beiden Autoren ein wesentlicher Indikator zur Vorhersage kriminellen Verhaltens. Durch eine Vergleichsanalyse verschiedenartiger, krimineller Delikte konnten sie feststellen, dass sich illegale Handlungen meist dahingehend ähneln, dass sie sich durch die Möglichkeit unmittelbarer Belohnung, einfacher Ausführung, geringer kognitiver Anforderungen sowie durch gleichzeitig hohe Langzeitrisiken charakterisieren lassen.

> **⊙** Auf den Punkt gebracht: Betrachtet man die oben identifizierten kognitiven
> Aufgaben, die für eine erfolgreiche Selbstkontrolle notwendig sind, dann wird
> deutlich wie schwierig es sein kann, sich selbst anhand moralischer Standards zu
> kontrollieren. Im Vergleich zu impulsiven und emotionalen Reaktionen ist anzu-
> nehmen, dass Selbstkontrolle Energie kostet, Zeit in Anspruch nimmt und einer
> nicht unerheblichen Anstrengung bedarf.

Die Theorie der **Ego-Depletion** (Ego-Erschöpfung) nach Roy Baumeister und seinen
Kollegen vergleicht in diesem Zusammenhang die Fähigkeit, sich selbst zu kontrollieren, mit einem (kognitiven) Muskel. Wie ein Muskel, so kann auch die Fähigkeit
zur Selbstkontrolle trainiert werden, bei zu starker Belastung an Kraft verlieren (sich
erschöpfen) oder nur bis zu einer gewissen Grenze Widerständen von außen stand-
halten. Wie Gewichtheber können wir zwar durch langes Training immer schwerere
Gewichte stemmen, dies aber nur bis zu einer (von Person zu Person unterschiedlichen) natürlichen Grenze.

Gleichsam ist es einem Gewichtheber ebenfalls nicht möglich, sein maximal
stembares Gewicht unbegrenzt lange in der Luft zu halten. Nach einer gewissen Zeit
lässt seine Kraft nach und er muss das Gewicht nach unten fallen lassen. Dieser Analogie folgend konnten Baumeister und seine Kollegen zeigen, dass auch die Fähigkeit
zur Selbstkontrolle kontinuierlich abnimmt, je länger Menschen kognitiv anstrengende
Aufgaben ausführen müssen. Beispielsweise konnten Versuchsteilnehmer Versuchun-
gen (z. B. verbotene Schokoladenkekse zu essen) dann schlechter widerstehen, wenn
sie zuvor kognitiv besonders schwere Aufgaben, wie z. B. das Schreiben eines Aufsatzes
ohne die Buchstaben A und N, zu lösen hatten.

Selbstkontrolle ist also umso schwerer, je größer die Versuchung ist und je erschöpf-
ter die kognitiven Fähigkeiten sind. Insbesondere im beruflichen Kontext erscheint
es deswegen besonders schwierig, sich selbst zu kontrollieren, da auf der einen Seite
zumeist sehr starke Anreize gesetzt werden und gleichzeitig auf der anderen Seite
viele Berufe ein hohes Maß an (kognitiver) Anstrengung (kombiniert mit Stress und
Zeitdruck) erfordern.

Merke!

Mit der **Ego-Depletion** (Ego-Erschöpfung) wird die Abnahme der Selbstkontrollfähigkeit, in Analogie zur Erschöpfung eines Muskels, durch häufige Beanspruchung
bezeichnet.

Hintergrund: Ego-Depletion und Betrug

Mead et al. (2009) konnten im Zusammenhang mit der Ego-Depletion z. B. experimentell feststellen,
dass Versuchsteilnehmer, die eine kognitiv anstrengende Aufgabe lösen mussten (wie eben einen

Aufsatz ohne die Buchstaben A und N zu verwenden) im Nachgang bei einer anderen Aufgabe mehr für Geld logen als eine Vergleichsgruppe, deren Teilnehmer eine kognitiv leichtere Aufgabe zu lösen hatten.Barnes et al. (2011) wiesen ergänzend hierzu nach, dass auch Schlafmangel zu höheren Betrugsraten führt und Shalvi et al. (2012) stellten fest, dass Probanden unter Zeitdruck stärker betrügen.

Gino und Margolis (2011) untersuchten die kombinierte Wirkung von moralischer Identität nach Aquino/Reed sowie Ego-Depletion nach Baumeister. Es konnte dabei festgestellt werden, dass eine kognitive Erschöpfung (Ego-Depletion) nur dann eine Auswirkung auf das Betrugsverhalten hatte, wenn Menschen eine geringe moralische Identität besitzen.

Allerdings unterstellen Baumeister und Kollegen ebenfalls, dass der Muskel zur Selbstkontrolle trainiert werden kann. Muraven et al. (1999) wiesen in diesem Zusammenhang experimentell nach, dass Studenten, die über eine längere Zeitspanne (z. B. über mehrere Monate) regelmäßig Selbstkontrollübungen durchführten, ihre Fähigkeit zur Selbstkontrolle signifikant steigern konnten. Auch lässt sich eine notwendige Erholungsphase der Selbstkontrollfähigkeit durch bestimmte Aktivitäten verkürzen. Tice et al. (2007) konnten bspw. zeigen, dass gute Stimmung, z. B. hervorgerufen durch humoristische Videos oder Geschenke, die Erholung der Selbstkontrollfähigkeit beschleunigt.

4.8 Moralische Präferenzen

In den vorangegangenen Abschnitten wurde hauptsächlich thematisiert, wie moralische Entscheidungen getroffen werden und welche Faktoren die moralische Entscheidungsfindung unterstützen bzw. einschränken. Nur am Rande wurde in diesem Zusammenhang dargestellt, welche inhaltlichen moralischen Entscheidungskriterien tatsächlich angewendet werden. Was halten Menschen grundsätzlich für moralisch richtig und gerecht? Was sind ihre moralischen Präferenzen? Ist es, wie die ökonomische Theorie unterstellt, nur der individuelle Nutzen oder orientieren sich Menschen, gemäß der Vorgabe des Utilitarismus, auch am Gemeinwohl? Gibt es u. U. auch Menschen, denen die Folgen prinzipiell egal sind, weil sie bestimmte Typen von Handlungen, z. B. Lügen, Stehlen, Helfen, für an sich gut oder schlecht halten? Zählt am Ende eine gleichmäßige Verteilung von Ressourcen oder, wie es z. B. die Diskursethik oder Rawls vertreten, der Prozess, wie Ressourcen verteilt werden?

Wie den vorhergehenden Kapiteln entnommen werden konnte, basieren einige normative (Wirtschafts-)Ethische Ansätze auf der Prämisse, dass Menschen, in Abhängigkeit bestimmter Restriktionen, grundsätzlich danach streben, ihren Eigennutz zu maximieren. So geht z. B. Hobbes (▶ Abschn. 2.4) davon aus, dass Menschen nur deswegen in gegenseitige Verträge einwilligen, weil sie die Erwartung haben, dass ihnen dieser Vertrag langfristig Vorteile für das eigene Wohl verschaffen wird. In

Zusammenhang mit der Vertragstheorie von Hobbes wurde bereits auf das sogenannte Gefangenen-Dilemma verwiesen, in dem zwei Gefangene, in Abhängigkeit
der Erwartungen über die Handlungen des anderen Gefangenen (man spricht hierbei
von strategischer Interdependenz), jeweils eine auszahlungsdeterminierende Entscheidung treffen müssen. Hobbes würde in einer solchen Situation annehmen, dass
beide Gefangenen diejenige Option wählen würden, die ihren persönlichen Vorteil
(also eine möglichst geringe Gefängnisstrafe) maximiert, unabhängig der Folgen für
den anderen.

> **Auf den Punkt gebracht:** Die verhaltensorientierte Spieltheorie untersucht in
> diesem Zusammenhang, welche Präferenzen Individuen in Situationen strategi-
> scher Interdependenz tatsächlich verfolgen. Es wird sich z. B. die Frage gestellt,
> ob die jeweiligen „Spieler" rein nach monetären Präferenzen entscheiden oder
> möglicherweise eine Vorliebe für eher moralische Ergebnisse, wie etwa eine ver-
> teilungsgerechte oder gemeinwohlmaximierende Auszahlung, besitzen.

Eine in diesem Zusammenhang häufig experimentell untersuchte Konstellation beschreibt das sogenannte **Ultimatum-Spiel**.

Merke!

Im **Ultimatum-Spiel** wird einem Proposer eine Auszahlungssumme (z. B. 10 €) zur
Verfügung gestellt, unter der Bedingung diese Summe zwischen sich und einem
weiteren Spieler, dem Responder, aufzuteilen. Akzeptiert der Responder die Aufteilung, können beide ihren jeweiligen Anteil behalten. Lehnt der Responder ab,
gehen beide leer aus.

Würde man nun unterstellen, dass beide Individuen es bevorzugen, ihr Einkommen
zu maximieren, wäre zu erwarten, dass der Responder jegliches, auch noch so geringes
Angebot annehmen würde (weil ja jede noch so kleine Summe besser ist, als gar keine
Auszahlung) und der Proposer entsprechend eine möglichst geringe Summe anbietet.
In der experimentellen Realität allerdings konnte in einer Vielzahl von Beobachtungen
festgestellt werden, dass Verteilungen in denen der Responder weniger als 30 % der
Aufteilungssumme zugeteilt bekommt, abgelehnt werden. Der Responder verzichtet
also in vielen Fällen freiwillig auf eine positive Auszahlung und „bestraft" den Proposer für ein zu geringes, d. h. ungerechtes Angebot. Dies antizipierend lagen auch die
meisten Angebote der Proposer in etwa im Bereich einer 50/50-Aufteilung.
    Entsprechende Präferenzen für eine gerechte Aufteilung bzw. für Gegenseitigkeit
(Reziprozität) konnten auch in einer Erweiterung des Ultimatum-Spiels, im sogenannten **Diktator-Spiel** beobachtet werden.

Merke!

Im **Diktator-Spiel** muss der Responder die vom Proposer vorgeschlagene Aufteilung annehmen und hat folglich keine Möglichkeit, den Proposer für eine aus seiner Sicht unfaire Aufteilung zu bestrafen.

Trotz dieser doch sehr einseitigen Konstellation zugunsten des Proposers konnten verschiedene Experimenten zeigen, dass nur sehr wenige Proposer diese Situation vollständig zu Lasten des Responders ausnutzen. Obwohl Proposer und Responder sich vorher nie gesehen haben, während der Experimente vollkommen anonym blieben und nur eine einzige Runde (One-Shot-Experiment) miteinander „gespielt" haben, hat der Großteil der Proposer die Auszahlungssumme in etwa in einem Verhältnis von 70 zu 30 aufgeteilt. Menschen scheinen demnach eine eigennutzunabhängige Präferenz für eine gerechte Verteilung von Ressourcen zu haben.

Neben der Präferenz für eine gerechte Ressourcenverteilung konnten ferner Experimente zum sogenannten „Gift-Exchange-" oder „Trust-Game" (**Vertrauensspiel**) Hinweise auf Präferenzen für Vertrauen und Gegenseitigkeit erbringen.

Merke!

Das „**Gift-Exchange-Game**" ähnelt in seinen Anfangsbedingungen dem Ultimatum-Spiel. Auch hier wird der Proposer mit einer Anfangsauszahlung (z. B. 10 €) ausgestattet, die er zwischen sich und dem Responder aufteilen kann. Im Unterschied zum Ultimatum-Spiel jedoch verdreifacht sich der dem Responder zugeteilte Betrag. Zudem entscheidet der Responder nun nicht nur über die Annahme der Aufteilung, sondern auch darüber, wieviel er von seinem verdreifachten Betrag an den Proposer zurückgeben möchte.

Es wird folglich untersucht, inwiefern der Proposer einem für ihn anonymen Responder vertraut und inwiefern ein Responder dieses Vertrauen erwidert. Aus ökonomischer Perspektive müsste der Proposer schlussfolgern, dass der Responder Vertrauen nie erwidert, da dies in jedem Fall seine Auszahlung verringern würde. Entsprechend wäre es für den Proposer die logische Schlussfolgerung, dem Responder nichts von der Anfangsauszahlung abzugeben. In der experimentellen Laborrealität hingegen hat nur ein kleiner Teil der Probanden tatsächlich auf eine solche Strategie zurückgegriffen und dem Responder kein Vertrauen geschenkt. Viel eher konnte ein starker Zusammenhang zwischen der Höhe der Aufteilungssumme und der Höhe der Rückzahlung festgestellt werden. Vertrauensbeweise wurde also in den meisten Fällen belohnt, je höher Vertrauensbeweise waren, desto höher war auch die Belohnung.

Die Ergebnisse von Ultimatum-, Diktator- und Vertrauensspielen deuten also darauf hin, dass wir Menschen neben eigennützigen auch soziale Präferenzen für Gegenseitigkeit, Gerechtigkeit und Vertrauen besitzen. Gilt dies aber auch im Falle von Wettbewerb? Hobbes oder auch Homann, den wir in ▶ Kap. 3 kennengelernt haben, gehen davon aus, dass wir nur solange soziale Präferenzen verfolgen, solange wir uns das auch leisten können. In einem strengen Wettbewerbsumfeld hingegen, indem nur das eigene „Überleben" zählt, verhalten sich Menschen, so die Annahme, näher am ökonomischen Kalkül, weil sie immer damit rechnen müssten, dass andere dies auch tun. Sollten andere streng rational handeln, man selbst aber nicht, würde dies das Ausscheiden aus dem Wettbewerb bedeuten und das eigene „Überleben" unmittelbar gefährden.

Um diese Annahme zumindest im Labor, unter streng wissenschaftlichen Kriterien, zu überprüfen, hat man das Ultimatum-Spiel mit einer Wettbewerbssituation kombiniert. Im Unterschied zur Ausgangssituation stehen sich nun z. B. mehrere Responder im Wettbewerb gegenüber, wobei nur derjenige eine Auszahlung erhält, der als erster das Angebot eines alleinigen Proposers annimmt. Die Wettbewerbssituation antizipierend zeigte sich (z. B. bei Roth et al. 1991), dass die Proposer weit niedrigere Aufteilungen vorschlugen als noch im Standardspiel. Hat man das Spiel über mehrere Runden gespielt, näherten sich die Aufteilungssummen immer weiter der ökonomischen Vorhersage an, d. h. dass die Responder auch Verteilungen angenommen haben, die ihnen nahezu nichts einbrachten.

Hintergrund: Wettbewerb und Betrug

Christiane Schwieren und Doris Weichselbäumer haben versucht, den Effekt von Wettbewerb auf Betrugsverhalten zu analysieren. Hierfür haben sie ein Design ähnlich dessen von Mazar et al. (2008, vgl. ▶ Abschn. 4.2) angewendet und die Bezahlung zusätzlich abhängig vom Leistungsvergleich mit anderen Versuchsteilnehmern gemacht. Es zählt somit nicht mehr nur die eigene Leistung, sondern auch wie gut die Leistung im Vergleich zu anderen war. Die Forscher konnten in ihrem Experiment beobachten, dass ein solcher Wettbewerb nur für diejenigen eine betrugssteigernde Wirkung entfaltet hat, die eine besonders schlechte, tatsächliche Leistung erbracht haben. Für diejenigen, die von vornherein eine sehr gute Leistung ablieferten, hatte der Wettbewerb keine zusätzliche betrugssteigernde Wirkung.

Neben dem Wettbewerb nimmt Homann überdies an, dass es uns vor allem in großen anonymen Gesellschaften schwer fällt, sich an moralischen Prinzipien zu orientieren. Da hier Faktoren der direkten sozialen Kontrolle weitestgehend fehlen und gleichzeitig die eigene Verantwortung sowie unmittelbare Folgen des Handelns nicht mehr klar ersichtlich sind, nehmen die Hemmungen ab, sich strategisch-rational zu verhalten. Einen empirischen Hinweis auf die Richtigkeit dieser These können z. B. Erkenntnisse aus sogenannten „Public-Good-Games" (**Öffentliche-Güter-Spiele**) liefern.

> **Merke!**
>
> In **Öffentliche-Güter-Spielen** stehen sich z. B. fünf Spieler gegenüber, die alle über einen gewissen Anfangsbesitz verfügen (z. B. 10 €). Jeder Spieler kann dann entscheiden, wieviel er von seinem Anfangsbesitz in eine öffentliche Kasse einzahlen möchte. Jede Einzahlung wird in der Folge im Wert z. B. verdoppelt (es entsteht ein öffentliches Gut) und auf alle anderen Mitspieler „umverteilt". Aus individueller Sicht würde dies bei fünf Spielern bedeuten, dass man für jeden eingezahlten Euro nur 40 Cent zurückbekommt. Zahlt aber jeder der fünf Spieler in die öffentliche Kasse ein, würde das so erzeugte öffentliche Gut die individuelle Auszahlung eines jeden verdoppeln.

Problematisch erscheint in diesem Zusammenhang jedoch, dass sich sogenannte Trittbrettfahrer am öffentlichen Gut bereichern können, ohne selbst dazu etwas beitragen zu müssen. Wie auch schon im Zuge des Vertrauensspiels, bedarf es für das gesellschaftliche Optimum dem Vertrauen in die „Opferbereitschaft" der anderen. Im Laborergebnis zeigte sich, wie auch schon im Vertrauensspiel, dass Versuchsteilnehmer durchaus bereit sind, ein solches Vertrauen zu schenken. Spielt man das Spiel jedoch über mehrere Runden nimmt dieses Vertrauen, u. U. aufgrund „schlechter Erfahrungen" mit Trittbrettfahrer, sukzessive ab, bis nahezu keiner mehr in die öffentliche Kasse einzahlt (z. B. Fehr und Gächter 2000a). Wie schon unter der Bedingung des Wettbewerbs erscheint auch das Fehlen unmittelbarer Verantwortung sowie einer direkten sozialen Kontrolle die Anwendung sozialer Präferenzen zu erschweren.

Eine Möglichkeit dem Vertrauensproblem vorzubeugen liegt, in Anlehnung an Hobbes Vertragstheorie, z. B. darin, mit den anderen Spielern zu kommunizieren und sich auf einen „Vertrag" zu einigen. Man könnte beispielsweise im Öffentlichen-Güter-Spiel versuchen, ein Abkommen mit den anderen Mitspielern zu erzielen, welches jeden dazu verpflichtet, sein gesamtes Einkommen in die öffentliche Kasse einzuzahlen. Weil wir uns aber auf das Wort der anderen nicht verlassen können, so Hobbes weiter, ist dieses Abkommen nur unter der Bedingung möglicher Sanktionen wirklich wirksam. Hobbes unterstellt demnach, dass Ehrlichkeit in ökonomischen Interaktionsbeziehungen nicht vorausgesetzt werden kann.

Uri Gneezy (2005) hat versucht, diese Annahme experimentell zu untersuchen, in dem er einen Spieler vor die Wahl gestellt hat, einem anderen Spieler eine ehrliche oder eine unehrliche Botschaft zukommen zu lassen (vgl. hierzu auch ▶ Abschn. 4.2). Der Empfänger der Botschaft hat in der Folge die Aufgabe zwischen zwei Optionen A und B zu entscheiden, wobei er nur weiß, dass eine Option für ihn und die andere Option für den „Botschafter" eine bessere Auszahlung bedeuten würde. Der „Botschafter" hingegen ist über die Auszahlungen informiert und kann selbst wiederum entscheiden, ob er dem Empfänger eine „ehrliche" oder eine „unehrliche" Empfehlung abgibt.

Im Ergebnis zeigte sich, dass ca. 60 % der Teilnehmer, trotz fehlender Sanktionen, eine „ehrliche" Botschaft übermitteln. Zieht man davon diejenigen ab, die „ehrlich" waren, weil sie annahmen, dass der Empfänger ihnen nicht glauben würde (vgl. Sutter 2009), verbleiben immer noch ca. 40 %, die versucht haben, im Sinne des anderen zu kommunizieren. Gneezy und seine Kollegen war es in Folgeexperimenten möglich zu zeigen, dass die Anzahl „ehrlicher" Antworten mit der Höhe des Schadens der verursacht wird ansteigt und mit der Höhe des eigenen monetären Vorteils abnimmt. In einer Variante des Ursprungsexperiments (Erat und Gneezy 2009) konnte zudem festgestellt werden, dass ein nicht unerheblicher Anteil an Versuchsteilnehmern auch dann nicht die „unehrliche" Empfehlung abgibt, wenn dies sowohl für den Botschafter, als auch für den Empfänger der Botschaft von Vorteil wäre. Es scheint folglich so, dass für manchen Menschen Wahrhaftigkeit eine, gemäß den Worten Kants (▶ Abschn. 2.2), absolute Pflicht darstellt.

4.9 Lern-Kontrolle

Kurz und bündig

- Das Forschungsprogramm der Behavioral Business Ethics versucht die theoretische Diskussion der Wirtschafts- und Unternehmensethik auf Basis verhaltenswissenschaftlicher Erkenntnisse weiterzuentwickeln. Auch sollen verhaltenswissenschaftliche Erkenntnisse dazu dienen, Maßnahmen, Institutionen und Instrumente zur Umsetzung wirtschafts- und unternehmensethischer Forderungen zielgerichteter auszugestalten.
- Die experimentelle Forschungsmethode steht im Zentrum der verhaltenswissenschaftlichen Weiterentwicklung der Wirtschafts- und Unternehmensethischen Theoriediskussion. Ergebnisse verhaltenswissenschaftlicher Experimente müssen dabei immer vor dem Hintergrund einer nur bedingt vorhandenen externen Validität betrachtet werden.
- Die (psychologischen) Komponenten einer moralischen Handlung sind die moralische Wahrnehmung, die moralisch Urteilsfindung, die moralische Absichtsbildung, die tatsächliche Durchführung einer moralischen Handlung sowie die moralische Lernphase.
- Kohlbergs Theorie der moralischen Entwicklung geht davon aus, dass Menschen sich hinsichtlich ihrer ethischen Reflexionsfähigkeit unterscheiden. Er unterscheidet in diesem Kontext zwischen einer präkonventionellen, einer konventionellen und einer postkonventionellen Ebene, wobei Menschen auf postkonventioneller Ebene die komplexesten Begründungsstrategien besitzen.
- Das erreichte Entwicklungsniveau hängt dabei von einem existierenden Lernumfeld sowie den geistigen Fähigkeiten der jeweiligen Person ab.
- Im Gegensatz zu Kohlberg geht das Social Intuitionist Model nach Haidt davon aus, dass Menschen moralische Urteile nur bedingt rational-systematisch treffen. Vielmehr basieren moralische Urteile auf emotional-intuitiven Reaktionen. Nach Haidt dient eine moralische Reflektion hauptsächlich der Rechtfertigung bereits intuitiv getroffener mo-

ralischer Urteile. Moralische Intuitionen wandeln sich nicht durch privates Nachdenken, sondern hauptsächlich durch den sozialen Austausch.

- Greene und Kollegen konnten mittels fMRT-Studien zeigen, dass Hirnareale, die für die Verarbeitung von Emotionen zuständig sind, in erster Linie bei solchen moralischen Dilemmata aktiv werden, die sich durch persönlich Verantwortung (ME) für einen unmittelbaren, physischen Schaden (HURT) an einer präsenten bzw. lebhaft vorstellbaren Person (YOU) auszeichnen.

- Gemäß der Self-Concept Maintenance Theorie können wir bis zu einem gewissen Grad unmoralisch handeln, ohne ein schlechtes Gewissen zu haben. Ursächlich hierfür sind (unbewusste) kognitive Strategien, die uns entweder von moralischen Standards ablenken (Attention to Standards) oder unmoralische Situationen neu bewerten lassen (Categorization). Informationen werden demgemäß so wahrgenommen bzw. verarbeitet, dass sie eigennütziges Verhalten ohne negative Folgen für das eigene Gewissen zulassen. Verbalen Ausdruck finden diese Strategien in Rechtfertigungs- und Neutralisationstechniken, wie z. B. der Verneinung jeglicher persönlicher Verantwortung oder eines entstandenen Schadens.

- Fasst man alle bisherigen Erkenntnisse zum moralischen Handlungsprozess zusammen, ist anzunehmen, dass eine moralische Handlung eine Vielzahl anstrengender kognitiver Aktivitäten bedarf. Die hierfür notwendige Energie ist jedoch nur begrenzt vorhanden. Die Theorie der Ego-Depletion nach Baumeister nimmt deswegen an, dass unter der Bedingung kognitiver Erschöpfung moralisch richtige Urteile weit schwerer fallen. Die Ego-Stärke und folglich auch die Fähigkeit zur Selbstkontrolle kann aber wie ein Muskel trainiert werden.

- Die verhaltensorientierte Spieltheorie untersucht, welche Präferenzen Menschen in Situationen strategischer Interdependenz tatsächlich verfolgen. In einmaligen Spielen konnte so beobachtet werden, dass Menschen nicht nur eigennützige Präferenzen verfolgen, sondern auch eine Vorliebe für reziprokes und faires Verhalten zeigen. In Wettbewerbssituationen hingegen ließ sich nachweisen, dass die Orientierung an sozialen Präferenzen abnimmt. Auch in sogenannten Öffentliche-Güter-Spielen zeigte sich, dass ohne Kontrollvorrichtungen Individuen zum Trittbrettfahren tendieren.

❓ Let's check!

Fragen zum Behavioral Business Ethics Programm und zur experimentellen Methodik ▶ Abschn. 4.1 und ▶ Abschn. 4.2):

1. Was versteht man unter dem Begriff der „Behavioral Business Ethics"?
2. Welche Ziele verfolgt die „Behavioral Business Ethics"?
3. Erläutern Sie die charakteristischen Merkmale eines Experiments!
4. In welchem Dilemma steckt die experimentelle Methodik?
5. Warum kann die experimentelle Methodik als geeignet zur Weiterentwicklung der wirtschafts- und unternehmensethischen Diskussion gelten?

Fragen zu den Komponenten einer moralischen Handlung (▶ Abschn. 4.3):

6. Nennen Sie die Phasen des moralischen Entscheidungsprozesses!

7. Worin liegt der Unterschied zwischen Moral Judgment, Moral Intuition und Moral Decision Making?

Fragen zur moralischen Urteilsfindung (▶ Abschn. 4.4 und ▶ Abschn. 4.5):

8. Nennen und erläutern Sie inhaltlich die drei Ebenen der moralischen Entwicklung nach Kohlberg!

9. Unterscheiden Sie die Begriffe Moral Reasoning und Moral Intuition!

10. Was ist unter einer „ME-HURT-YOU"-Situation gemeint?

11. Wie würden Sie in den in ◘ Abb. 4.3 dargestellten Dilemmatypen entscheiden?

Fragen zur Aufrechterhaltung eines moralischen Selbstkonzeptes (▶ Abschn. 4.6):

12. Was definiert gemäß der Self-Concept-Maintenance Theorie die Stärke unseres „moralischen Radars"?

13. Was ist mit dem Begriff des Confirmation Bias gemeint?

Fragen zur Selbsterschöpfung sowie zu moralischen Präferenzen (▶ Abschn. 4.7 und ▶ Abschn. 4.8):

14. Nennen Sie drei Aktivitäten im Zuge des moralischen Entscheidungsprozesses, für die kognitive Energie aufgewendet werden muss!

15. Was wird unter dem Begriff der Ego-Depletion verstanden?

16. Erläutern Sie die Unterschiede zwischen dem Ultimatum-, dem Vertrauens- und dem Diktatorspiel!

❷ Vernetzende Aufgaben

Fragen zu den Komponenten einer moralischen Handlung (▶ Abschn. 4.3):

1. Überlegen Sie für sich selbst, ab wann Sie eine Situation oder eine Handlung als moralisch gut bzw. schlecht einordnen! Welche Kriterien und „Reizschwellen" existieren bei Ihnen?

2. Jones nimmt an, dass Menschen dann Situationen als weniger moralisch bewerten, wenn eine uns nahestehende Person betroffen ist. Bewerten Sie ein solches deskriptives Kriterium anhand der in ▶ Kapitel 2 und 3 besprochenen normativen Theorien!

3. Durch das Lesen des hier vorliegenden Buches gewinnen Sie ein bestimmtes Wissen über ethische Theorien und moralisches Verhalten. In welcher Phase des moralischen Entscheidungsprozesses kann Ihnen dieses Wissen von Nutzen sein?

Fragen zur moralischen Urteilsfindung (▶ Abschn. 4.4 und ▶ Abschn. 4.5):

4. Nehmen Sie an, Sie haben sich intensiv mit den in diesem Buch vorgestellten ethischen Theorien auseinandergesetzt. Welche Bedingungen könnten Ihrer Meinung nach dazu führen, dass Sie trotzdem nicht gemäß dieser Theorien handeln?

5. In welche moralische Entwicklungsstufe würden Sie folgende, von Politikern oft angewendete Argumentation, einordnen: „Sachlage XYZ widerspricht dem Grundgesetz und ist deswegen nicht zu befürworten!"

6. Reflektieren Sie, welche moralischen Grundwerte in Ihrer Familie und Ihrem engsten Freundeskreis besonders betont werden!

7. Nach Haidt ist es nahezu undenkbar, dass Menschen, die grundsätzlich unterschiedliche moralische Ansichten haben, sich in einer Diskussion gegenseitig überzeugen können. Können Sie sich selbst an eine Situation erinnern, in der eine andere Person bei Ihnen einen unmittelbaren Meinungswechsel hervorrufen konnte? Wenn ja, standen sie der Person nahe? War es eine Autoritätsperson (Vorgesetzter, Berühmtheit, Wissenschaftler, usw.)?

8. Denken Sie an die „ME-HURT-YOU"-Annahmen von Joshua Greene und Kollegen! Inwiefern denken Sie vor dem Hintergrund dieser Annahmen warum es in der moderne Wirtschaftswelt schwer fallen kann, moralische Intuitionen zu bilden?

Fragen zur Aufrechterhaltung eines moralischen Selbstkonzeptes (▶ Abschn. 4.6):

9. Finden Sie für die in ▶ Abschnitt 4.6 dargelegten Neutralisierungstechniken Beispiele aus der aktuellen Tagespresse, z. B. von Politikern, Managern oder Sportlern! Welche Strategien werden besonders häufig angewendet?

10. Achten Sie in der aktuellen Tagespresse darauf, wie oft Menschen des öffentlichen Lebens eigene Fehler zugeben!

11. Warum kann Korruption als ein Delikt gesehen werden der verhältnismäßig leicht zu rechtfertigen ist? Für welche Delikte könnte das Gegenteil zutreffen und warum?

Fragen zur Selbsterschöpfung sowie zu moralischen Präferenzen (▶ Abschn. 4.7 und ▶ Abschn. 4.8):

12. Warum erscheint eine (moralische) Selbstkontrolle im beruflichen Alltag besonders schwer?

13. Finden Sie Beispiele dafür, wo in der realen Welt Diktator-, Vertrauens- oder Ultimatumsspielsituationen vorherrschen können!

ℹ Lesen und Vertiefen

- Zur Behavioral Business Ethics:
  Wieland, J. : Behavioural Business Ethics – Psychologie, Neuroökonomik und Governanceethik, Marburg, 2010
- Zur experimentellen Methodik:
  Sarris, V./Reiß, S.: Kurzer Leitfaden der Experimentalpsychologie, München, 2005
- Zur moralischen Entwicklung nach Kohlberg:
  Kohlberg, L. (1969): Stage and Sequence: The Cognitive-Developmental Approach to Socialization, in: Goslin, David A. (Hrsg.), Handbook of Socialization Theory and Research, Chicago, S. 347–480
  Becker, G. (2011): Kohlberg und seine Kritiker. Die Aktualität von Kohlbergs Moralpsychologie, Wiesbaden

- Zur Moral Intuition:
  Haidt, J. (2001): The emotional dog and its rational tail: A social intuitionist approach to moral judgment, in: Psychological Review, 108. Jg., Nr. 4, S. 814–834
- Zur Self-Concept-Maintenance-Theorie:
  Mazar, N./Amir, O./Ariely, D. (2008): The Dishonesty of Honest People: A Theory of Self-Concept Maintenance, in: Journal of Marketing Research, 45. Jg., Nr. 6, S. 633–644
- Zur Ego-Depletion:
  Muraven, M./Baumeister, R. F./Tice, D. M. (1999): Longitudinal improvement of self-regulation through practice: Building self-control strength through repeated exercise, in: Journal of Social Psychology, 139. Jg., S. 446–457
- Zu moralischen Präferenzen und verhaltensorientierter Spieltheorie:
  Fehr, E./Gächter, S. (2000a): Fairness and Retaliation. The Economics of Reciprocity, in: Journal of Economic Perspectives, 14. Jg., Nr. 3, S. 159–181
  Fehr, E./Gächter, S. (2000b): Cooperation and Punishment in Public Goods Experiments, in: The American Economic Review, 90. Jg., Nr. 4, S. 980–994

Literatur

Verwendete Literatur

Atanasov, P., & Dana, J. (2011). Leveling the playing field: Dishonesty in the face of threat. *Journal of Economic Psychology*, *32*(5), 809–817.

Barnes, C. M., Schaubroeck, J., Huth, M., & Ghumman, S. (2011). Lack of sleep and unethical conduct. *Organizational Behavior and Human Decision Processes*, *115*(2), 169–180.

Belot, M., & Schröder, M. (2012). *Sloppy work, lies and theft*. Working paper series, Bd. 18. Magdeburg: Faculty of Economics and Management.

Bersoff, D. M. (1999). Why Good People Sometimes Do Bad Things: Motivated Reasoning and Unethical Behavior. *Personality & Social Psychology Bulletin*, *25*(1), 28–39.

Damasio, A. R. (1994). *Descartes' Error: Emotion, Reason, and the Human Brain*. New York: List Taschenbuch.

Erat, S., & Gneezy, U. (2012). White Lies. *Management Science*, *58*(4), 723–733.

Fischbacher, U., & Föllmi-Heusi, F. (2013). Lies in Disguise – An experimental study on cheating. *Journal of the European Economic Association*, *11*(3), 525–547.

Gino, F., & Margolis, J. D. (2011). Bringing ethics into focus: How regulatory focus and risk preferences influence (un)ethical behavior. *Organizational Behavior and Human Decision Processes*, *115*(2), 145–156.

Gino, F., & Pierce, L. (2009). The abundance effect: Unethical behavior in the presence of wealth. *Organizational Behavior & Human Decision Processes*, *109*(2), 142–155.

Gneezy, U. (2005). Deception: The Role of Consequences. *The American Economic Review*, *95*(1), 384–394.

Greene, J. D., Nystrom, L. E., Engell, A. D., Darley, J. M., & Cohen, J. D. (2004). The Neural Bases of Cognitive Conflict and Control in Moral Judgment. *Neuron, 44*, 389–400.

Haidt, J., Koller, S. H., & Dias, M. G. (1993). Affect, Culture, and Morality, or Is It Wrong to Eat Your Dog? *Journal of Personality and Social Psychology, 65*(4), 613–628.

Jones, T. M. (1991). Ethical Decision Making by Individuals in Organizations: An Issue-Contingent Model. *Academy of Management Review, 16*(2), 366–395.

Kohlberg, L. (1969). Stage and sequence: the cognitive approach to socialization. In Goslin, D. A., ed. *Handbook of socialization theory and research.* Chicago: Rand McNally.

Mazar, N., Amir, O., & Ariely, D. (2008). The Dishonesty of Honest People: A Theory of Self-Concept Maintenance. *Journal of Marketing Research, 45*(6), 633–644.

Mead, N. L., Baumeister, R. F., Gino, F., Schweitzer, M. E., & Ariely, D. (2009). Too tired to tell the truth: Self-control resource depletion and dishonesty. *Journal of Experimental Social Psychology, 45*(3), 594–597.

Rest, J. R. (1984). The Major Components of Morality. In W. M. Kurtines, & J. M. Gerwitz (Hrsg.), *Morality, moral behavior, and moral development* (S. 24–40). New York: Wiley.

Roth, A. E., Prasnikar, V., Okuno-Fujiwara, M., & Zamir, S. (1991). Bargaining and Market Behavior in Jerusalem, Ljubljana, Pittsburgh, and Tokyo. *The American Economic Review, 81*(5), 1068–1095.

Shalvi, S., Handgraaf, M. J. J., & De Dreu, C. K. W. (2011). Ethical maneuvering. *British Journal of Management, 22*, 16–27.

Shalvi, S., Eldar, O., & Bereby-Meyer, Y. (2012). Honesty Requires Time (and Lack of Justifications. *Psychological Science, 23*(10), 1264–1270.

Shalvi, S., van Gelder, J. L., & van der Schalk, J. (2013). Emotional justifications for unethical behavior. In J. L. van Gelder, H. Elffers, D. Reynald, & D. Nagin (Hrsg.), *Affect and Cognition in Criminal Decision Making.* Abingdon: Routledge.

Sutter, M. (2009). Deception Through Telling the Truth? *Economic Journal, 119*(534), 47–60.

Sykes, G. M., & Matza, D. (1957). Techniques of neutralization: a theory of delinquency. *American Sociological Review, 22*, 664–670.

Teper, R., Inzlicht, M., & Page-Gould, E. (2011). Are we more moral than we think?: Exploring the role of affect in moral behavior and moral forecasting. *Psychological Science, 22*(4), 553–558.

Tice, D. M., Baumeister, R. F., Shmueli, D., & Muraven, M. (2007). Restoring the self: Positive affect helps improve self-regulation following ego depletion. *Journal of Experimental Social Psychology, 43*(3), 379–384.

Trevino, L. K. (1986). Ethical Decision Making in Organizations: A Person-Situation Interactionist Model. *Academy of Management Review, 11*(3), 601–617.

Valdesolo, P., & DeSteno, D. (2006). Manipulations of emotional context shape moral judgment. *Psychological Science, 17*, 476–477.

Vohs, K. D., & Schooler, J. W. (2008). The Value of Believing in Free Will: Encouraging a Belief in Determinism Increases Cheating. *Psychological Science, 19*(1), 49–54.

Wheatly, T., & Haidt, J. (2005). Hypnotic disgust makes moral judgments more severe. *Psychological Science, 16*, 780–784.

Weiterführende Literatur

Carver, C. S., & Scheier, M. F. (2000). On the Structure of Behavioral Self-Regulation. In M. Boekaerts, P. R. Pintrich, & M. Zeidner (Hrsg.), *The Handbook of Self-Regulation* (S. 42–85). San Diego: Academic Press.

Gino, F., Norton, M. I., & Ariely, D. (2010). The Counterfeit Self: The Deceptive Costs of Faking It. *Psychological Science*, *21*(5), 712–720.

Gottfredson, M. R., & Hirschi, T. (1990). *A General Theory of Crime*. Stanford University Press, Stanford.

Pruckner, G. J., & Sausgruber, R. (2011). Honesty on the Streets: A Field Study on Newspaper Purchasing. *Journal oft he European Economic Association*, *11*(3), 661–679.

Schwieren, C., & Weichselbaumer, D. (2010). Does competition enhance performance or cheating? *Journal of Economic Psychology*, *31*(3), 241–253.

Serviceteil

Der Abschnitt „Tipps fürs Studium und fürs Lernen" wurde von Andrea Hüttmann verfasst.

R. Holzmann, *Wirtschaftsethik*, Studienwissen kompakt,
DOI 10.1007/978-3-658-06821-9, © Springer Fachmedien Wiesbaden 2015

Tipps fürs Studium und fürs Lernen

- **Studieren Sie!**

Studieren erfordert ein anderes Lernen, als Sie es aus der Schule kennen. Studieren bedeutet, in Materie abzutauchen, sich intensiv mit Sachverhalten auseinanderzusetzen, Dinge in der Tiefe zu durchdringen. Studieren bedeutet auch, Eigeninitiative zu übernehmen, selbstständig zu arbeiten, sich autonom Ziele zu setzen, anstatt auf konkrete Arbeitsaufträge zu warten. Ein Studium erfolgreich abzuschließen erfordert die Fähigkeit, der Lebensphase und der Institution angemessene effektive Verhaltensweisen zu entwickeln – hierzu gehören u. a. funktionierende Lern- und Prüfungsstrategien, ein gelungenes Zeitmanagement, eine gesunde Portion Mut und viel pro-aktiver Gestaltungswille. Im Folgenden finden Sie einige erfolgserprobte Tipps, die Ihnen beim Studieren Orientierung geben, einen grafischen Überblick dazu zeigt ◻ Abb. A.1.

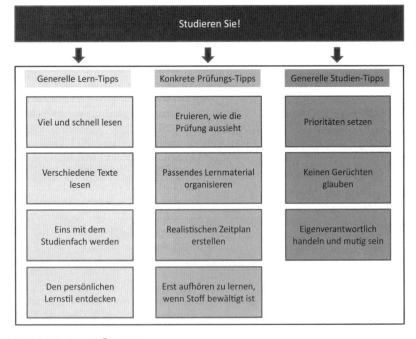

◻ **Abb. A.1** Tipps im Überblick

Lesen Sie viel und schnell

Studieren bedeutet, wie oben beschrieben, in Materie abzutauchen. Dies gelingt uns am besten, indem wir zunächst einfach nur viel lesen. Von der Lernmethode – lesen, unterstreichen, heraus schreiben – wie wir sie meist in der Schule praktizieren, müssen wir uns im Studium verabschieden. Sie dauert zu lange und raubt uns kostbare Zeit, die wir besser in Lesen investieren sollten. Selbstverständlich macht es Sinn, sich hier und da Dinge zu notieren oder mit anderen zu diskutieren. Das systematische Verfassen von eigenen Text-Abschriften aber ist im Studium – zumindest flächendeckend – keine empfehlenswerte Methode mehr. Mehr und schneller lesen schon eher …

Werden Sie eins mit Ihrem Studienfach

Jenseits allen Pragmatismus sollten wir uns als Studierende eines Faches – in der Summe – zutiefst für dieses interessieren. Ein brennendes Interesse muss nicht unbedingt von Anfang an bestehen, sollte aber im Laufe eines Studiums entfacht werden. Bitte warten Sie aber nicht in Passivhaltung darauf, begeistert zu werden, sondern sorgen Sie selbst dafür, dass Ihr Studienfach Sie etwas angeht. In der Regel entsteht Begeisterung, wenn wir die zu studierenden Inhalte mit lebensnahen Themen kombinieren: Wenn wir etwa Zeitungen und Fachzeitschriften lesen, verstehen wir, welche Rolle die von uns studierten Inhalte im aktuellen Zeitgeschehen spielen und welchen Trends sie unterliegen; wenn wir Praktika machen, erfahren wir, dass wir mit unserem Know-how – oft auch schon nach wenigen Semestern – Wertvolles beitragen können. Nicht zuletzt: Dinge machen in der Regel Freude, wenn wir sie beherrschen. Vor dem Beherrschen kommt das Engagement: Engagieren Sie sich also und werden Sie eins mit Ihrem Studienfach!

Entdecken Sie Ihren persönlichen Lernstil

Jenseits einiger allgemein gültiger Lern-Empfehlungen muss jeder Studierende für sich selbst herausfinden, wann, wo und wie er am effektivsten lernen kann. Es gibt die Lerchen, die sich morgens am besten konzentrieren können, und die Eulen, die ihre Lernphasen in den Abend und die Nacht verlagern. Es gibt die visuellen Lerntypen, die am liebsten Dinge aufschreiben und sich anschauen; es gibt auditive Lerntypen, die etwa Hörbücher oder eigene Sprachaufzeichnungen verwenden. Manche bevorzugen Karteikarten verschiedener Größen, andere fertigen sich auf Flipchart-Bögen Übersichtsdarstellungen an, einige können während des Spazierengehens am besten auswendig lernen, andere tun dies in einer Hängematte. Es ist egal, wo und wie Sie lernen. Wichtig ist, dass Sie einen für sich effektiven Lernstil ausfindig machen und diesem – unabhängig von Kommentaren Dritter – treu bleiben.

Bringen Sie in Erfahrung, wie die bevorstehende Prüfung aussieht

Die Art und Weise einer Prüfungsvorbereitung hängt in hohem Maße von der Art und Weise der bevorstehenden Prüfung ab. Es ist daher unerlässlich, sich immer wieder bezüglich des Prüfungstyps zu informieren. Wird auswendig Gelerntes abgefragt? Ist Wissenstransfer gefragt? Muss man selbstständig Sachverhalte darstellen? Ist der Blick über den Tellerrand gefragt? Fragen Sie Ihre Dozenten. Sie müssen Ihnen zwar keine Antwort geben, doch die meisten Dozenten freuen sich über schlau formulierte Fragen, die das Interesse der Studierenden bescheinigen und werden Ihnen in irgendeiner Form Hinweise geben. Fragen Sie Studierende höherer Semester. Es gibt immer eine Möglichkeit, Dinge in Erfahrung zu bringen. Ob Sie es anstellen und wie, hängt von dem Ausmaß Ihres Mutes und Ihrer Pro-Aktivität ab.

Decken Sie sich mit passendem Lernmaterial ein

Wenn Sie wissen, welcher Art die bevorstehende Prüfung ist, haben Sie bereits viel gewonnen. Jetzt brauchen Sie noch Lernmaterialien, mit denen Sie arbeiten können. Bitte verwenden Sie niemals die Aufzeichnungen Anderer – sie sind inhaltlich unzuverlässig und nicht aus Ihrem Kopf heraus entstanden. Wählen Sie Materialien, auf die Sie sich verlassen können und zu denen Sie einen Zugang finden. In der Regel empfiehlt sich eine Mischung – für eine normale Semesterabschlussklausur wären das z. B. Ihre Vorlesungs-Mitschriften, ein bis zwei einschlägige Bücher zum Thema (idealerweise eines von dem Dozenten, der die Klausur stellt), ein Nachschlagewerk (heute häufig online einzusehen), eventuell prüfungsvorbereitende Bücher, etwa aus der Lehrbuchsammlung Ihrer Universitätsbibliothek.

Erstellen Sie einen realistischen Zeitplan

Ein realistischer Zeitplan ist ein fester Bestandteil einer soliden Prüfungsvorbereitung. Gehen Sie das Thema pragmatisch an und beantworten Sie folgende Fragen:

Wie viele Wochen bleiben mir bis zur Klausur? An wie vielen Tagen pro Woche habe ich (realistisch) wie viel Zeit zur Vorbereitung dieser Klausur? (An dem Punkt erschreckt und ernüchtert man zugleich, da stets nicht annähernd so viel Zeit zur Verfügung steht, wie man zu brauchen meint.) Wenn Sie wissen, wie viele Stunden Ihnen zur Vorbereitung zur Verfügung stehen, legen Sie fest, in welchem Zeitfenster Sie welchen Stoff bearbeiten. Nun tragen Sie Ihre Vorhaben in Ihren Zeitplan ein und schauen, wie Sie damit klar kommen. Wenn sich ein Zeitplan als nicht machbar herausstellt, verändern Sie ihn. Aber arbeiten Sie niemals ohne Zeitplan!

Beenden Sie Ihre Lernphase erst, wenn der Stoff bewältigt ist

Eine Lernphase ist erst beendet, wenn der Stoff, den Sie in dieser Einheit bewältigen wollten, auch bewältigt ist. Die meisten Studierenden sind hier zu milde im Umgang mit sich selbst und orientieren sich exklusiv an der Zeit. Das Zeitfenster, das Sie für eine bestimmte Menge an Stoff reserviert haben, ist aber nur ein Parameter Ihres Plans. Der andere Parameter ist der Stoff. Und eine Lerneinheit ist erst beendet, wenn Sie das, was Sie erreichen wollten, erreicht haben. Seien Sie hier sehr diszipliniert und streng mit sich selbst. Wenn Sie wissen, dass Sie nicht aufstehen dürfen, wenn die Zeit abgelaufen ist, sondern erst wenn das inhaltliche Pensum erledigt ist, werden Sie konzentrierter und schneller arbeiten.

Setzen Sie Prioritäten

Sie müssen im Studium Prioritäten setzen, denn Sie können nicht für alle Fächer denselben immensen Zeitaufwand betreiben. Professoren und Dozenten haben die Angewohnheit, die von ihnen unterrichteten Fächer als die bedeutsamsten überhaupt anzusehen. Entsprechend wird jeder Lehrende mit einer unerfüllbaren Erwartungshaltung bezüglich Ihrer Begleitstudien an Sie herantreten. Bleiben Sie hier ganz nüchtern und stellen Sie sich folgende Fragen: Welche Klausuren muss ich in diesem Semester bestehen? In welchen sind mir gute Noten wirklich wichtig? Welche Fächer interessieren mich am meisten bzw. sind am bedeutsamsten für die Gesamtzusammenhänge meines Studiums? Nicht zuletzt: Wo bekomme ich die meisten Credits? Je nachdem, wie Sie diese Fragen beantworten, wird Ihr Engagement in der Prüfungsvorbereitung ausfallen. Entscheidungen dieser Art sind im Studium keine böswilligen Demonstrationen von Desinteresse, sondern schlicht und einfach überlebensnotwendig.

Glauben Sie keinen Gerüchten

Es werden an kaum einem Ort so viele Gerüchte gehandelt wie an Hochschulen – Studierende lieben es, Durchfallquoten, von denen Sie gehört haben, jeweils um 10–15 % zu erhöhen, Geschichten aus mündlichen Prüfungen in Gruselgeschichten zu verwandeln und Informationen des Prüfungsamtes zu verdrehen. Glauben Sie nichts von diesen Dingen und holen Sie sich alle wichtigen Informationen dort, wo man Ihnen qualifiziert und zuverlässig Antworten erteilt. 95 % der Geschichten, die man sich an Hochschulen erzählt, sind schlichtweg erfunden und das Ergebnis von ‚Stiller Post'.

Handeln Sie eigenverantwortlich und seien Sie mutig

Eigenverantwortung und Mut sind Grundhaltungen, die sich im Studium mehr als auszahlen. Als Studierende verfügen Sie über viel mehr Freiheit als als Schüler: Sie müssen nicht immer anwesend sein, niemand ist von Ihnen persönlich enttäuscht, wenn Sie eine Prüfung nicht bestehen, keiner hält Ihnen eine Moralpredigt, wenn Sie Ihre Hausaufgaben nicht gemacht haben, es ist niemandes Job, sich darum zu kümmern, dass Sie klar kommen. Ob Sie also erfolgreich studieren oder nicht, ist für niemanden von Belang außer für Sie selbst. Folglich wird nur der eine Hochschule erfolgreich verlassen, dem es gelingt, in voller Überzeugung eigenverantwortlich zu handeln. Die Fähigkeit zur Selbstführung ist daher der Soft Skill, von dem Hochschulabsolventen in ihrem späteren Leben am meisten profitieren. Zugleich sind Hochschulen Institutionen, die vielen Studierenden ein Übermaß an Respekt einflößen: Professoren werden nicht unbedingt als vertrauliche Ansprechpartner gesehen, die Masse an Stoff scheint nicht zu bewältigen, die Institution mit ihren vielen Ämtern, Gremien und Prüfungsordnungen nicht zu durchschauen. Wer sich aber einschüchtern lässt, zieht den Kürzeren. Es gilt, Mut zu entwickeln, sich seinen eigenen Weg zu bahnen, mit gesundem Selbstvertrauen voranzuschreiten und auch in Prüfungen eine pro-aktive Haltung an den Tag zu legen. Unmengen an Menschen vor Ihnen haben diesen Weg erfolgreich beschritten. Auch Sie werden das schaffen!

Andrea Hüttmann ist Professorin an der accadis Hochschule Bad Homburg, Leiterin des Fachbereichs „Communication Skills" und Expertin für die Soft Skill-Ausbildung der Studierenden. Als Coach ist sie auch auf dem freien Markt tätig und begleitet Unternehmen, Privatpersonen und Studierende bei Veränderungsvorhaben und Entwicklungswünschen (▶ www.andrea-huettmann.de).

Glossar

Angewandte Ethik Die angewandte Ethik wird als praxisnahe, ethisch-argumentative Auseinandersetzung mit konkreten, praktischen Fragestellungen und dem Ziel der Ableitung konkreter Handlungsempfehlungen definiert. Sie ergibt sich dabei sowohl aus der Erfordernis für normative Ethiker sich stärker mit der konkreten Praxis auseinanderzusetzen, als auch aus der Erfordernis für Praktiker (also z. B. den wirtschaftlichen Akteuren) ihr Handeln heute intensiver ethisch rechtfertigen zu müssen. Aus diesem gegenseitigen Interesse heraus bewegen sich die normative Ethik und das praktische Handeln immer stärker aufeinander zu. Um diesen Prozess zu beschreiben wird auf den Begriff der angewandten Ethik zurückgegriffen.

Behavioral Business Ethics Als zentrale Grundbedingung der wirtschaftsethischen Diskussion gilt die Grundforderung, dass ein Sollen immer auch ein Können voraussetzt. Will man folglich ethische Handlungsempfehlungen für Wirtschaftsakteure aussprechen, so sollte dies immer vor dem Hintergrund der Fähigkeiten und Möglichkeiten des Menschen geschehen. Unabhängig davon also, welcher ethischen Grundposition man folgt, erscheint die spezifische Auseinandersetzung mit Aspekten menschlichen Handelns unabdingbar. Im Zuge dieser Erkenntnis entwickelt sich in den letzten Jahren ein Forschungsprogramm unter dem Namen „Behavioral Business Ethics", welches sich zum Ziel setzt, mittels Hinwendung zu anderen verhaltenswissenschaftlichen Disziplinen, wie z. B. der Psychologie, der Soziologie oder der Neurologie, die wirtschaftsethische Theorie sowie die Maßnahmenableitung weiterzuentwickeln.

Deontologische Ethik Grundsätzlich können Theorien der normativen Ethik mehr oder weniger unscharf in deontologische (griech. deon = „die Pflicht" u. a.) sowie teleologische Theorien (griech. telos „Ziel") unterschieden werden. Deontologische Ethiken bewerten Handlungen unabhängig von ihren Konsequenzen, weil sie sich beispielsweise auf absolute Pflichten beziehen. So schreibt Kant jedem Menschen einen unbegrenzten Wert, eine Würde zu, die es unter allen Umständen verbietet, einen Menschen als Mittel für einen übergeordneten Zweck zu nutzen. Dies gilt unabhängig davon, wie positiv die Konsequenzen auch sein mögen. Konsequenzen werden als moralisches Bewertungskriterium u. a. deswegen abgelehnt, weil deren Beeinflussung nur zum Teil in der Macht des Handelnden steht und folglich nicht vollständig von diesem verantwortet werden können.

Deskriptive Ethik Neben der normativen sowie der Meta-Ethik gilt als dritte Ebene der ethischen Teilaufgaben die sogenannte deskriptive Ethik. Die deskriptive Ethik hat, in Analogie zur Wissenschaft, die Aufgabe bestehende moralische Regelsysteme bzw. die bestehende moralische Praxis zu beschreiben und zu erklären. Sie bezieht sich ausschließlich auf deskriptive Befunde ohne dabei (idealerweise) wertend Stellungnahme zu beziehen. Klassischerweise wird deswegen die deskriptive Ethik den gängigen (Sozial-)Wissenschaften, wie Soziologie, Psychologie, etc. zugeschrieben. Im Zuge der Behavioral Business Ethics kommt die Aufgabe hinzu, die Grundannahmen normativ (wirtschafts-)ethischer Theorien zu hinterfragen sowie Bedingungen der Um- und Durchsetzung von moralischen Normen zu klären.

Determinismus (Meta-) Ethische Position, die davon ausgeht, dass natürliche Ereignisse, also auch menschliche Handlungen und Entscheidungen, durch physische und psychische Ursache-Wirkungs-Beziehungen unweigerlich vorherbestimmt sind. Den experimentellen Natur- und Sozialwissenschaften, deren Aufgabe es ist, Ereignisse erklären und prognostizieren zu können, unterliegt unweigerlich die Grundannahme eines kausalen Determinismus. Aus ethischer Sicht wirft die Determinismus-Annahme hingegen das Problem auf, dass jegliches menschliches Handeln unweigerlich durch äußere und innere Bedingungen vorherbestimmt sein muss. Menschen können demgemäß für ihre Taten nicht mehr zur Verantwortung gezogen werden, weil diese nur die Folge von unbeeinflussbaren Bedingungen sind.

Dilemma-Situation Eine (moralische) Dilemma-Situation stellt eine Entscheidungssituation dar, in der aus moralischer Sicht mehrere Handlungsoptionen geboten sind, diese sich jedoch nicht gleichzeitig erfüllen lassen. In einer solchen moralischen Dilemma-Situation kann ein Individuum eine moralische Norm infolgedessen nur dann einhalten, wenn es mit einer anderen moralischen Norm bricht. Ein gängiges Beispiel liefert das von Kohlberg für seine Studien verwendete Heinz Dilemma, in der ein Mann einen Einbruch verüben müsste, um ein für seine Frau lebenswichtiges Medikament zu besorgen.

Diskurs Die Diskursethik geht von der Grundannahme aus, dass jegliche Wahrheit in einer Gesellschaft nur dann zu einer Wahrheit wird, wenn sie auf die Zustimmung und die Einsicht aller von ihr betroffenen Menschen trifft. Wer Recht haben will richtet in einer Gemeinschaft unweigerlich Ansprüche an die anderen Gemeinschaftsmitglieder. Ein solcher Konsens bedarf dabei der sprachlichen Auseinandersetzung, also der Argumentation. Das Besondere der Diskursethik ist nun die Annahme, dass jegliche Argumentation bereits die Akzeptanz bestimmter ethischer Maßstäbe voraussetzt bzw. die Nichtbeachtung bestimmter ethischer Maßstäbe jegliches Argument unabhängig des Inhalts entkräften würde.

Ethik Problematisch ist, dass real existierende Regelwerke vom Menschen geschaffene Konstrukte sind und somit oftmals durch Willkür und Fehlerhaftigkeit zu charakterisieren sind. Zudem stehen sich, insbesondere in der heutigen globalisierten, multikulturellen Welt, oftmals viele verschiedene, als unvereinbar erscheinende Wert- bzw. Normvorstellungen gegenüber. Diese Problematik macht es erforderlich, dass man sich reflektierend mit eben jenen divergierenden Norm- und Wertvorstellungen auseinandersetzt. Die Ethik nimmt sich dieser Aufgabe an und kann entsprechend als ein methodisch-systematisches Nachdenken über die gängige Praxis sowie die etablierten Moralvorstellungen definiert werden. Hierzu gehört jedoch nicht nur die Beantwortung der Frage der richtigen Normen, sondern auch die Frage der Umsetzung dieser Normen. Kann beispielsweise eine Norm unter keinen Umständen, z. B. aufgrund körperlicher oder psychischer Beschränkungen, in der realen (Lebens-)Welt umgesetzt werden, so hat dies auch Rückwirkungen auf den Reflexionsprozess der Norm selbst.

Ethos Während sich Konventionen, moralische und gesetzliche Normen auf eine ganze Gesellschaft beziehen, grenzt sich der Begriff Ethos dadurch ab, dass hiermit diejenigen Regeln zusammengefasst werden, die sich ein Individuum (oder eine stark abgrenzbare Gruppe, z. B. ein Berufsstand) für sich selbst setzt. Der Begriff Ethos kann im Sinne des griechischen Wortes für Charakter oder Haltung verstanden werden und umfasst alle selbst gesetzten, wertenden Maximen eines Individuums. Das persönliche Ethos wird hauptsächlich geprägt durch Erziehung, der sozialen Erfahrung sowie der eigenständigen Reflektion gemachter Erfahrungen.

Experiment Im vorliegenden Buch wird das Experiment als empirische Forschungsmethode definiert, welche zur Erfassung einer Ursache-Wirkungsbeziehung eine planmäßige Variation der zu untersuchenden Bedingung(en) vornimmt und gleichzeitig versucht, mögliche Störvariablen zu eliminieren bzw. konstant zu halten. Die experimentelle Methodik unterliegt in diesem Kontext der Annahme, dass kausale Schlüsse in erster Linie durch den Vergleich zweier identischer Gruppen möglich ist, dies sich nur durch die interessierende Untersuchungsvariable unterscheiden. In den Sozialwissenschaften besteht dabei einerseits die Problematik, dass identische Gruppen unmöglich zu bilden sind, da kein Mensch dem anderen gleicht sowie die Schwierigkeit die äußeren Umstände für beide Gruppen identisch zu halten.

Gesetz Da das menschliche Verhalten nicht wie im Tierreich vornehmlich durch Instinkte reguliert wird, bedürfen die menschliche Interaktion sowie der Umgang des Menschen mit der Natur anderer, selbstgeschaffener Regeln. Solche Regeln lassen sich anhand verschiedener Kriterien, wie z. B. dem Geltungsbereich (für ein Individuum oder für eine Gesellschaft), der Sicherung bzw. dem Grund der Einhaltung (innere Akzeptanz vs. äußere Sanktionierung) oder nach deren Rückbezug auf (individuelle oder gesellschaftliche) Werte differenzieren. Mit dem Gesetz wird ein Regelungssystem umschrieben, welches auf eine bestimmte Gesellschaft bezogen ist, deren Einhaltung durch eine externe Sanktionierung sichergestellt (und dabei meist schriftlich kodifiziert) ist und sowohl wertende als auch nicht wertende (z. B. Straßenverkehrsordnung) Normen beinhalten kann.

Homo Oeconomicus Der Homo Oeconomicus beschreibt eine in der Ökonomik verwendete Modellannahme zur Beschreibung menschlichen Verhaltens. In Anlehnung an die Rational-Choice-Theorie wird in den Wirtschaftswissenschaften modellhaft unterstellt, dass der Mensch als Homo Oeconomicus grundsätzlich gemäß seiner persönlichen Präferenzen handelt und gegebene Informationen strategisch zur Erfüllung seiner Zielvorstellungen einsetzt. In ökonomischen Modellen werden jedoch diese Grundannahme aus Vereinfachungsgründen auf monetäre Präferenzen sowie eine umfassende Informationslage verkürzt. Diese Verkürzung ist in der Ökonomik, insbesondere durch die verhaltensorientierte Spieltheorie, starker Kritik ausgesetzt.

Kategorischer Imperativ Moralische Prinzipien müssen nach Kant immer den Anspruch haben, für alle Menschen, zu jeder Zeit und unter jeder Bedingung gleich gültig zu sein. Sie müssen demgemäß universellen Charakter besitzen. Dieser universelle Charakter impliziert dabei, dass ein moralisches Prinzip nicht von äußeren Bedingungen und empirischen Erfahrungen abhängig sein darf. In Anlehnung an Hume und dessen Gedanken, dass aus einem Ist-Zustand noch kein Sollen folgt, zieht auch Kant den Schluss, dass moralisch nur das gut sein kann, was unabhängig menschlicher Zwecke gut ist. Ein moralisch richtiges Prinzip muss folglich, so drückt es Kant aus, kategorischen, d. h. zweckunabhängigen Charakter besitzen. Gleichsam, ebenfalls dem Sein-Sollen-Fehlschluss folgend, impliziert dies, dass ein moralisch richtiges Prinzip nur formalen, nie materiellen Charakter haben darf. Moralische Regeln dürfen nicht auf tatsächlich existierenden Inhalten, wie z. B. den Gefühlen, Empfindungen, Neigungen der Menschen, aufbauen, da solch materielle Aspekte wiederum einer moralischen Begründung bedürfen. Ein moralisches Prinzip muss somit einen reinen Sollens-Charakter, wie er z. B. mit einem Befehl (lat. imperare „befehlen") ausgedrückt wird, aufweisen. Aus diesem Grund nennt Kant dasjenige Handlungsprinzip, nach dem man sein Handeln ausrichten soll, auch (kategorischen) Imperativ.

Liberalismus Der Liberalismus ist eine philosophische Position, deren Ursprünge auf die englische und schottische Moralphilosophie (ca. 17.–18. Jahrhundert) zurückzuführen ist und als Gegenbewegung zum damals vorherrschenden Absolutismus verstanden werden kann. Der Liberalismus betont die Freiheit des Einzelnen vor Willkürherrschaft und die Gleichheit vor dem Gesetz. Zentraler Grundstein für eine geforderte politische Freiheit wird in der wirtschaftlichen Freiheit sowie im Schutz des Privateigentums (z. B. vor Enteignung) gesehen. Der Staat hat im Liberalismus die Aufgabe diese Grundfreiheiten zu sichern und eine Gleichheit vor dem Gesetz zu gewährleisten.

Meta-Ethik Wie jede andere wissenschaftliche Disziplin, so greift auch die normative Ethik auf bestimmte Methoden zurück und unterstellt grundlegende Annahmen. Um überhaupt systematisch über Moral nachdenken zu können, muss z. B. unweigerlich unterstellt werden, dass der Mensch über eine gewisse Willensfreiheit verfügt (ansonsten wäre jeder moralische Appell sinnlos) oder das moralische Normen einer rationalen Begründung zugänglich sind. Da jedoch diese Annahmen keineswegs als gesichert gelten, muss sich auch die praktische Philosophie der Ethik mit der Klärung eben jener, der normativen Ethik zugrundeliegenden theoretischen Annahmen und Methoden (wie die argumentative Sprache) auseinandersetzen. Diese Aufgabe wird grundsätzlich der sogenannten Meta-Ethik (die Vorsilbe „Meta" kann im Sinne von „nachgelagert" bzw. „übergeordnet" verstanden werden) zuteil.

Moral Da das menschliche Verhalten nicht wie im Tierreich vornehmlich durch Instinkte reguliert wird, bedürfen die menschliche Interaktion sowie der Umgang des Menschen mit der Natur anderer, selbstgeschaffener Regeln. Solche Regeln lassen sich anhand verschiedener Kriterien, wie z. B. dem Geltungsbereich (für ein Individuum oder für eine Gesellschaft), der Sicherung bzw. dem Grund der Einhaltung (innere Akzeptanz vs. äußere Sanktionierung) oder nach deren Rückbezug auf (individuelle oder gesellschaftliche) Werte differenzieren. Mit Moral kann hierbei ein existierendes Regelungssystem einer Gesellschaft, zur Regelung der zwischenmenschlichen Interaktion, umschrieben werden, welches von der Mehrzahl der Gesellschaftsmitglieder (intrinsisch) akzeptiert wird und mittels dem Handlungen in Gut und Schlecht eingeteilt werden können. Im Unterschied zu Konventionen, die gewöhnlich aus einer zweckdienlichen, aber nicht wertenden Übereinkunft abgeleitet werden, basieren moralische Normen auf gesellschaftlichen Wertvorstellungen.

Moral Action Die Phase der moralischen Handlung (Moral Action) umfasst folglich die schlussendliche Ausführung einer auf Basis eines moralischen Entscheidungsprozesses gefassten (moralischen) Absicht. Nach einer (moralischen) Entschlussfassung, kommt es zwischen dieser und einer tatsächlichen Handlung u. a. darauf an, inwiefern äußere Umstände die Handlung zulassen und ob der jeweilige Akteur über genügend Selbstkontrolle verfügt, seinen Entschluss in die Tat umzusetzen.

Moral Awareness Mit dem englischen Begriff der Moral Awareness wird die Wahrnehmung eines moralischen Problems umschrieben. Diese ist u. a. abhängig von der moralischen Interpretation der Situation, der Stärke der moralischen Reize, der moralischen Sensibilität sowie der Aufmerksamkeit des handelnden Individuums. Die Moral Awareness als erste Phase einer moralischen Handlung ist insofern zentral, da sie bestimmt, ob eine Person überhaupt einen moralischen Entscheidungsprozess anstößt. Wird eine Situation erst gar nicht als moralisch relevant erkannt, dann erscheint es auch nicht notwendig, sich mit moralischen Alternativen und deren Bewertung weiter auseinanderzusetzen.

Moral Decision Making Der englische Begriff des Moral Decision Making umfasst das Treffen einer moralischen Entscheidung. Diese wird wesentlich geprägt von den moralischen Überzeugungen, den gegenwärtigen Motiven und Erwartungen des Akteurs. Die moralische Entscheidungsfindung ist dabei jedoch nicht unbedingt als systematisch-rational ablaufender Prozess zu verstehen. So ist es durchaus möglich, dass man unbewusst schon aus einem Affekt heraus entschieden bzw. gehandelt hat und erst im Nachgang versucht, diese Entscheidung oder Handlung, natürlich in die gewünschte Richtung, zu rechtfertigen. Überdies sind Überzeugungen bezüglich des moralisch Richtigen für eine moralische Entscheidung zwar wichtig, bedeuten aber noch lange nicht, dass sich der jeweilige Akteur auch gemäß seiner Überzeugungen entscheiden bzw. verhalten wird.

Moral Development Sowohl die Wahrnehmung moralischer Problemlagen (Moral Awareness), das Abwägen (Moral Judgment) als auch die Entscheidung für moralische Handlungsalternativen (Moral Decision Making) sind wesentlich von den erlernten normativ-ethischen Theorien des Individuums abhängig. Dieser ethische Lernprozess, der sich über die gesamte menschliche Lebenszeit erstrecken kann, wird von Lawrence Kohlberg gemeinhin als moralische Entwicklung (Moral Development) bezeichnet. Nach Kohlberg kann die moralische Entwicklung eines Menschen auf einer ordinalen (d. h. auf einer auf Rangordnung basierenden) Skala in höhere und niedrigere Entwicklungsstufen eingeteilt werden. Kohlbergs

Skala erstreckt sich über drei Ebenen, wobei sich höhere Ebenen durch komplexere ethischen Begründungen auszeichnen. Kohlberg unterscheidet dabei zwischen folgenden Ebenen: (1) Präkonventionelle Ebene (einfachste ethische Begründungen, z. B. bei Kindern); (2) Konventionelle Ebene (mittelkomplexe ethische Begründungen, von der Mehrheit angewendet); (3) Postkonventionelle Ebene (komplexe ethische Begründungen, nur von wenigen Menschen angewendet).

Moral Intensity Für die Phase der moralischen Wahrnehmung ist es entscheidend, dass moralische Reize ausreichend stark wahrnehmbar sind. So wie wir Licht erst ab einer bestimmten Wellenlänge wahrnehmen, sind moralische Reize auch dann erst wahrnehmbar, wenn sie eine bestimmte Intensitätsschwelle überschreiten. Thomas M. Jones (1991) spricht in diesem Zusammenhang von „Moral Intensity". Diese ist dabei umso höher, je schwerwiegender, je wahrscheinlicher und je konzentrierter die Konsequenzen einer Handlung ausfallen, wie nahe man dem Betroffenen steht und ob es sich um den Bruch mit einer sehr wichtigen gesellschaftlichen Norm handelt.

Moral Intention Umfasst das Ergebnis des moralischen Entscheidungsprozesses, welcher in einer Absicht zur Ausführung einer (moralischen) Handlungsalternative mündet. Hierbei ist zu beachten, dass Überzeugungen bezüglich des moralisch Richtigen zwar wichtig sind, aber noch lange nicht bedeuten, dass sich der jeweilige Akteur auch gemäß seiner Überzeugungen verhalten wird. Die persönliche Motivation hängt zudem entscheidend davon, wie wahrscheinlich bestimmte zukünftige Zustände sind. Aus der Kombination dieser Faktoren entscheidet sich die Person dann für eine der möglichen Handlungsalternativen und fasst folglich einen (moralischen) Entschluss bzw. formuliert eine (moralische) Absicht.

Moral Intuition Mit dem Begriff Moral Intuition werden aus Intuition und Emotion hervorgehende moralische Urteile bezeichnet, die nicht aus einer systematisch-deduktiven und bewussten Abwägung von moralischen Argumenten hervorgehen. Das sogenannte Social Intuitionist Model nach Haidt geht davon aus, dass wir moralische Entscheidungen (zumeist unbewusst) auf Basis von Emotionen und Intuitionen treffen, ohne diese wirklich systematisch zu reflektieren. Haidt ist davon überzeugt, dass jeder moralischen Entscheidung unweigerlich emotionale Bewertungsprozesse vorausgehen und unsere kognitiven Denkleistungen hauptsächlich dazu dienen, die einmal getroffenen Entscheidungen, wie ein Anwalt vor sich selbst und anderen, zu rechtfertigen.

Moral Judgment Das Moral Judgment umfasst im Zusammenhang des moralischen Handlungsprozesses die Bewertung von Handlungsalternativen auf Basis moralischer Überzeugungen. Diese Bewertung von Handlungsalternativen kann sowohl überlegt (Moral Reasoning) als auch intuitiv (Moral Intuition) erfolgen. Nach der Wahrnehmung einer moralischen Problemsituation muss der jeweilige Akteur analysieren, welche Handlungsmöglichkeiten existieren und wie diese aus moralischer und persönlicher Perspektive zu bewerten sind. Entscheidend im Rahmen dieser Beurteilung sind das Wissen und die Überzeugung darüber was moralisch richtig ist (z. B. auf Grundlage der normativ ethischen Theorien in ▶ Kap. 2), die persönlichen Motive sowie die Erwartungen darüber, mit welcher Wahrscheinlichkeit bestimmte Handlungsfolgen eintreten werden.

Moral Reasoning Ein moralisches Urteil kann sowohl auf Basis systematischer rationaler Überlegung oder intuitiv-emotionaler Vorgänge erfolgen. Das Moral Reasoning umschreibt dabei die moralische Urteilsfindung auf Basis einer systematischen rationalen Überlegung. Mittels funktionaler Magnetresonanztomographie (fMRT) konnte gezeigt werden, dass Hirnregionen, die vor allem mit der Erzeugung und Verarbeitung von Emotionen in Zusammenhang stehen, insbesondere bei sogenannten persönlichen moralischen Dilemmata (ME-HURT-YOU-Bedingungen) starke Aktivität zeigen. Im umgekehrten Fall, also bei Szenarien, die sich durch keine direkte Verantwortlichkeit für einen entstehenden Schaden auszeichnen (sog. unpersönliche Dilemmata), sind verstärkt solche Hirnregionen aktiv, die mit abstraktem Denkvermögen in Zusammenhang gebracht werden können. In solchen Fällen sind moralische Urteile, die rein auf einen rational-systematischen Denkprozess zurückzuführen sind (also ein Moral Reasoning), am ehesten zu erwarten.

Norm Der Begriff Norm entstammt dem lateinischen Wort für Winkelmaß, Richtschnur oder Regel und kann sowohl im normativen als auch im deskriptiven Sinne verstanden werden. Im normativen Sinne wird bestimmt was gut und richtig ist (z. B. „Lügen ist schlecht"), im deskriptiven Sinne was normalerweise gemacht wird, unabhängig davon, ob es grundsätzlich als gut oder schlecht bewertet wird (z. B. „die meisten Menschen sind normalerweise ehrlich"). In Gesellschaft lebende Menschen bedürfen einer gewissen Regulierung bzw. Normierung. Im besten Falle dienen Regeln der Konfliktlösung, schaffen Erwartungssicherheit, geben Orientierung und ermöglichen eine Koordination gemeinschaftlicher Aktivitäten. Für die wissenschaftliche Analyse von Regeln lassen sich diese anhand verschiedener Kriterien, wie z. B. dem Geltungsbereich, der Akzeptanz und Sanktionierung oder deren Wertebezug differenzieren. Je nachdem, durch welche Ausprägungen eine bestimmte Norm zu charakterisieren ist, lässt sie sich den Begriffen Moral, Gesetz, Konvention oder Ethos zuordnen.

Normative Ethik Unter dem Begriff der normativen Ethik verstehen wir die Ethik im klassischen Sinne. Ihr obliegt, unter Zuhilfenahme der Erkenntnisse der anderen ethischen Teildisziplinen, grundsätzlich die finale Aufgabe, bestehende oder potenzielle Normen zu reflektieren, zu begründen und in (Norm-) Konflikten Lösungsvorschläge zu erarbeiten. Hierfür diskutiert sie auf systematisch-methodischer Art und Weise verschiedene Möglichkeiten zur Ableitung moralischer Regeln, wie z. B. die Tradition, die göttliche Fügung (z. B. im Sinne einer „unsichtbaren Hand"), die Vernunft, die Mehrheit oder die Natur des Menschen, und ermittelt so handlungsleitende (Prüf-) Verfahren für moralische Regeln, wie z. B. die Goldene Regel, den kategorischen Imperativ, Diskursregeln usw.

Ökonomismus Ulrich subsumiert unter den Begriff des Ökonomismus in groben Zügen die philosophische Grundrichtung des Wirtschaftsliberalismus sowie der ökonomischen Ethik. Aus Sicht von Ulrich ist die Auffassung des Liberalismus nicht mehr als eine der letzten Großideologien unserer Zeit, die noch dazu in Gerechtigkeitsfragen erhebliche Mängel aufweist. Nicht zuletzt die Erfahrung zeigt, so die integrative Wirtschaftsethik, dass ein freier Wettbewerb nur für diejenigen einen wirklich Mehrwert liefert, die sich schlussendlich am Markt durchsetzen können. Allen denen hierfür die Voraussetzungen fehlen, z. B. weil sie weniger intelligent, sozial gebildet oder weniger Startkapital zur Verfügung haben, werden unweigerlich von den stärkeren Akteuren am Markt verdrängt. Der Markt ist folglich blind gegenüber einer von äußeren Bedingungen unabhängigen Würde des Menschen und präferiert nur diejenigen, die sich in ihm behaupten können. Für Ulrich sind der Wirtschaftsliberalismus und die damit einhergehende Überhöhung der freien Ökonomie als moralisch richtige, normative Grundposition zu verwerfen. Neben dem Wirtschaftsliberalismus

kritisiert Ulrich zudem die Schlussfolgerungen, wie sie z. B. Homann in seiner ökonomischen Ethik für die Wirtschaftsethik gezogen hat. Homann nimmt an, dass das ökonomische Prinzip als wertfreie Methodik dazu genutzt werden kann bzw. muss, um Ethik in ein für sich autonomes wirtschaftliches System zu integrieren. Ulrich widerspricht dieser Argumentation in zweifacher Weise. Erstens möchte er darauf hinweisen, dass das ökonomische Prinzip keinesfalls als wertfrei zu betrachten ist. Darüber hinaus kritisiert Ulrich die Annahme des ökonomischen Sachzwangs. Menschen zeichnen sich vor allem dadurch aus, dass sie ihr eigenes Handeln, ihre Präferenzen und Prinzipien jederzeit kritisch reflektieren und in Abhängigkeit bestimmter Bedingungen kontrollieren können.

Ordoliberalismus Der Ordoliberalismus geht auf die in den 1930er begründete „Freiburger Schule" zurück und bezeichnet eine wirtschaftspolitische Konzeption (wesentliche Vertreter W. Eucken, F. Böhm, L. Ehrhard und A. Müller-Armack), die besagt, dass der Staat für einen Ordnungsrahmen zu sorgen hat, der einen gesellschaftlich positiven ökonomischen Wettbewerb (Soziale Marktwirtschaft) sowie die Freiheit der Bürger auf dem Markt sicherstellen soll. Der Ordoliberalismus ist in diesem Zusammenhang als Antwort auf das Versagen der Zentralverwaltungswirtschaft der kommunistischen Länder sowie des sogenannten Laissez-Faire Liberalismus zu verstehen. Er erkennt die wohlstandsfördernde und entmachtende Funktion des Marktes an, versucht aber gleichzeitig deren Unzulänglichkeiten im Hinblick der sozialen Frage zu begrenzen. Als Variante des sogenannten Neoliberalismus grenzt sich der Ordoliberalismus damit stark vom modernen Laissez-Faire bzw. Neoliberalimus der Chicagoer Schule um Milton Friedman ab. Der Ordoliberalismus gilt als theoretische Grundlage der in Deutschland praktizierten sozialen Marktwirtschaft.

Perfekte Pflicht Im moralischen Bereich geht es darum, herauszufinden, ob bestimmte Handlungstypen gut oder schlecht an sich sind, d. h. man stellt sich z. B. die Frage, ob „freundlich sein" an sich gut oder schlecht ist. Um diese Frage zu beantworten, ist der kategorische Imperativ anzuwenden, wobei hierfür ein gewisses Maß an Vorstellungskraft vorausgesetzt wird. Ein Handlungstyp entspricht nämlich genau dann dem kategorischen Imperativ und ist moralisch gut, wenn ich: (1) widerspruchsfrei denken kann, dass alle Menschen der gleichen Maxime folgen und (2) widerspruchsfrei, d. h. unter der Bedingung dass ich eigene Zwecke verfolge, wollen kann, dass alle Menschen dieser Maxime folgen. Handlungen, die sich nicht widerspruchsfrei denken lassen, werden bei Kant perfekte Pflichten genannt, die unbedingt zu unterlassen sind. Handlungen, die sich zwar widerspruchsfrei denken lassen, aber von vernünftigen Wesen nicht gewollt werden können, nennt Kant imperfekte Pflichten. Diese müssen nicht unter allen Umständen befolgt werden.

Schleier des Nichtwissens John Rawls will untersuchen, zu welcher Gesellschaftsform man gelangen würde, wenn zufällige Ungleichheiten und individuelle Bedingungen keine Rolle spielen würden. Da eine solche Frage nur schwerlich mittels realer, empirischer Daten beantwortet werden kann, greift Rawls, wie auch zuvor Hobbes, auf das Gedankenexperiment des „Urzustands" zurück. Anders allerdings als bei Hobbes führt Rawls den sogenannten „Schleier des Nichtwissens" als Entscheidungsbedingung in den Urzustand ein. Dieser „Schleier des Nichtwissens" bewirkt, dass die Teilnehmer der Aushandlung einer Gesellschaftsordnung keine Information darüber besitzen, welche Talente, Fähigkeiten, Rollen und Aufgaben sie in der zu bildenden Gesellschaft haben werden. Folglich können sie auch bei der Gestaltung der Gesellschaft keine individuellen Interessen vertreten, weil sie noch

gar nicht wissen können, welche Interessen sie vertreten würden. Im Ergebnis würden Menschen nach Rawls unter dem „Schleier des Nichtwissens" versuchen, die Gesellschaft so zu gestalten, dass ein individuelles „Worst-Case-Szenario" so angenehmen wie möglich ausfallen würde, d. h. dass man auch unter den (im freien Markt) schlechtesten Voraussetzungen (z. B. einer körperlichen Behinderung) noch ein angenehmes Leben führen könnte.

Sein-Sollen-Fehlschluss In seinem Buch „Ein Traktat über die menschliche Natur" (1740) weist Hume daraufhin, dass moralische Aussagen nicht durch deduktive Logik „bewiesen" werden können. Nach Hume ist es z. B. falsch zu argumentieren: „Marketing versucht den Kunden zu manipulieren, deswegen sollte es kein Marketing geben", da die (zugegeben fragwürdige) empirische Aussage „Marketing versucht, den Menschen zu manipulieren", noch keine Wertung (Gut/Böse) begründet. Es wäre ebenfalls nicht damit geholfen anzufügen, „Marketing ist schlecht, weil die Gesellschaft gegen Manipulation ist", da dies nur den Ist-Zustand der Gesellschaft ausdrückt und ebenfalls noch keine Wertung begründet. Vielmehr versteckt sich hierin die Annahme, dass der Wille der Mehrheit mit gut gleichgesetzt wird (wie z. B. im Utilitarismus). Warum dieser aber gut sein soll wird nicht gesagt. Es lässt sich folglich aus einem Sein logisch kein Sollen ableiten (Sein-Sollen-Fehlschluss).

Soziale Marktwirtschaft Basierend auf dem Gedankengut des Ordoliberalismus will die soziale Marktwirtschaft die Vorteile der Marktwirtschaft nutzen sowie deren Unzulänglichkeiten durch gezielte soziale Interventionspolitik begrenzen. Als geistige und praktische Väter der sozialen Marktwirtschaft gelten gemeinhin Ludwig Ehrhardt und Alfred Müller-Armack. Gemäß der sozialen Marktwirtschaft hat der Staat insbesondere einen funktionierenden und fairen wirtschaftlichen

Wettbewerb sicherzustellen. Marktwirtschaft und Wettbewerb sind jedoch immer vor dem Hintergrund übergeordneter sozialpolitischer Zielsetzungen zu betrachten. Dort wo die Marktwirtschaft bzw. der Wettbewerb keine sozial verträglichen Resultate erbringt hat der Staat die Aufgabe marktkonforme Lösungen zu entwickeln, die eben jene Schwachstellen korrigieren helfen.

Stakeholder Ursprünglich wurden mit dem Begriff Stakeholder diejenigen Personen bzw. Personengruppen umschrieben, die eine wesentlichen Beitrag zur Existenz bzw. dem Überleben eines Unternehmens beitragen und sich davon eine wie auch immer geartete Gegenleistung erhoffen. Hierunter fallen Personengruppen wie z. B. die Kapitalgeber, die Mitarbeiter, Kunden oder Lieferanten eines Unternehmens. In einer weiteren Begriffsauffassung werden heute unter dem Begriff Stakeholder alle internen und externen Organisationen, Institutionen, Verbände oder Einzelpersonen, die von der Tätigkeit des Unternehmens heute oder in Zukunft betroffen sind subsumiert. Folglich können heute unter den Begriff des Stakeholders auch der Staat, die Gesellschaft oder Wettbewerber gezählt werden.

Teleologische Ethik Grundsätzlich können Theorien der normativen Ethik mehr oder weniger unscharf in deontologische (griech. deon = „die Pflicht" u. a.) sowie teleologische Theorien (griech. telos „Ziel") unterschieden werden. Teleologische Theorien orientieren sich an Zielen bzw. Zwecken und bewerten Handlungen an ihrer Zweckdienlichkeit. Der Utilitarismus nach Bentham oder Mill kann dabei als paradigmatisch für teleologische Ethiken genannt werden. So sagt der Utilitarismus, dass Handlungen vorzuziehen sind, die den Nutzen für die Gesellschaft erhöhen. Für den Utilitarismus wäre es also durchaus denkbar, Korruption für gut zu befinden, wenn damit der Gesellschaft, z. B. durch Bestechung eines

Politikers für eine strengere Umweltgesetzgebung, geholfen werden kann.

Tugend Nach Aristoteles ist ein Mensch dann gut, wenn er einen guten, d. h. tugendhaften Charakter besitzt. Ein guter Charakter ist nach Aristoteles ein glückseliger Charakter. Dabei nimmt Aristoteles an, dass Objekte und Wesen dann glückselig sind, d. h. als gut bezeichnet werden, wenn sie ihrem Wesenszweck entsprechen. Nach Aristoteles liegt der eigentliche Wesenszweck des Menschen in seiner denkenden Natur begründet. Menschen werden also dann glücklich, wenn sie gemäß ihrer denkenden, d. h. vernünftigen Natur leben und handeln. In der Tugend, verstanden als feste charakterliche Eigenschaft, manifestiert sich die ideale Ausgestaltung des Wesenszwecks des Menschen als vernunftbegabtes und denkendes Wesen.

Unvollständige Verträge Ein unvollständiger Vertrag beschreibt einen Vertrag, in dem nicht alle potenziellen Ereignisse (Eventualitäten) im Vorfeld berücksichtigt werden (können). Grundsätzlich können nahezu alle Verträge zu einem gewissen Grad als unvollständig charakterisiert werden, da zukünftige Ereignisse nie mit 100 % Wahrscheinlichkeit antizipiert werden können. Darüber hinaus erscheint es sowohl aus Kosten- als auch aus Flexibilitätsgründen oftmals vorteilhaft, bestimmte Aspekte eines Vertrags offen zu halten. Als Beispiel für einen unvollständigen Vertrag kann ein Arbeitsvertrag angeführt werden. In einem Arbeitsvertrag werden Rahmenaspekte wie z. B. die Vergütung, die Arbeitszeit, Krankheitsregelungen und eventuelle Aufgabeninhalte etc. vereinbart. Allerdings werden in einem Arbeitsvertrag zumeist keine konkreten Arbeitsergebnisse festgelegt, da diese sich je nach gegenwärtigen Erfordernissen unter Umständen stark ändern können.

Urzustand Nach Hobbes mussten der Staat und die gegenwärtige Monarchie, deren

Anhänger er war, irgendeine ursächliche Begründung, einen Zweck besitzen. Um diesen Zweck herauszufinden wäre es nach naturwissenschaftlicher Methode notwendig, ein Experiment zwischen zwei Gesellschaften, einer mit und einer ohne Staat, durchzuführen. Da dies aber nicht möglich ist, hat sich Hobbes überlegt, wie eine Gesellschaft ohne Regeln, Gesetze und Autoritäten (z. B. einem Monarchen, Polizei etc.) aussehen könnte. Er nannte eine solche Gesellschaft ohne staatliche Macht eine Gesellschaft im Urzustand. Seiner Meinung nach würde eine solche Gesellschaft im „Krieg aller gegen alle" enden. Aus der Sicht Hobbes sind Menschen im Streben nach Selbsterhalt und Sicherheit zur der Einsicht gelangt, dass eine solche Situation untragbar ist. Aus dieser Einsicht heraus sind Menschen deswegen zu dem Schluss gekommen, dass es auf lange Sicht besser ist, wenn sie sich auf Eigentumsverhältnisse und das Recht auf Leben (vertraglich) einigen.

Wertemanagement Nach Wieland gilt es eine aus Transaktionskostensicht optimale Governance sicherzustellen, die sich zunehmend stärker auch auf informelle Steuerungsmechanismen fokussieren muss. Für diese Aufgabe empfiehlt er Unternehmen die Einrichtung eines bewussten „Wertemanagements". Unternehmen sollen sich im Rahmen eines Wertemanagements derjenigen Werte bewusst werden und deren Befolgung sicherstellen, die sie für die langfristige Existenzsicherung des Unternehmens als notwendig erachten. Ein Wertemanagement hat folglich eine normative Komponente, mittels derer die für das Unternehmen gültigen Normen und Werte festgelegt werden sollen, sowie eine eher deskriptiv-implementierende   Komponente, mittels derer definierte Werte und Normen im beruflichen Alltag umgesetzt werden sollen.

Wirtschaftsethik Im Rahmen der Beschreibung wirtschaftlicher Begriffe kann konstatiert werden, dass diese sowohl normative Handlungsprinzipien (Wirtschaftlichkeitsprinzipien) als auch das tatsächliche wirtschaftliche Handeln (Wirtschaftspraxis) von wirtschaftlichen Akteuren umfassen. Beide Ebenen sind, analog zur Definition von Ethik, als menschliche Kulturgüter prinzipielle Gegenstände einer kritisch-ethischen Bewertung. Entsprechend ist es auch Aufgabe der Wirtschaftsethik, als Teilbereich der angewandten Ethik, sich mit den wirtschaftlichen Handlungsprinzipien sowie der tatsächlichen wirtschaftlichen Praxis kritisch auseinanderzusetzen. Dabei ist, in Anlehnung an die Definition der angewandten Ethik, stets der praktische Bezug der Wirtschaftsethik zu betonen. Die Wirtschaftsethik kann somit als Teilbereich der angewandten Ethik definiert werden, dem die Aufgabe unterliegt praktische Empfehlungen zur Normsetzung sowie zur konkreten Normdurchsetzung für das wirtschaftliche Subsystem abzuleiten.

Printing: Ten Brink, Meppel, The Netherlands
Binding: Ten Brink, Meppel, The Netherlands